三菱合資会社の
東アジア海外支店

漢口・上海・香港

畠山 秀樹［著］

追手門学院大学出版会

目　次

序　章　対象と課題 ……………………………………………………………… 1

第1章　三菱合資会社東アジア海外支店の開設過程 ………… 9
　　　　――漢口・上海・香港――

　　第1節　東アジア売炭機構の整備　9
　　第2節　三菱門司支店漢口出張所の開設　12
　　第3節　東アジア海外直轄3支店体制の成立　14

第2章　三菱合資会社漢口支店の事業展開 ……………………… 19

　　第1節　漢口支店の整備過程　19
　　第2節　漢口支店の直営事業　23
　　　　1．売炭事業　23
　　　　2．大冶鉄鉱石積出事業　36
　　　　3．売銅事業　37
　　　　4．売紙事業　39
　　　　5．貸家業　40
　　　　6．セメント樽材販売　42
　　　　7．湖北大冶水泥廠借款契約　42
　　第3節　漢口菱華公司の開設と雑貨取引　43
　　　　1．漢口菱華公司の開設　43
　　　　2．麒麟麦酒会社製品取引　48

i

目次

　　　　3．旭硝子会社製品取引　49
　　　　4．棉花取引　50
　　　　5．大冶セメント販売　53
　　　　6．桐油輸出　54
　　　　7．雑穀輸出　56
　　第4節　漢口支店の経営収支　58
　　　　1．貸借対照表の構成　58
　　　　2．営業勘定表　66
　　　　3．損益勘定表　72
　　第5節　漢口菱華公司の経営収支　75
　　　　1．貸借対照表の構成　75
　　　　2．営業勘定表　79
　　　　3．損益勘定表　80

第3章　三菱合資会社上海支店の事業展開 ……………… 93

　　第1節　上海支店の整備過程　93
　　第2節　上海支店の直営事業　96
　　　　1．売炭事業　96
　　　　2．売銅事業　123
　　　　3．売紙事業　126
　　第3節　上海菱華公司の開設と雑貨取引　129
　　　　1．上海菱華公司の開設　129
　　　　2．棉花取引　131
　　　　3．綿糸取引　134
　　第4節　上海支店の経営収支　140
　　　　1．貸借対照表の構成　140

2．営業勘定表　　146

　　　3．損益勘定表　　150

　第5節　上海菱華公司の経営収支　　152

　　　1．資産負債表の構成　　152

　　　2．損益勘定表　　154

第4章　三菱合資会社香港支店の事業展開 ……………… 163

　第1節　香港支店の整備過程　　163

　第2節　香港支店の売炭事業　　167

　　　1．香港石炭市場概観　　167

　　　2．香港支店の石炭販売　　184

　第3節　香港支店の経営収支　　202

　　　1．貸借対照表の構成　　202

　　　2．営業勘定表　　208

　　　3．損益勘定表　　214

あとがき　　221

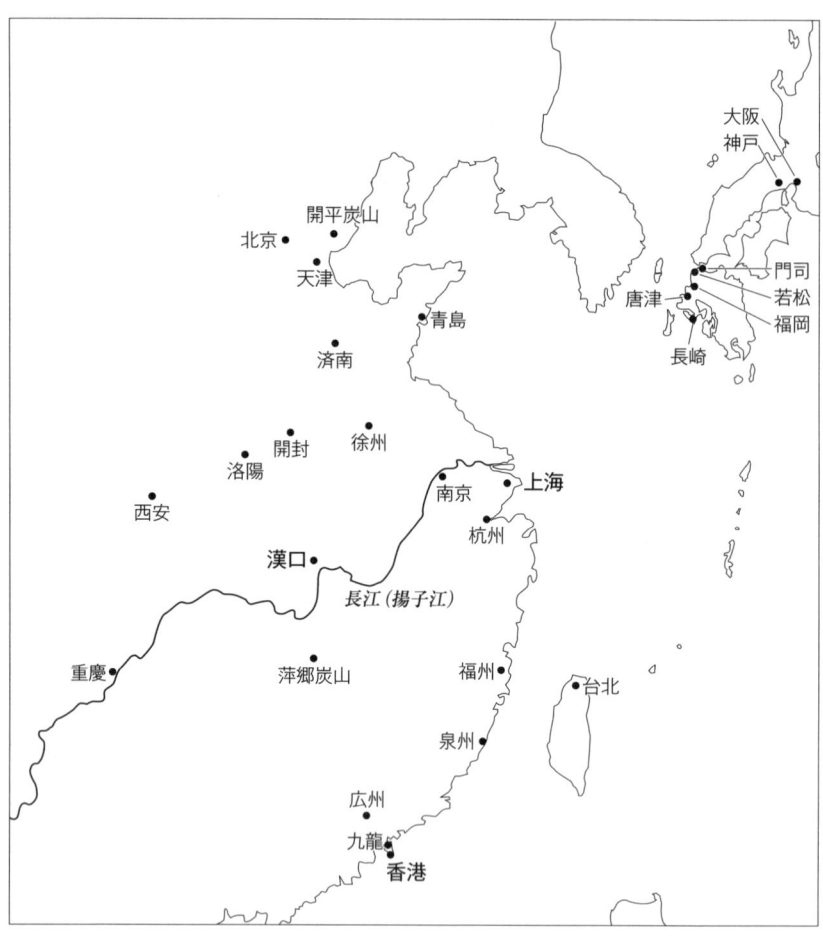

序章

対象と課題

　本書は戦前期三大財閥の一角を占めた，三菱合資会社の東アジア海外直轄3支店——漢口・上海・香港——の経営内容を実証的に分析することを課題としている．対象とする時期は，基本的に支店開設期から明治末である．これは，残されている史料の時期的制約によるものである．

　三菱合資会社は，1893年12月に三菱社を改組して設立され，翌94年1月開業した．このとき三菱の創業者である岩崎彌太郎の長男岩崎久彌が社長に就任したが，周知のように久彌は牧歌的環境を愛し，経営にあまり積極的ではなかった．そのため，それまで三菱社の社長であった岩崎彌之助が三菱合資会社の監務という地位に就き，1908年に死去するまで同社に対して実質的な指導力を保持したといわれる．そして，この間に1906年5月彌之助の長男岩崎小彌太が三菱合資会社の副社長に就任した．したがって，本書の対象とする時期は三菱合資会社が，久彌—彌之助，久彌—小彌太が所有経営者として君臨していた時期にあたる．また，荘田平五郎，豊川良平，山脇正勝，瓜生震，南部球吾など彌太郎以来の錚々たる重役が岩崎一族を補佐していた時期でもあった．

　三菱合資会社は，当該期石炭鉱業と金属鉱業，銀行，倉庫，貿易および造船業などに経営多角化を遂げ，三井財閥に次ぐ巨大財閥としての地位を確立していた．しかしながら，三井と比較するとき，著しく見劣りのする部門があった．いうまでもなく商事部門であった．三井は，すでに三井物産，三井鉱山，三井銀行を3大直系会社として財閥の骨格構造をなす事業基盤を確立していた．と

りわけ三井物産は，単に三井の貿易会社というより，むしろ当該期日本の貿易総額の2割前後を占める特異な国策的総合商社として巨姿を現していた．日本の商社史研究の多くが総合商社を中心に，三井物産をモデルとして行われてきた所以でもある．

これに対し三菱では，販売部門は石炭，銅など社内生産鉱物を取り扱う部門であって，1890年代には長崎支店，大阪支店，神戸支店，若松支店，門司支店，唐津出張所が国内店舗として開設されていた．そして，1900年代において海外支店開設時代に入り，漢口，上海，香港に店舗が設けられることになったのである．三菱の国内支店・海外支店ともに，銅の元扱店である神戸支店を除いて，主要販売品は石炭であって，三菱の支店網は基本的に石炭販売を任務としていたのである．なお，門司支店は筑豊炭，長崎支店は肥前炭の石炭元扱店であった．元扱店とは，三菱に形成された特有の販売制度で，特定の商品の販売権限を特定の店舗に集約する制度のことであった[1]．

その後1914年7月第1次世界大戦が勃発すると，翌15年9月三菱合資会社直轄のロンドン支店，つづいて翌16年4月ロンドン支店ニューヨーク出張所（1918年3月三菱合資会社直轄ニューヨーク支店）[2]が開設されて，ここでは銅取扱いを中心としつつ，海外業務が急拡大した[3]．

かくて三菱合資会社は，1918年4月傘下支店を統括していた営業部を改組・分離して，三菱商事会社を設立した（資本金1,500万円）．このとき同時に，鉱山部・炭坑部を改組・分離して三菱鉱業会社を設立した（資本金5,000万円）．以上の動きは，三菱のコンツェルン化政策の一環でもあった．

その後三菱商事会社は，1921年1月三菱合資会社より前記ロンドン支店およびニューヨーク支店を引き継いで，欧米を含めたグローバルな商事活動を展開する体制を構築したのである．三菱商事が，東アジアの総合商社から名実ともに世界的な総合商社に成長する画期となった．

以上のように，総合商社三菱商事が成立するまでには長い歴史が横たわっていたのである．そして本書の分析対象は，前述したように三菱合資会社の東アジア海外直轄3支店の創業期における経営内容である．ここから，本書が取り

上げようとする課題を整理しておくこととしたい．

　第1に，漢口・上海・香港3支店の個別の事業内容を史料が許す範囲でできるだけ具体的に明らかにすることである．従来の研究では，三菱の東アジア海外支店の経営活動として一括して叙述されていたが，各支店の内容を具体的にみていくと，開設事情や立地条件によってそれぞれの経営内容には看過できない相違があったことが知られる．さらにいえば，これら海外3支店は三菱商事設立に際して三菱合資からそのまま引き継がれており，それぞれの実態解明は最重要課題である．

　第2に，東アジア海外3支店が共通に取り扱った重要商品は石炭であったが，本書では石炭という抽象的なレベルではなく，これを塊炭，粉炭，切込炭という石炭商品の形状を基本とする炭種別に整理して，実際の取引に即してより具体的なレベルで三菱の海外3支店の販売活動を明らかにしようとしたことである．というのは，従来の研究では，実際には石炭は形状によって用途が異なるにもかかわらず，それらを捨象して議論を進めてきたからである．そのため，上海や香港の石炭市場について重要な特徴や構造の指摘が行われながら，そこにおける売炭活動については具体的分析を十分に深められなかったと考えられるのである．

　第3に，三菱合資の内外の支店のなかで，社外品雑貨取引に最初に本格的に進出したのは漢口支店と上海支店であったが，その具体的内容を解明することにある．それは，"菱華公司"という三菱とは別名義を用いて行われたのであるが，従来の三菱の内外の支店からみれば画期的意義を有していた．従来の支店が社内生産鉱物の販売部門であったから，三菱合資本社からみれば，その利益が生産部門か販売部門で確実に把握でき，本社に吸い上げることができれば，利益がどこで計上されるか，それは大きな問題ではなかった．三菱では元扱店制度を整備して，筑豊炭は門司支店，肥前炭は長崎支店がそれぞれの石炭元扱店に指定されていた．したがって，三菱では生産部門である炭坑と石炭元扱店の2ヵ所に利益を集約するシステムを作っていた．こうすることによって，生産部門と販売部門のそれぞれの成果計算を明示し，一種の独立採算制の単位と

していたと考えられる．そのような意味において，菱華公司は社外品雑貨取引を目的としていたので，別名義とすることによって，雑貨取引の一種の独立採算性の単位とすることが可能であった．菱華公司は，三菱の商事活動進出の最初のテスト・ケースとして，そしてまた三菱合資会社の商事活動に刻印したものを明らかにするために，その実態を解明しておくことが重要である．

第4に，東アジア海外3支店と漢口・上海両菱華公司の経営収支を「決算勘定書」を利用して，主要な勘定についてはその内容にまで掘り下げて，できるだけ具体的に明らかにすることである．三菱合資の傘下支店の事業内容を知ることができる史料は断片的にしか残されていない．これに対し，「決算勘定書」は時期が限られているとはいえ，時系列的に残されている数少ない史料である．「決算勘定書」を分析することによって，断片的にしか知りえなかった支店の事業内容を一定程度時系列的に追究することが可能となり，またそれは記述文書には残されていない経営内容を知る手掛かりをも提供しているのである．「決算勘定書」は残されている期間が比較的短いために，従来それを分析する研究がみられなかった．三井の場合には大量に史料が残されているが，三菱の場合利用できる史料は限られており，残されているものについてはできるだけ丁寧に検討しておく必要があろう．本書において，時期的に限られた史料であるにもかかわらず，できるだけ詳しく「決算勘定書」を取り上げた理由である．

以上，4つの課題を示したが，逆に課題としては取り下げた問題があった．それは，三菱においてなぜ商事会社の設立が1918年まで遅れたのかという問題である．住友においても，各地に支店を設立しながら，結局総理事鈴木馬左也の鶴の一声で商事会社設立が見送られたという有名なエピソードが残っている[4]．住友の場合，鈴木の影響力からみてありうることと想定されるが，三菱には設立の遅れに関連するそのようなエピソードは残されていない．田中完三編『立業貿易録』(1958年)のように，当事者たちの記憶が残っていた時代の記録においてもこの問題は特に取り上げられていない．歴史においては，起きた事件の記録や記憶は残りやすいが，なぜ起きなかったかということについては記述されることは少ない．

ただし，三島康雄編『三菱財閥』(日本経済新聞社，1981年) は，三井物産と比較して三菱合資会社が繊維部門の取引参入に遅れた事情として，次の4点を指摘している[5]．

　すなわち第1点は，三菱が政商的海運会社として急成長したため，投機的取引の訓練期間がなかったことである．第2点は，三井が新町紡績所，富岡製糸所の官業払下げを受け，また鐘淵紡績会社の経営に関与したのに対し，三菱はこのようなことがなかったことである．第3点は，三菱合資会社は社炭・社銅の輸出を主業務としていたことである．第4点は，岩崎一族の経営理念が堅実第一であったことである．

　以上は，三菱商事設立の遅れについて直接述べたものではないが，三菱の事業構造と岩崎一族の経営理念から，日本資本主義確立過程において三菱が繊維取引の参入に遅れた事情を考察したものである．しかしながら，それは同時に三菱が当該期に商事会社を設立しなかった事由を考える示唆を提供しているように思われる．というのは，財閥系資本にとって，繊維という当該期最大の貿易品を取り扱わずに商事会社を設立した場合，その資力に見合う有望な貿易品を十分に確保することが困難であったと思われるからである．三菱の菱華公司は繊維取引に着手しており，三菱商事設立を展望しつつ取扱商品拡大への試行錯誤の途上にあったことを示すものであろう．

　ところで，前掲『三菱財閥』は，三菱合資会社営業部・三菱商事が総合商社として確立するのは第1次世界大戦期であるとの見解を示している[6]．そこにおいては，取扱商品の多様化，海外店舗のネットワーク，三国間取引などが指標として示されている．したがって，第1次世界大戦がなければ，三菱合資会社営業部の総合商社化も，三菱商事の設立も，もっと遅れていたかもしれないであろう．実際には，三菱は東アジア海外支店を開設し，そこにおいて社外品雑貨取引に進出し，その経験を蓄積していた．そのような条件を前提として，第1次世界大戦期に商事会社設立の大きなビジネス・チャンスが訪れることとなったのである．

　本書は，三菱商事会社の総合商社化を直接対象としてはいない．とはいえ，

序章　対象と課題

表序-1　使用史料一覧表

史料名	略称
(1)　『社史附表　自明治27年至同30年　各支店決算勘定書』	『支店勘定書』Ⅰ
(2)　『社史附表　自明治31年至同35年　各支店決算勘定書』	『支店勘定書』Ⅱ
(3)　『社史附表　自明治36年至同40年　各支店決算勘定書』	『支店勘定書』Ⅲ
(4)　『社史附表　自明治41年至同44年　各支店決算勘定書』	『支店勘定書』Ⅳ
(5)　『(年報)』29　一般通知・銀行・長崎・大阪・神戸・若松・門司	『年報(門司)』1896年度
(6)　『(年報)』37　銀行・長崎・大阪・若松・門司	『年報(門司)』1904年度
(7)　『(年報)』40　銀行・長崎・大阪・若松・門司・香港・漢口	『年報(漢口)』1907年度
(8)　三菱合資会社『月報』第1～77号(1911年6月～17年10月)	『記事月報(漢口)』第1～77号
(9)　三菱合資会社『年報』大正元年度～14年度	『年報』1912～25年度
(10)　『社誌綱本附録　社業統計輯覧』1925年	『統計輯覧』

(注)　1.　史料(1)～(4)は，三菱合資会社資料課において，1928年5月謄写.
　　　2.　史料(5)～(7)については，(年報)を補った．略称欄( )内は，引用した三菱の場所名を示す．(門司)は，三菱門司支店.
　　　3.　史料(10)は，三菱合資会社総務課の編纂.
　　　4.　『年報』・『月報』については，『三菱史料館論集』第8号，2007年，参照.
　　　5.　『社業統計輯覧』については，『三菱史料館論集』第9号，2008年，参照.
　　　6.　上記史料類については，三菱経済研究所刊『三菱関係文献目録』1979年，および三菱総合研究所編『旧三菱合資会社及び三菱本社等関係資料目録(一)』1988年，参照.

　戦前期三井物産や三菱商事を対象として，総合商社としての成立過程やその構造について論じた研究には分厚い蓄積がある．また，近年東アジア間貿易と東アジア資本主義の研究も急速な展開を示している．本書の執筆にあたって，参考とするところが多かった[7]．

　なお，本書で使用する三菱合資会社の史料については，便宜上表序-1に示すように，略称の形で引用する．史料(5)・(6)・(7)の『年報』と史料(9)の『年報』とは編纂方法が異なり，接続する史料ではない．また，本書で使用する史料には現在使われない表記が用いられている場合があるが，そのまま引用している．

(注)

1)　元扱店制度とは，三菱特有の販売制度のことである．特定の商品に関する販売権限を，特定の支店に集中する方式であった．例えば石炭についていえば，筑豊炭は門司支店，肥

前炭は長崎支店がそれぞれの石炭元扱店とされ，他の店舗は扱店とされた．銅の元扱店は神戸支店であった．元扱店に関しては，以下参照．三菱商事㈱編『三菱商事社史』（上巻），1986年，85～94頁／畠山秀樹『近代日本の巨大鉱業経営』多賀出版，2000年，202～203頁，274～284頁／同「三菱合資会社の筑豊炭販売」（『三菱史料館論集』第10号，2009年），160～165頁．

2) 『三菱社誌』(25)，2977頁，および(29)，4390頁．
3) ロンドン支店の売銅活動については，前掲『近代日本の巨大鉱業経営』，第8章第4節，参照．
4) 畠山秀樹『住友財閥成立史の研究』同文舘，1988年，258頁，参照．
5) 三島康雄編『三菱財閥』日本経済新聞社，1981年，290～291頁．
6) 同，292頁．
7) 本書執筆にあたって参考とした財閥，総合商社関係の文献・論文は多数あるが，そのうち若干のものを次に掲げておきたい．

(書籍)
1. 柴垣和夫『日本金融資本分析』東京大学出版会，1972年
2. 栂井義雄『三井物産会社の経営史的研究』東洋経済新報社，1974年
3. 宮本又次・栂井義雄・三島康雄編『総合商社の経営史』東洋経済新報社，1976年
4. 安岡重明編『日本の財閥』日本経済新聞社，1976年
5. 旗手勲『日本の財閥と三菱』楽游書房，1978年
6. 松本宏『三井財閥の研究』吉川弘文館，1979年
7. 藤井光男・中瀬寿一・丸山恵也・池田正孝編『日本多国籍企業の史的展開』(上・下)，大月書店，1979年
8. 森川英正『財閥の経営史的研究』東洋経済新報社，1980年
9. 三島康雄編『三菱財閥』日本経済新聞社，1981年
10. 安岡重明編『三井財閥』日本経済新聞社，1982年
11. 作道洋太郎編『住友財閥』日本経済新聞社，1982年
12. 川辺信夫『総合商社の研究――戦前三菱商事の在米活動』実教出版社，1982年
13. 角山榮編著『日本領事報告の研究』同文舘出版，1986年
14. 三島康雄・長沢康昭・柴孝夫・藤田誠久・佐藤英達『第二次大戦と三菱財閥』日本経済新聞社，1987年
15. 荻野喜弘編著『戦前期筑豊炭鉱業の経営と労働』啓文社，1990年
16. 長沢康昭『三菱商事成立史の研究』日本経済評論社，1990年
17. 中村哲『近代世界史像の再構成』青木書店，1991年
18. 橋本寿朗・武田晴人編『日本経済の発展と企業集団』東京大学出版会，1992年
19. 荻野喜弘『筑豊炭鉱労資関係史』九州大学出版会，1993年

20. 中村哲編『東アジア資本主義の形成』青木書店，1994年
21. 松本貴典編『戦前期日本の貿易と組織間関係』新評論，1995年
22. 中村哲『近代東アジア史像の再構成』桜井書店，2000年
23. 東アジア地域研究会ほか編『東アジア経済の軌跡』青木書店，2001年
24. 坂本雅子『財閥と帝国主義』ミネルヴァ書房，2003年
25. 中村哲編『東アジア近代経済の形成と発展』日本評論社，2005年
26. 小林正彬『三菱の経営多角化』白桃書房，2006年
27. 中村哲編『1930年代の東アジア経済』日本評論社，2006年
28. 中村哲編『近代東アジア経済の史的構造』日本評論社，2007年
29. 堀和生編『東アジア資本主義史論2 構造と特質』ミネルヴァ書房，2008年
30. 堀和生『東アジア資本主義史論1 形成・構造・展開』ミネルヴァ書房，2009年
31. 木山実『近代日本と三井物産』ミネルヴァ書房，2009年
32. 春日豊『帝国日本と財閥商社』名古屋大学出版会，2010年
33. 小林正彬『岩崎彌太郎』吉川弘文館，2011年
34. 大森一宏・大島久幸・木山実編『総合商社の歴史』関西学院大学出版会，2011年
35. 石井寛治『帝国主義日本の対外戦略』名古屋大学出版会，2012年
36. 木越義則『近代中国と広域市場圏』京都大学出版会，2012年
37. 久保亨編『中国経済史入門』東京大学出版会，2012年
38. 岡本隆司・吉澤誠一郎『近代中国研究入門』東京大学出版会，2012年
39. 田中隆之『総合商社』東洋経済新報社，2012年

(総合商社関係論文)
1. 中川敬一郎「日本の工業化過程における『組織された企業者活動』」(『経営史学』第2巻第3号，1967年)
2. 三島康雄「三菱商事-財閥型商社の形成-」(『経営史学』第8巻第1号，1973年)
3. 三島康雄「三菱商事の総合商社としての確立過程」(井上忠勝・豊原治郎編『企業者活動の国際比較』千倉書房，1973年)
4. 三島康雄「石炭輸出商社から総合商社への展開」(『甲南経営研究』第16巻第2号, 1975年)
5. 森川英正「総合商社の成立と論理」(前掲『総合商社の経営史』)
6. 三島康雄「石炭輸出商社から総合商社へ-三菱商事-」(前掲『総合商社の経営史』)
7. 米川伸一「総合商社形成の論理と実態-比較経営史からの一試論」(『一橋論叢』第90巻30号，1983年)
8. 山崎広明「日本商社史の論理」(『社会科学研究』第39巻第4号，1987年)
9. 橋本寿朗「総合商社発生論の再検討-革新的対応としての総合商社はいかにして生まれたか」(『社会科学研究』第50巻第1号，1998年)

第1章

三菱合資会社東アジア海外支店の開設過程
——漢口・上海・香港——

第1節　東アジア売炭機構の整備

　三菱は1881年高島炭坑を買収し，その後89年新入・鯰田両炭坑を買収して筑豊炭田に進出した．三菱は，両炭坑を近代的巨大炭鉱に発展させ，さらに周辺に有力炭坑を取得していったため，三菱の出炭は筑豊炭が主力となり，三菱の炭鉱経営は筑豊炭田を中心とするようになった[1]．一方で，1900年相知炭坑を買収して唐津炭田にも手を広げた．三菱は，以上の石炭を販売するために，国内外における販売体制の整備を進めた[2]．
　表1-1は，三菱海外支店・代理店関係略年表である．
　まず国内では，最終的に長崎支店，唐津支店，若松支店，門司支店が産炭地側支店として整備された．また，販売市場では，大阪支店と神戸支店が開設されていた．さらに，横浜，函館，そして名古屋には売炭代理店が委託されていた．
　次に，海外について整理しておきたい．
　上海と香港は，幕末開港以降日本石炭産業にとって，最大の海外市場であった．そして，三井は三池炭，三菱は高島炭をもって両市場で覇を競ったことは周知のところであろう[3]．その後，三菱は高島炭に加えて筑豊炭や唐津炭の輸出を拡大させていくこととなった．とりわけ，筑豊炭の出炭が急増したため，

第 1 章　三菱合資会社東アジア海外支店の開設過程

表 1-1　三菱海外支店・代理店関係略年表

年	事　　項
1881	・3月，高島炭坑買収 ・5月，高島炭坑長崎事務所開設
1886	・3月，大阪支店開設
1888	・12月，高島炭坑長崎事務所を三菱炭坑長崎事務所と改称
1889	・3月，新入炭坑買収 ・4月，鯰田炭坑買収 ・この年，芦屋若松出張所開設（同年12月，芦屋三菱炭坑出張所と改称）
1890	・11月，下関三菱炭坑出張所開設（1894年1月，下関支店と改称） ・12月，長崎支店開設（三菱炭坑長崎事務所を改称）
1891	・11月，若松三菱炭坑出張所開設（芦屋三菱炭坑出張所を移転）
1893	・1月，若松支店開設（若松三菱炭坑出張所を改称） ・7月，日本郵船会社に香港，上海の売炭を委託
1894	・1月，三菱合資会社営業開始 ・3月，トリップに上海の売炭代理店を委託
1895	・10月，神戸支店開設（1901年8月，売炭自営） ・12月，門司支店開設（下関支店を移転） ・この年，ファルガーソン商会に芝罘売炭委託（1897年4月，送炭中止）
1896	・1月，三菱合資に売炭部設置 ・10月，三菱合資に鉱山部（第1次）設置 ・12月，ゼフリースに香港の売炭代理店を委託
1898	・この年，東肥洋行に漢口地方売炭を委託
1899	・9月，三菱合資に営業部（第1次）設置
1900	・6月，三菱，官営八幡製鉄所と10年間の大冶鉄鉱石運搬請負契約締結
1902	・7月，門司支店漢口出張所開設（1904年9月，売炭自営）
1903	・7月，唐津出張所開設
1906	・4月，三菱合資本社直轄上海・香港両支店開設（両支店売炭自営），同時に漢口出張所を三菱合資本社直轄とする ・7月，鉱山部と営業部を統合して鉱業部設置
1907	・7月，上海支店南京駐在員設置
1908	・1月，梅田潔にウラジオストック代理店を委託 ・7月，漢口菱華公司開設 ・10月，本社機構改革，各部資金設定（鉱業部1,500万円，造船部1,000万円，銀行部100万円）

第1節　東アジア売炭機構の整備

1909	・5月，社炭元扱店一括買上制度実施 ・11月，北京出張所開設
1910	・6月，上海菱華公司開設 ・10月，漢口出張所・唐津出張所を支店昇格
1911	・1月，鉱業部を鉱山部（第2次，資本金1,200万円）と営業部（第2次，資本金300万円）に分離 ・2月，ボルネオ商会にシンガポール代理店委託

(出典) 三菱商事㈱編『三菱商事社史』資料編，1987年，『三菱社誌』(19)〜(22)，田中完三編『立業貿易録』1958年，および『年報（門司）』(1896年度)，より作成．

　海外においても売炭機構の整備を迫られることとなった．
　1893年7月三菱は日本郵船会社に上海・香港の売炭を委嘱した[4]．しかし，その後94年3月上海はトリップ（J.H.Tripp），96年12月香港はゼフリース（H.U.S.Jeffries）に売炭代理店を委託して，日本郵船とは解約した[5]．また，95年ファルガーソン商会に芝罘地方（97年4月販売不振のため送炭中止）[6]，98年東肥洋行に漢口地方の売炭を委託したのである[7]．
　ところで，ゼフリースに代理店を委託するにあたって，三菱は注目すべき決定を行っていた．『年報（門司）』(1896年度) には，次のように記されている[8]．

　　「是迠ツリップ氏ニ売炭口銭ヲ與ヘ居リシガ同十二月一日（1896年…筆者注）ヨリ一定ノ手当ヲ給シテゼフリース同様専務代理人ト定メタ」

　この決定の重要点について整理しておくと[9]，第1にトリップとゼフリースは，三菱の「専務代理人」に定められたことである．上海・香港の両石炭市場には，日本炭だけでも多くの銘柄炭が流入しており，さらに中国炭をはじめとして，英国炭，豪州炭，ホンゲー炭，等も加わって激しく競合していた．このため，三菱としては三菱炭だけの販売に専念する代理店を求めたものと考えてよい．付言すれば，三菱炭は優良炭を中心とした品揃えとなっており，他炭に比し価格が高く，価格競争力において弱点があった．これも，専務代理人を必要とした事情であろう．

11

第1章　三菱合資会社東アジア海外支店の開設過程

　第2は，従来トリップに対して「売炭口銭」を与えてきたが，両代理店に対して「一定ノ手当」を給するとしたことである．専務代理人となることに対する代償であるが，割高の三菱炭の販売には一定の困難が伴うものであり，販売高の如何にかかわらず一定の手当を給することにより，三菱炭の販売に安心して専念することを期待したものである．なお，現在判明している三菱の史料のなかで，一定の手当を給するとした専務代理人の事例は，トリップとゼフリースだけである．三菱が，上海・香港両石炭市場を最重要視していたことを示すものであろう．
　以上のように，三菱は1890年代に東アジアに売炭代理店網を整えたのであるが，やがて1900年代に入ると，これに代えて売炭代理店方式から社有店舗を開設して直接販売する売炭自営方式に転換していった．

第2節　三菱門司支店漢口出張所の開設

　1902年7月三菱門司支店は，同支店漢口出張所を開設した[10]．そしてそれから2年後，04年9月三菱は従来からの売炭委託先である東肥洋行との契約を解除し，売炭は漢口出張所の自営とした[11]．門司支店漢口出張所は，三菱合資本社にとって直轄店舗ではなかったが，その海外店舗の嚆矢であり，また海外店舗における売炭自営の嚆矢でもあった．
　三菱は，神戸支店においても開設後しばらくして，1901年8月売炭自営としており，三菱の店舗が開設されている地域では売炭自営を原則としていたのである[12]．なお，神戸支店は三菱の銅元扱店であって，売銅を主要な任務としていた．
　ところで，通常三菱の支店は神戸支店を除いて売炭を主要な目的として開設されたのに対し，門司支店漢口出張所の開設事情には特殊な事情があった．漢口地方における売炭数量は，当該期三菱の直営店舗を設けるほどに多くはなかったからである．そこで，この問題についてここで簡単に述べておきたい．
　さて，三菱では門司から上海・香港に向けて大量の筑豊炭を積送していたが，

第2節　三菱門司支店漢口出張所の開設

この帰航船に積荷がなく頭痛の種となっていた．このような時，官営八幡製鉄所は中国大冶鉄鉱石の購買契約を結んだ．三菱は渡りに船と，1900年6月大陸送炭の帰航船を鉄鉱石運搬にあてる契約を結んだのである．期間10年，初年度5万トン，という長期・大量運搬請負契約であった[13]．その後，運搬量は10万トン台に増加していった．鉄鉱石は漢口を積出地とし，春から晩秋までの長江増水期に大型汽船で遡江し，直接門司まで運搬したのである．これは，三菱にとって漢口の重要性を一気に高めた．『三菱社誌』(20)は，1900年7月20日付で，この点について次のように記している[14]．

　　「本年ヨリ鉱石積取船航行ニ伴ヒ，漢口地方売炭漸次増加シ同洋行（東肥洋行
　　…筆者注）トノ関係次第ニ多端トナラントス」

　三菱門司支店は，鉱石積取船を利用して漢口へ送炭し，同地方における売炭の拡大を企図したのである．内容は不詳であるが，そのため同年7月東肥洋行と新たな委託販売協定を結んだ[15]．当初三菱は，鉱石積取船の漢口到着に合わせて同地に人員を派遣していたが，積取船の増加に対応すべく常設店舗開設の必要に迫られ，門司支店は1902年7月同支店漢口出張所を開設したのである[16]．鉄鉱石の積取と売炭取引を処理するためであった．
　しかしながら，それから2年後，前述したように1904年9月漢口出張所は東肥洋行との委託販売を廃止し，売炭自営としたのである．なぜ日露戦争の最中にそれを実施したのかは史料的に明らかではない．戦時に伴う混乱に直接対応しようとしたのか，あるいは出張所開設時から準備を進めてきたところが，偶然時期が日露戦争期に重なったものであるのか，判然としない．
　なお，1905年3月漢口出張所に，トン当たり2銭の「鉱石取扱手数料」の徴収が認められた[17]．石炭取扱手数料徴収開始の時期が判明しないが，第2章で述べるように石炭と鉄鉱石の取扱手数料は同出張所の基本となる収益源であった．同出張所では開設の1902年度から損益計算を実施しており，それは門司支店の「営業勘定表」に記載されていたことに留意する必要がある[18]．

第1章　三菱合資会社東アジア海外支店の開設過程

第3節　東アジア海外直轄3支店体制の成立

　1906年4月,日露戦争後のブーム期に三菱合資会社は本社直轄の上海・香港両支店を開設し,ただちに両地の代理店を廃して売炭を自営とした.このとき,同時に三菱合資は漢口出張所を本社直轄に移した.これによって,三菱の東アジア海外直轄3支店体制が成立したのである[19].
　売炭自営の目的は,直接的には代理店に流出していた利潤を吸収することにあった.上海や香港では,それぞれ三菱炭だけでも年間10万トンの販売があったので,その意味は大きかったと考えられる.また,売炭自営には販路を自ら直接開拓し,競争力を強化しようとする狙いがあったと思われる.当該期は,後述するところであるが,中国炭が漢口や上海,香港で大きく販売を伸ばし,日本炭との競合が激しくなりつつあったからである.
　しかしながら,東アジア海外直轄3支店体制の目的は以上にとどまらなかった.というのは,後述するように漢口,上海両支店において順に,1908年7月漢口菱華公司,10年6月上海菱華公司が相次いで開設され,三菱合資としてはじめて社外品雑貨取引に進出したからである.新規収益事業の構想があったのである.そして,そのためには売炭代理店や門司支店所属出張所を本社直轄支店に引き直しておくことが不可欠であった.三菱合資本社の直接的指揮が必要となるからであった.
　さらに付言すれば,三菱の東アジア直接進出は,第2章で述べる漢口支店の事例からも知られるように,日清・日露の戦争を通じて獲得した大陸における日本の利権を視野に入れた,ビジネス・チャンス獲得の拠点確保の動きでもあった.また当該3支店開設時期は,日露戦後のブーム期にあたり,開設の好機という判断もあったであろう.三井物産は,1877年に上海支店,ついで翌78年香港支店(1881年閉鎖,86年再開)を開設していた.三井との対抗上必要であったかもしれない.さらに,古河は,1906年8月に上海派出店を設けていた.このような動きを,三菱はキャッチしていた可能性があろう.

第3節　東アジア海外直轄3支店体制の成立

　なお，1906年7月には三菱合資本社において，従来の鉱山部（第1次）と営業部（第1次）を統合して「鉱業部」とする組織再編成が行われた．これは，予想される日露戦後の反動恐慌に備え，また戦後ブームで急拡大した事業の合理化を行うためであったと考えられるが，海外直轄3支店体制もそのような動きと軌を一にするものであった．三菱合資社長岩崎久彌は，1906年10月から11月にかけて上海や漢口を視察しており，本社においても日露戦後の東アジアに対する関心が高まっていたことが窺えよう[20]．

　三菱は，以上のような諸点から，長期的視点に立って，東アジア海外直轄3支店体制を作り上げたことが読み取れよう．その後，日露戦後の恐慌が襲来すると，1908年10月三菱は本社機構改革を実施し，各部に資本金を設定した（鉱業部1,500万円，造船部1,000万円，銀行部100万円）．これは，各部に独立採算制的運用を課し，合理化を進めようとしたものと考えることができる．なお，鉱業部は1911年1月再び鉱山部（第2次，資本金1,200万円）と営業部（第2次，資本金300万円）に分離されている．

　その後，三菱の海外店舗関係としては，前掲表1-1によれば，1907年7月上海支店が南京駐在員を置き，09年11月には北京出張所が開設されている．また，売炭代理店としては，ウラジオストックやシンガポールにも開設をみている．ただし，第2章で述べるように，北京出張所は他の店舗とは性格が大きく異なっていたことに注意する必要がある．

　ところで，漢口，上海，香港の東アジア海外3支店は三菱合資本社直轄とされたが，意外なことに3支店の会計勘定は当分三菱門司支店所属とされた．このため，当初3支店では独立した決算勘定書は作成されず，それぞれの会計勘定は門司支店の決算勘定書に合算される形となった．このような決算方法は，三菱傘下の炭坑における本山・支山関係の決算とほぼ同様であった[21]．何故三菱がこのような決算方法を採用したのか，史料的には審(つまび)らかでない．その事情として考えられることは，貿易に長年の経験を有し，かつ石炭輸出の要石の位置にあった門司支店に，海外3支店の会計上の統轄を創業の一時期委ねようとしたのではないかということである．門司支店からの「会計独立」は，漢口で

第1章　三菱合資会社東アジア海外支店の開設過程

は1907年4月，上海では同年6月，そして香港ではやや遅れて翌08年4月に認められた[22]．そして，これ以降各支店独立の決算書類が作成されるようになった．3支店において独立の時期が異なる事情については不詳であるが，一定期間門司支店の監督を受けて独立したのである．海外支店の運営に，三菱合資本社が慎重な態度をとっていたといえよう．漢口が最も早かったのは，開設が上海・香港支店よりも古く，独立経営の体制が整っていたからであろう．それにしても，3支店がばらばらに会計独立した事実からは，本社による一斉指令は行われず，それぞれの店舗の事情を斟酌して独立を認許したことが知られる．各支店には微妙な問題があったことが窺えよう．

(注)
1) 三菱傘下の炭坑については，以下参照．畠山秀樹「三菱鯰田炭鉱産出炭の流通について」(『追手門経済論集』第26巻第1号，1991年)／同「三菱新入炭鉱産出炭の流通について」(同第26巻第2号，1991年)／同「三菱合資会社設立後の新入炭鉱」(同第27巻第1号，1992年)／同「進出期三菱石炭鉱業の動向」(『三菱史料館論集』創刊号，2000年)／同「三菱の唐津炭田経営に関する覚書」(『大阪大学経済学』第54巻第3号，2004年)／同「三菱合資会社設立後の高島炭坑」(『三菱史料館論集』第7号，2006年)／同「三菱合資会社設立後の端島炭坑」(『追手門経済論集』第41巻第1号，2007年)／同「高島炭坑のデータに関する若干の覚書」(『三菱史料館論集』第8号，2007年)／同「三菱合資会社設立後の鯰田炭坑」(『三菱史料館論集』第9号，2008年)．
2) 三菱傘下の店舗については，以下参照．畠山秀樹「大阪における近代的銅精錬業の発展」(宇田正・畠山秀樹編『新しい大阪の歴史像を求めて』嵯峨野書院，1999年)／同「近代大阪における伝統的銅精錬業」(宇田正・畠山秀樹編『歴史都市圏大阪への新接近』嵯峨野書院，2001年)／同「三菱若松支店に関する覚書」(九州大学『経済学研究』第69巻第3・4合併号，2003年)／同「創業期の三菱合資神戸支店」(『三菱史料館論集』第4号，2003年)／同「三菱合資会社設立後の筑豊炭販売」(『三菱史料館論集』第10号，2009年)／同「三菱合資会社門司支店の経営発展」(九州大学記録資料館『エネルギー史研究』第26号，2011年)／同「三菱合資会社漢口店舗の事業展開」(『三菱史料館論集』第12号，2011年)／同「三菱合資会社上海支店の事業展開」(『追手門経済論集』第47巻第1号，2012年)／同「三菱合資会社香港支店の事業展開」(九州大学記録資料館『エネルギー史研究』第28号，2013年)／日向祥子「明治後期三菱合資会社における阪神支店の機能実態」(『三菱史料館論集』第11号，2010年)．
3) 当該期日本石炭産業については，隅谷三喜男『日本石炭産業分析』岩波書店，1968年，参照．また，当該期中国との貿易については以下参照．支那調査会『支那通商』1901年／

吉田幹介編著『対清貿易志るべ』1906年．
4）東京大学出版会復刻版『三菱社誌』(18)，1980年，93〜95頁（1893年の部）．以下，『三菱社誌』はすべて同復刻版を使用し，出版社，刊年を略し，復刻版巻号で表記する．なお，日本郵船は三菱の本社，長崎支店，若松支店と協議して売炭を進めることとなった．
5）『三菱社誌』(19)，9頁，および『年報（門司）』(1896年度)．なお，同『年報』には頁が付されていない．
6）『三菱社誌』(19)，168頁．
7）同(20)，420頁．東肥洋行は，大倉系の雑貨商といわれ，漢口における日本商の草分け的存在であった．漢口市場については，佐々木智子「19世紀末，中国に於ける開港場・内地市場間関係－漢口を事例として－」(『社会経済史学』第57巻第5号，1992年)参照．
8）『年報（門司）』(1896年度)．
9）この点については，前掲「三菱合資会社門司支店の経営発展」5頁，参照．
10）『三菱社誌』(20)，576頁．同頁によれば，門司支店漢口出張所は「三菱公司支局」と称された．
11）『三菱社誌』(20)，724頁．なお，同頁には，「我社石炭取扱店東肥洋行トノ関係ヲ絶チ，門司支店漢口出張所ハ独立業務取扱ノコトトス」とあるのみで，代理店廃止事情については特に記されていない．三菱には，三菱の店舗を設けた地域では売炭代理店を廃止し，売炭自営とする基本方針があったと考えられる．また，東肥洋行は石炭取扱いの規模が小さく，三菱の期待に応えられなかったということもあるかもしれない．1906年2月の漢口領事館報告には「五年以前ニ於ケル漢口ノ日本商業ハ僅ニ三井，吉田，中桐ノ三貿易商ト東肥洋行ノ一雑貨店トノ間ニ大阪商船ノ一海漕業ヲ配セシニ過キサリシ」(『通商彙纂』第100巻，191頁)と記されている．なお，1902年7月開設の三菱門司支店漢口出張所は，06年4月三菱合資会社漢口出張所となり，さらに10年10月三菱合資会社漢口支店となった．三菱合資会社漢口出張所は，1906年4月1日〜翌07年3月31日の間，会計は門司支店所属とされ，07年4月1日会計独立．本書では，正式の名称とは別に，便宜上「三菱漢口支店」あるいは「漢口支店」と表記する．漢口出張所は門司支店が開設するという形をとったが，後年のことであるがニューヨーク出張所は三菱合資会社ロンドン支店が開設した．なお，三菱の名称・組織も変遷を重ねている．以下に簡単に示しておく．郵便汽船三菱会社(1874年7月〜86年3月)，三菱社(1886年3月〜93年12月)，三菱合資会社(1893年12月〜1937年12月（同社営業開始は1894年1月1日），株式会社三菱社(1937年12月〜43年2月），株式会社三菱本社(1937年12月〜46年9月)．本書では，三菱社以前について便宜上「三菱」，三菱合資会社については「三菱」あるいは「三菱合資」と表記している．なお，三菱は，郵便汽船三菱会社の時代に上海，香港，釜山，元山津，ウラジオストク，などに海外店舗を開設したことがあったが，海運部門を日本郵船に譲渡後，海外に店舗はなかった．
12）前掲「創業期の三菱合資神戸支店」，141〜142頁，参照．神戸支店の売銅活動については，同論文参照．
13）岩崎家伝記刊行会編『岩崎彌之助伝』(下)(東京大学出版会復刻版，1986年），260〜261

第 1 章　三菱合資会社東アジア海外支店の開設過程

頁／三菱商事㈱編『三菱商事社史』(上巻), 1986年, 95頁. 大冶鉄鉱石購入契約については, 日本科学史学会編『日本科学技術史大系』第20巻, 第一法規出版, 1965年, 216～218頁, 参照. なお, 三菱合資会社は, 大冶鉄鉱石運搬請負契約の締結を前提として, 1899年6月会社契約に「船舶運送」を追加した (前掲『三菱商事社史』(上巻), 62頁). 大冶鉄鉱山・大冶鉄鉱石に関連する研究は多い. 以下, 参照. 小林正彬『八幡製鉄所』教育社, 1977年／長野暹編著『八幡製鉄所史の研究』日本経済評論社, 2003年／大島久幸「官営八幡製鉄所における鉱石輸送」(九州大学石炭研究資料センター編『エネルギー史研究』No.19, 2004年)／清水憲一「官営八幡製鉄所の創立」(九州国際大学『経営経済論集』第17巻第1号, 2010年)／長島修『官営八幡製鉄所論』日本経済評論社, 2012年.
14) 15)『三菱社誌』(20), 420頁. 同頁には,「石炭委託販売ニ関スル覚書九條ヲ協定交換」と記されている.
16)　同, 576頁.
17)　同, 778頁. 同頁には次のように記されている.
　　「門司支店所轄社有汽船及漢口鉄鉱石取扱手数料金率ヲ定ム, 同支店所轄社有汽船取扱手数料ハ各船収入運賃高ノ百分ノ一, 但鉱石運賃ヲ控除ス, 漢口出張所鉱石取扱手数料ハ鉱石一噸ニ付金二銭トス」(778頁)
18)　前掲「三菱合資会社門司支店の経営発展」, 33頁, 参照.
19)　三菱は東アジアの経済的に最も枢要の地に3支店を開設したのであるが, それぞれの地域事情については以下, 参照. 上海, 漢口については, 森一兵『清国揚子江流域視察報告書』1906年／外務省通商局編『清国事情』第壹輯, 1907年. また, 香港については, 通信省管船局刊『英領香港及南清海事取調書』1904年／農商務省商務局編『南部支那及香港ニ於ケル商工業』(其二), 1913年／前田宝治郎『香港概観 (南方研究第一書)』1919年.
20)『三菱社誌』(21), 903頁. 同頁の1906年10月5日の記事には次のように記されている.
　　「社長岩崎久彌支那漫遊ノ途ニ上リ神戸ヲ解纜ス, 上海, 漢口, 北京, 天津, 大連, 仁川, 京城, 釜山ヲ経テ十一月十五日帰京ス」(903頁)
21)　本山・支山関係については, 前掲「三菱合資会社設立後の鮎田炭坑」, 236～237頁, 参照.
22)『三菱社誌』(21), 968頁, 982頁, および1066頁, 参照.

第2章

三菱合資会社漢口支店の事業展開

第1節　漢口支店の整備過程

　前述したように，三菱合資は1906年4月漢口出張所を本社直轄としたのであるが，それに先立って，同年2月三菱製紙所（元神戸製紙所）副支配人三宅川百太郎を漢口出張所長に任命した．この人事は注目に値する．
　というのは，一つは同出張所にとって最初の専任出張所長であり，本社人事であったからである．これは，実質的に同出張所の本社直轄制がここから始まっていたことを意味している．したがって，三宅川の最初の任務は，その準備作業にあったと考えられる．もう一つは，三宅川がその後1912年4月まで6年間にわたって同店舗のトップ（出張所長・支店長）として在任したことである．三菱合資では，同一店舗に同一人物が6年間もトップの地位にあること自体異例であった．したがって，その間三宅川は本社から託された特別な任務にあたっていたと考えてよい．
　ここで，三宅川の略歴を示しておきたい．三宅川は，1902年12月から06年2月まで三菱製紙所副支配人，同年同月から門司支店漢口出張所長，同年4月三菱合資漢口出張所長，10年10月から12年4月まで漢口支店長を務めた．そして，同年同月本社営業部副長に転出した．その後，門司支店長，本社東洋課長を経て，18年4月三菱商事会社設立に伴い取締役に就任，さらに21年10月

第2章　三菱合資会社漢口支店の事業展開

三菱商事初代会長岩崎小彌太の後を襲って，第2代会長となった．三菱の営業部門・貿易部門の要職を歴任しており，三菱商事の成立・発展を"人"の面から考察する際の鍵となる重要人物であった．

ところで，前述したように三菱合資は，東アジア海外3支店の会計勘定については当初三菱門司支店所属とした．門司支店からの「会計独立」は，漢口では1907年4月，上海では同年6月，そして香港ではやや遅れて翌08年4月に認められた[1]．会計独立が漢口で最も早くなった事情としては，開設が上海・香港両支店よりも古かったこと，専任の主管者が直轄制に先立って赴任し，組織の整備にあたっていたことなどが挙げられよう．なお，以下本社直轄制以降の漢口出張所については，特別に必要な場合を除いて漢口支店と表記することとする．

では，漢口支店にとって三菱合資本社直轄制移行の意義はどのように把握すればよいであろうか．

まず第1に，なによりも門司支店による店舗開設目的から解放されたことが挙げられよう．門司支店漢口出張所である限り，同店舗は門司支店の事務を分掌する組織にすぎなかったし，また専任のトップが任命されることもなかったであろう．そして，その限りでは同店舗は売炭と鉄鉱石積出の任務にとどまったであろう．直轄制移行は後述するように，多彩な新規事業と雑貨取引進出の決定的契機となったといえよう．

第2は，直轄制移行と「会計独立」に伴い本社と直接に資金のパイプが繋がったことである．三宅川は，直接本社と交渉して経営に必要な資金を賄うことができるようになったのである．後述するように，門司支店出張所時代とは桁違いの資金が本社から供給されることとなった．

とりあえず以上2点を指摘して，次に三菱合資本社直轄制移行後における漢口支店の整備過程を簡単に整理しておきたい．

漢口支店は，まず店舗の本格的拡充に乗り出した．『年報（漢口）』(1907年度)は，次のように記している[2]．

第 1 節　漢口支店の整備過程

「當事務所ハ従来借家ナルモ當地ノ如キ長足ノ進歩ヲナシツツアル処ニ根拠ヲ据ヘ永久ニ事業セントセバ経費其他ノ点ニ於テ借家ニテハ到底不得策（略）社有地ニ事務所建築ノコトヲ決シタリ」

　三菱は漢口に従来996方（約3,785坪）の地所を所有していたが，1906年に新規に1,687方（約6,411坪，金額107,974両）という広大な地所を買収した．そして，ここに社有新事務所（建坪総計186坪），および貸長屋2棟を新築し，貯炭場・ポンツーンを整備して管理棟・倉庫を付設するという，長期的視点に立った一大プロジェクトが認許された[3]．まさに「永久ニ事業セン」ことを示すものであった．これは，「漢口出張所将来業務拡張，在勤員増加ノ場合ヲ顧慮」[4]したものであって，後述するように次々と新規事業が展開されていった．
　貸長屋は1907年から翌年にかけて完成し（総工費85,369両）[5]，新事務所はやや遅れて09年5月に竣工した（総工費50,964両）[6]．また，後述するように，1907年度漢口出張所「貸借対照表」にはポンツーン7,695両，ここで使用する小蒸気船11,438両が計上されており，さらに1909年度同「貸借対照表」には貯炭場事務所1棟2,575両，倉庫1棟2,575両が計上されていた．以上の投資合計は160,616両に上った[7]．
　ところで，ここでポンツーンについて少し補足しておくこととしたい．これは，石炭陸揚げのための桟橋設備のことである．『年報（漢口）』(1907年度) は，次のように記している[8]．

「當地方石炭船ノ荷役ハ由来艀取ヲナスモノニシテ時々艀欠乏若シクハ天候ノタメ荷役捗カラザル不便ヲ見延テ本船ノ経済上将又石炭諸費ノ上ニ於テ甚シキガ故ニ（中略）『ポンツーン』ヲ設置シタリ」

　同『年報』は，瀬取艀賃1トンに付き銀2銭5分に対し，ポンツーン費1銭5分，差引トン当たり銀1銭の節約と勘定している．同年度の漢口売炭が2.3万トンであったから，全量ポンツーンを利用したと仮定すれば，銀230両の合理化と

第2章 三菱合資会社漢口支店の事業展開

試算可能である．さらに，本船の停泊費の節減や，艀取の際の石炭の損失を防止することができるとしていたのである．ただし，ポンツーンの設置費および門司支店より譲り受けた小蒸気船原価合計は，19,133両に上った．この金額は，土地・建物を除けば当該期漢口支店にとって最大の設備投資であった．以上みてきたように，本社直轄制移行後の土地・建物およびポンツーン関係の投資総額は約26.9万両に達していた．これはいうまでもなく，「将来業務拡張」を見越して認許されたものであって，漢口支店は重大な任務を背負うこととなったのであるが，また三菱合資本社直轄制下にしてはじめて可能な巨額投資であった．

さて，新事務所の建築が進むと，1908年11月漢口支店は画期的な経営改革を打ち出した．買弁廃止を決定したのである．『三菱社誌』(21)は，同年11月16日付で，次のように記している[9]．

　　「従来漢口出張所ニ於テ運炭事務ハ明治三十五年以降買弁宋寶康ニ之ヲ請負ハシメ，又売炭売銅事務ニ至リテモ多クハ同人ノ手ヲ経タルモノナルモ，明春事務所新築落成ヲ期シ，向後ハ同所員ヲシテ直接各事務ヲ処理セシム（中略）事務ハ総テ同所ノ直接経営ニ移スニ決ス」

漢口支店は，開設時から買弁に運炭事務を請け負わせて営業を続けてきたことが知られる．当該期中国の商慣習は極めて複雑で，中国に進出した外商の多くは買弁に依存していたと伝えられる．しかしながら，一方ではその弊害もつとに指摘されてきた．1904年8月の漢口領事館報告「漢口ニ於ケル買弁制度及其弊害」[10]は，買弁の便益と弊害について詳しく論じたうえで，弊害のほうをより重視し，廃止すべきことを説いていたのである．

漢口支店が買弁廃止に踏み切った事情は史料的には審(つまび)らかでないが，前記領事館報告が一つの背景として考えられよう．三菱としては，店舗設備の拡充と並行してコスト合理化を進め，一方で長期的視点から将来の新規事業・雑貨取引への進出を展望し，買弁依存を脱して日本人の人材育成を企図したものでは

なかろうか．三宅川百太郎が漢口出張所長として赴任直後，1906年4月「漢口出張所員ノ為支那語教師招聘」[11]が実施され，中国語教育が開始されていた．それは買弁廃止への布石となるべきものであるが，三宅川はあるいは前記領事館報告に目を通していた可能性もあろう．

第2節　漢口支店の直営事業

漢口支店は，門司支店漢口出張所以来の業務を継承していくが，1908年7月に漢口菱華公司という別店舗を設けて社外品雑貨取引に着手したのである．以下，漢口支店の事業展開を本節において直営事業，次節で菱華公司に分けてみていくこととした．直営事業には，売炭，大冶鉄鉱石積出事業，売銅，売紙，貸家，セメント樽材販売，および湖北大冶水泥廠借款があり，以下順に取り上げることとしたい．

1．売炭事業
(1)　漢口石炭市場概観

漢口の石炭市場を概観するために，まず同地への石炭輸入量をみておくこととしたい．

表2-1は，漢口輸入炭内訳推移表である．

同表の数値は，外国炭についても，中国炭についても，漢口領事館報告と照らし合わせて検討すると，ほとんど信頼できないものと考えられる．例を挙げると，同表では，漢口における外国炭の輸入量は1908年3.7万トン，中国炭については5.3万トンと記載されているが，09年9月の漢口領事館報告は，日本炭について「実際三井，三菱ニヨリテ輸入セラレタル量ハ五万余噸ナリ」[12]，また「清国内地ノ石炭ハ約五十余万噸」[13]と記している．両者の示す数値にはあまりにも大きな相違があるが，これは当時の中国の統計の取り方に基づくものである[14]．しかしながら，統計的に利用できるものがこれしかないので，ここで参考として掲げたものである．したがって，およその趨勢を示す程度のも

第2章　三菱合資会社漢口支店の事業展開

表2-1　漢口輸入炭内訳推移表　　単位：千トン，（　）内は％

年	外国炭	中国炭	合計
1901	36 (100)		36 (100)
02	85 (95.5)	4 (4.5)	89 (100)
03	83 (98.8)	1 (1.2)	84 (100)
04	86 (86.9)	13 (13.1)	99 (100)
05	65 (78.3)	18 (21.7)	83 (100)
06	30 (51.7)	28 (48.3)	58 (100)
07	80 (75.5)	26 (24.5)	106 (100)
08	37 (41.1)	53 (58.9)	90 (100)
09	67 (22.8)	227 (77.2)	294 (100)
1910	65 (17.1)	315 (82.9)	380 (100)

（注）　1.　外国炭はほとんど日本炭で，開平炭を含む．
　　　　2.　中国炭は萍郷炭．
（出典）　『記事月報（漢口）』第2号，1911年，93頁，より作成．

のとしてみておく必要がある．なお，「当地ニ輸入スル外国炭ハ皆日本炭ニシテ他ノ諸外国ヨリ輸入スル石炭ハ殆ンド之レ無シ」[15]と伝えられるように，外国炭は日本炭と解してよい．

さて，外国炭は1902〜07年では1905年，06年を除いて8万トン台で推移しており，合計の80〜90％前後を占めたが，その後1909年，10年には6万トン台に低下した．一方で，中国炭が激増して20万〜30万トンに達し，その割合は80％前後にまで急上昇していた．ただし，1909年，10年にこのように中国炭が極端に増加したとは考えにくいので，それ以前では遺漏が多かったと推測してよい．そして，漢口輸入炭合計は，1902〜05年頃8万〜9万トンであったのが，1909年，10年頃には30万トン弱から38万トンに激増した．趨勢としてみれば，漢口輸入炭は，1900年代後半から1910年にかけて急増しており，しかもそこにおいては外国炭（日本炭）の割合が急減し，代わって中国炭が圧倒的シェアを占めるようになったのである．それにしても，中国炭といっても内容は萍郷炭（ピンシャン炭）であり，萍郷炭の激増には瞠目すべきものがあった[16]．

表2-2は，1911年漢口輸入炭月別内訳表である．

1911年は7〜9月分しか判明しないが，3ヵ月合計に対して萍郷炭が82.5％，

第2節　漢口支店の直営事業

表2-2　1911年漢口輸入炭月別内訳表　　　　　　　　　　単位：千トン，（　）内は%

月	萍郷炭	開平炭	日本炭			合計
			三井	三菱	小計	
7月	22,242	0	5,499	2,875	8,374	30,616
8月	25,748	800	7,362	2,923	10,285	36,833
9月	65,179	150	4,329	0	4,329	69,658
合計	113,169 (82.5)	950 (0.7)	17,190 (12.5)	5,798 (4.2)	22,988 (16.8)	137,107 (100)

(注)　開平炭は主として京漢鉄道用．
(出典)　『記事月報（漢口）』第2〜4号，1911年，より作成．

日本炭が16.8%（うち三井12.5%，三菱4.2%）を占めた．三井は，三菱の3倍ほどのシェアを有していた．ただし，後述するように，7〜9月は日本炭が集中的に輸入される時期にあたっており，そのような時期にもかかわらず16.8%しか占めていないところに，萍郷炭の優位が確認される．

いずれにせよ，漢口地方における萍郷炭の増加はめざましく，とりわけ日露戦後において同地では圧倒的な割合を占めるに至った．

では次に，漢口における石炭市場について，漢口領事館報告の中から1906年4月「海外各地ニ於ケル石炭需要供給状況-漢口」[17]（以下1906年「漢口状況」と略），1907年12月「海外各地ニ於ケル石炭需給状況-漢口」[18]（以下1907年「漢口状況」と略），および1909年9月「漢口ニ於ケル石炭需要供給状況」[19]（以下1909年「漢口状況」と略）を手掛かりとして分析を進めることとしたい．なお，当該3報告は，漢口地域として，漢口，漢陽，武昌を含めていることに留意しておく必要がある．では，以下需要，供給の順にみていくこととしたい．

漢口の年間石炭需要は，1906年「漢口状況」によれば約30万トン，1907年「漢口状況」では約35万トン，1909年「漢口状況」では約45万トンと推定している．その需要の内訳であるが，3報告はこれを住民用と工場・船舶焚料炭用に大別している．

住民用については，3報告ともに漢口地域の人口を100万人とみて，厨房・暖房用などで消費される石炭は約20万トンと推定している．当該地域では，「付

近山林ニ乏シク薪及木炭頗ル不廉」[20]であるため，一般住民は石炭を薪炭代替燃料として使用した．ここで使用される石炭は「柴煤ト称ヘ無煙粉炭ヲ団塊トナシタルモノ」[21]であった．漢口の石炭需要の多くは，住民用の廉価な粉炭で占められていたところに大きな特徴があった．

一方，工場用については，1906年「漢口状況」は「大約拾余万噸」[22]，1907年「漢口状況」は「約十五万余噸」[23]，そして1909年「漢口状況」は「石炭ヲ需要スル工場二十余個所アリ其他汽船，軍艦，小蒸気等ノ燃料トシテ需要セラルルモノ又多額ニシテ其ノ需要総量ハ一ヶ年約貳十五万噸ヲ下ラス」[24]と記している．漢口領事館報告によれば，1905年から08年の間に漢口における工場用石炭需要が約10万トンから25万トンに増加したことになる．ただし，当時の統計の信頼性が低いので，およその趨勢としてみておく必要があるとしても，増加テンポは顕著であった．主要な需要先は，漢陽鉄政局，砲兵工廠，織布局，紡紗局，製麻局などの官営工場から，磚茶製造所，製粉会社，豆粕製造所など20余ヵ所の工場であった．官営工場や大工場では高圧蒸気を必要とする場合が多く，優良な塊炭，切込炭，さらに粉炭が併用された．これに対し，中小工場では廉価な粉炭が多く使用された．

また，漢口は上海に対する長江水運の一方の枢要の地であって，航洋汽船，内河汽船，小蒸気船など，船舶焚料炭需要も大きかったと推測される．航洋汽船では優良な塊炭・切込炭，内河汽船では切込炭・粉炭，小蒸気船ではできるだけ廉価な粉炭が使用された．

以上，需要についてみてきたのであるが，次に供給に移ろう．

前掲表2-1で示したように，漢口に輸入される石炭は日本炭と中国炭で占められていた．漢口輸入炭総量については，1906年「漢口状況」は約38.6万トン（04年日本炭8.6万トン，中国炭30万トン），1907年「漢口状況」は約36.7万トン（07年日本炭6.7万トン，中国炭30万トン），1909年「漢口状況」は約60万トン（08年日本炭5万トン，中国炭55万トン）とみている．ただし，中国炭の一部は九江など他地域に再輸出されており，その量について1907年「漢口状況」は4.7万トン，1909年「漢口状況」は約10万トンと推測している．中国炭のうち15～18％程度

が再輸出されたことになろう．そこで，供給炭の内容を日本炭，中国炭の順で取り上げていきたい．

1907年「漢口状況」は外国炭（日本炭）について次のように記している[25]．

「當地ニ輸入セラルル外國炭ハ重ニ若松口ノ津門司等ノ日本炭ニシテ當地三井洋行及三菱公司ノ手ヲ経テ春季ヨリ秋季ニ亘リ江水ノ膨張期ニ於テ航洋汽船ニテ輸入セラル」

ここには，漢口における日本炭輸入の特徴を示す重要点が指摘されているので，少し掘り下げて整理しておきたい．

第1点は，漢口に輸入される外国炭はほぼ日本炭に限られており，筑豊炭（若松・門司）と三池炭（口ノ津）が中心であったことである．輸入炭の銘柄としては，田川炭，大ノ浦一等炭，大辻二等炭，三池炭，唐津炭が挙げられている[26]．

第2点は，日本炭の取扱いは三井と三菱に限られていたことである．漢口の日本炭は2社独占体制にあったといえよう．なお，付言しておくと，三井，三菱が主として取り扱うのは三池炭や鯰田炭であって，漢口石炭市場においては萍郷炭よりもはるかに品質的に優良な銘柄炭であった．

第3点は，石炭の輸送時期に制約があって，春から秋の「江水ノ膨張期」＝長江増水期に航洋汽船（大型汽船）で九州から漢口まで直接積送していたことである．長江は冬季に水位が低下し（長江減水期），大型汽船の遡江ができなくなるため，日本炭は春から秋までに集中的に漢口に石炭を運び終えるようにしていた．そして，これがまた漢口における石炭の売約に大きな制約＝特徴を与えていたことに注意しておく必要がある．1907年の事例では，日本炭輸入量は合計67,080トン，そのうち1～3月2,080トン（3.1％），4～6月30,000トン（44.7％），7～9月35,000トン（52.1％），10～12月0トン（0％），の割合となっていた[27]．

なお，日本炭の形状割合は塊炭65％，切込炭35％，粉炭0％，と記されている[28]．通常，価格的には高価なほうから，塊炭，切込炭，粉炭の順であった．

第2章 三菱合資会社漢口支店の事業展開

いうまでもなく，価格は石炭の形状だけで決まるものではなく，品質（品位・カロリー・灰分・粘結度）が大きく影響した．用途についていえば，塊炭は航洋汽船・鉄道向け，切込炭は内河汽船・工場向け，そして粉炭は工場・小蒸気船向けであった．上記の割合と，日本炭が優良炭を主力としていたことを考え合わせると，漢口における三井・三菱の販売戦略が浮かび上がってくる．品質優良な塊炭が中心であったので，官営工場や大工場，そして航洋汽船向け石炭市場がターゲットであったといえよう．粉炭がゼロということは，日本炭においては中小工場や小蒸気船向けに販売することはほとんどなかったと想定してよいであろう．

次に，中国炭の供給についてみておこう．

中国炭の大部分は萍郷炭であって，1909年「漢口状況」には，中国炭の供給総量約55万トン，うち萍郷炭約30万トン（54.5％），湖南炭約18万トン（32.7％），湖北炭6万トン（10.9％），四川炭約1万トン（1.8％），と記されていた[29]．湖南炭，湖北炭は主として粉炭・無煙炭を供給しており，基本的に日本炭と競合しなかったが，萍郷炭は日本炭より品質が劣るが，同じ用途であって，日本炭と競合した．しかも，萍郷炭はこの当時設備を増強して出炭が急増していたのである．

なお，中国炭は，「民船」[30]で輸送されるため「確実ナル統計ヲ得ルニ困難」[31]とされた．そのうち漢口から他地域に再輸出される石炭は，同じ報告では十数万トンとされた．

中国炭の形状は，粉炭80％，塊炭10％，切込炭10％，と記されており[32]，粉炭が大部分を占めたところに特徴がある．そこで，粉炭の用途が問題となる．漢口では，先述したように約20万トンが住民用とされたが，廉価な粉炭が「柴煤」にして使用されたと想定してよい．なお，粉炭の割合が高いのは，漢口向けにわざわざ粉炭を中心に送炭したからではないと考えられる．なぜならば，同一品質の石炭であれば，前述したように塊炭が最も高価であって，生産段階では塊炭割合を高めるべく努力していた．それにもかかわらず，石炭の消費地・集散地である漢口において粉炭が80％を占めたということは，採炭技術の低位のためにもともと生産段階において前記のような形状割合となっていたので

第2節　漢口支店の直営事業

はないかと想像される．そして，廉価な中国粉炭の漢口への大量流入に対して，三井・三菱はこれとの競合を避けて，日本粉炭を漢口に積送しなかったと解釈してよいであろう．

そこで，最後に漢口石炭市場において，漢口領事館が日本炭の将来についてどのような見解をもっていたのかを取り上げよう．

1906年「漢口状況」は，次のように記している[33]．

「日本炭ノ當地ヘノ運賃ハ一噸ニ付二両半乃至三両ヲ要スルモ内地炭（中国炭…筆者注）ハ之ヲ當地ヘ運搬スルニ一噸ニ付僅ニ一両ヲ費スノミ（略）市価ハ内地炭ノ方常ニ日本炭ヨリ一両乃至二両方安シ然レトモ品質ニ就テ云ヘハ日本炭ハ大ニ内地炭ニ優リ（略）要スルニ内地炭ハ日本炭ニ比シテ不純物ヲ多量ニ含ミ火力亦従テ強カラス故ニ磚茶製造所兵工廠等大馬力ノ機関ヲ有スル工場ニ於テハ専ラ日本炭ヲ用ヒ内地炭ヲ用フルコト少シ而シテ内地炭ハ價低廉ナルヲ以テ主トシテ小工場及厨房暖房用ニ供セラル」

日本炭は萍郷炭より品質で優っていたが価格が高く，そのため販路に制約を受けており，「之ヲ日本炭ノ見地ヨリスレハ江西炭（萍郷炭…筆者注）ハ確ニ勁敵タルヲ免レス」[34]と記されていた．

1907年「漢口状況」は，萍郷炭が日本炭より安価であり，また萍郷炭鉱が設備の拡張を進めていることを指摘したうえで，炭量は「無尽蔵」[35]であり，「交通ノ発達ニ伴ヒ當地萍郷炭ノ輸入ハ頗ル増大スヘク（略）慥カニ日本炭ノ強敵タルヲ免レサルヘシ」[36]と記して，1906年「漢口状況」と同じ見解を示していた．

以上に対して1909年「漢口状況」は，日本炭と萍郷炭との競合関係について，次のように記している[37]．

「日本炭ハ其ノ質佳良ナルモ価格不廉又近来内地炭（萍郷炭…筆者注）ノ産出額増加セシ為メ當地市場ヨリハ漸々駆逐セラレ内地炭ノ為メ其地位ヲ奪ハルルニ至レリ」

29

第2章 三菱合資会社漢口支店の事業展開

表2-3　1909年漢口各種石炭価格表　（トン当たり）

種類	上		中	下	
日本炭	9両6銭		7両5銭	一両一銭	
萍郷炭	6	5		5	3
湖南炭	5	5		4	5
湖北炭	4	2		3	1
四川炭	9	5		6	1

（注）　日本炭（上）は1等炭．日本炭（中）は大辻2等炭．
（出典）『通商彙纂』第140巻，442頁，より作成．

　萍郷炭は，価格と生産量において日本炭を圧倒しつつあり，「一度本邦炭ノ前途ヲ顧ミル時ハ頗ル寒心ス可ク」[38]と，日本炭についてきわめて悲観的な見通しを記したのである．

　表2-3は，1909年漢口各種石炭価格表（トン当たり）である．

　同表によれば，日本炭と萍郷炭の間には，上級炭でトン当たり3両1銭の価格差があり，日本炭中級においてもなお萍郷炭上級より同1両の価格差があった．価格差が大きく開いていた．日本炭と湖南炭・湖北炭とは，形状・用途が異なり，基本的に競合しなかった．しかし，日本炭と萍郷炭とは同じ形状の石炭を供給し，しかも価格差はあまりにも大きく，日本炭が萍郷炭に対抗できなかったことは明白である．

　萍郷炭鉱は，鉄路大臣盛宣懐を中心として開発が進められ，ドイツの資本と技術を導入して当該期急速に出炭を増加させていた．1908年には年産40万トンを超え，漢口地方に地理的に近接していたことから，日本炭と激しく競合することとなった．萍郷炭は，長江に沿って漢口から中流域に進出し，しだいに日本炭を駆逐していった．

(2) 漢口支店の石炭販売

　三菱では，漢口への送炭は基本的に前述したところの大冶鉄鉱石積取船を利用していた．そのためそれは，長江の水位に制約を受け，春の初航便に始まり，晩秋の終航便の間に限られており，売炭活動もこのような事情に基本的に制約

第2節　漢口支店の直営事業

を受けていた．したがって，年間の大口約定は春までに結び，初航便以降の積送炭で順次引き渡し，終航便以降は同地貯炭で冬季需要や臨時売炭に対応していたのである．これが漢口支店の売炭活動の年間サイクルであって，三井も変わりはなかったと思われる．

　さて，漢口支店では，『年報（漢口）』(1907年度) によれば，開業以来「主ナル得意先トシテ（商船会社ヲ除ク）唯一ノ漢陽鉄政局アルノミ」[39]であった．しかし，前記盛宣懐の命令によって1907年同所での萍郷炭の使用が始まったため，武昌紡紗局，漢陽兵工および鋼薬両廠に販路を開拓したが，同じく萍郷炭の使用のために，その後売炭は行き詰まっていた．同じ『年報』は，「他方萍郷炭ハ漸次品質ヲ精選価格ヲ低下シテ日本炭売炭区域ニ侵入」[40]と記して日本炭の苦境を伝えていた．1907年度における漢口支店の取扱高は，輸入高2.2万トン，売渡高2.3万トン，繰越炭予定2.4万トンであった[41]．

　表2-4は，漢口主要工場石炭消費高表 (1907年) である．

　同表の重要点を，次に取りまとめておきたい．

　第1点として，同表には日清汽船を含めて主要石炭消費先10ヵ所合計15.6万トンの内訳が示されていることである．漢口の有力消費先が網羅されていると考えられる．この数量は，前述したように，1907年における漢口地方工場石炭消費高推定約15万トンをほぼカバーしていることになる．

　第2点として，内訳では萍郷炭8.8万トン (56.4%)，日本炭6.9万トン (44.2%) の割合であったことである．1907年「漢口状況」によれば，同年における日本炭輸入高が6.7万トンであったので，そのほぼ全量が同表の工場・日清汽船の消費に向けられたと推測してよいであろう．そのような推測が正しければ，同表以外の他工場は萍郷炭を使用していたことになる．

　第3点として，日本炭6.9万トンのうち1907年度の三菱売渡高は前述したように2.3万トンであり，しかも漢口における日本炭販売は三井と三菱に限られていたので，会計期間を度外視すれば残り4.6万トンは三井炭という勘定になる．三井は三菱の2倍の売炭高であった．

　第4点として，備考欄の記述からは，三井，三菱，萍郷炭の競争が看取され

第2章　三菱合資会社漢口支店の事業展開

表2-4　漢口主要工場年間石炭消費高表（1907年）　　　　　　　　　単位：千トン

工場名	1ヵ年消費高	内訳		備考
		萍郷炭	日本炭	
漢陽鉄政局	60	56	4	借款ト銑鉄一手販売ノ為三井トノ関係浅カラズ他ヨリ売リ込ミハ先ツ望ナシ
漢陽兵工局	13		13	従来三井ノ得意先ナリシカ一昨年来競争ノ結果当方ヨリ供給シ居タレドモ大改革ノ為新ニ買ヲナサヾルノミナラズ約定残ノ受入ヲモ中止ス
漢陽鋼薬局	10		10	兵工廠同断ニテ目下休工ノ体ナリ
新泰製茶工場	6		6	重ニ三井ヨリ唐津炭ヲ売込居レリ
阜昌製茶工場	7		7	当所ヨリモ売込タレドモ主トシテ三井日興等ヨリ売込居レリ
順豊製茶工場	7		7	三井ヨリ唐津炭ヲ売込居レリ
武昌銅元局	10	4	6	三井ヨリ売込居レリ
武昌玻璃廠	15	7.5	7.5	当所，三井，日興ヨリ売込居レリ
武昌紡紗局	20	20		
日清汽船	8		8	本年度末迄当所一手ニテ売込タルモ明年度ヨリハ萍郷炭ヲ半額使用ノ筈
合　計	156	87.5	68.5	

〈1907年創業開始予定工場〉

興商公司（製茶工場）	(10)		(10)	1907年始業，現下当所ト約定締結（1万トン）
歆記公司（豆搾工場）	(10)		(10)	1907年始業，現下当所ト約定締結（1万トン）
東亜製粉会社	(3)		(3)	尚建築中，現下当所ト約定締結（3千トン）

(注)　本表中，興商公司・歆記公司・東亜製粉は，1908年に入るまで数量確定せず．（　）内は予定．
(出典)　『年報（漢口）』(1907年度)，5～6頁，より作成．

ることである．漢陽兵工局は三井の得意先であったが，三菱が割り込んでおり，武昌玻璃廠では三菱・三井・日興3社が売り込み，日清汽船では三菱の独占に対して，萍郷炭が割り込もうとしていた．

なお，三菱は漢陽兵工局，鋼薬局への売炭に行き詰まったものの，1907年に操業開始予定の3工場（興商公司・歆記公司・東亜製粉会社）と売炭約定を締結し，新規販路の開拓に努めていたことが知られる．

第2節　漢口支店の直営事業

　ところで，同『年報』は，日本炭の将来について，工場・船舶用では萍郷炭との競合によって販売増加が期待できないが，「鉄道用トシテハ先ツ日本炭ノ供給ヲ仰ガザルベカラズ」[42]として，鉄道用炭における販売増加に望みを繋いでいたのである．さらに同『年報』は，以上のような状況に対する対策として同年度には，一つは合理化策としてのポンツーンの設置，そしてもう一つは販路拡張のための土地投資が行われたことを記している．ポンツーンについてはすでにふれたので，ここでは後者について簡単に取りまとめておくこととしたい．

　これは，1907年7月「石炭販路拡張準備ノ為メ」[43]，九江に地所を買収し貯炭場を設けようとしたものである．九江は漢口より下流の交通の要衝であった．当該地所は面積2,226方（約8,459坪），漢口銀13,097両を投じたもので，日清汽船への石炭供給と，同地方における売炭活動の拠点作りを狙いとしたものであった[44]．しかし，同地所は，2年後の09年3月にすべて売却されており[45]，期待どおりの成果を上げることはできなかったようである．その事情としては，萍郷炭の供給増加や鉄道の整備に伴う船舶焚料炭需要の減少が想定されよう．

　以上のように，漢口における三菱の売炭は年々困難な状況に追い込まれていたのであるが，これに対して三菱がとった起死回生策は1910年2月に締結された「湖北水泥廠借款契約」であった．同借款の内容については後述することとするが，湖北水泥廠は三菱の文書では大冶セメント会社と表記されている．本書においてもこれに従うが，当該借款に付随して大冶セメント会社は三菱と「石炭木樽ノ購買契約」[46]を結び，「水泥廠本年用炭約一万トン内外ニシテ（中略）明年以後出来得ル限リ多量ヲ購入スヘシ」[47]と取り決めたのである．前述したように，契約どおりの数量が販売できれば画期的なものとなるはずであった．

　表2-5は，1911年三菱漢口支店石炭売渡高月別推移表である．
　同表を利用して，1911年の売炭活動について整理しておくこととしたい．
　まず第1に，1〜4月に輸入はほぼなかったと考えてよいので，1911年6〜9月および12月の輸入高合計9,834トンは同年の総輸入高とみなして大過はないと考えられる[48]．そうすると，1907年度の輸入高2.2万トンと比較して激減し

第2章　三菱合資会社漢口支店の事業展開

表2-5　1911年三菱漢口支店石炭売渡高月別推移表　　　　　　　　　　単位：トン

月	輸入高	売渡高	月末貯炭
6	(3,000)	3,846	(4,227)
7	2,875	3,219	3,883
8	2,923	2,392	3,173 (4,094)
9	0	229	3,865
10	0	523	3,342
11	0	806	2,537
12	1,036	1,598	1,975
合計	9,834	12,613	

(注)　1.　輸入高6月（　）は，5月・6月分計．
　　　2.　売渡高のうち，大冶セメント渡，6月2,914トン，7月2,875トン．
　　　3.　6月売約のうち，漢陽鉄政局向け芳谷炭3,000トン．
　　　4.　8月末貯炭（　）内4,094トンのうち門司元扱店3,198トン（78.1％），長崎元扱店897トン（21.9％）．ただし，8月末貯炭は『記事月報』第3号では3,173トン，同第4号では4,094トンと記載．
　　　5.　8月で大口約定炭の引き渡しが終了し，9月は「小口売捌」となり，軍艦（隅田），漢口製氷会社，胡恒記，のみ．
　　　6.　10月は辛亥革命のため，軍艦渡のみ．
　　　7.　12月売渡高内訳．軍艦用（方城及芳谷塊）65トン（4.1％），工場用（新入粉，二等切込）370トン（23.2％），ストーブ用（芳谷塊）57トン（3.6％），雑用（新入二等切）70トン（4.4％），大冶鉱務局（鯰田塊）1,036トン（64.8％），合計1,598トン．
　　　8.　12月に臨時売約1,100トンがある．内訳は日信洋行（新入粉）200トン（18.2％），英米煙草会社（新入二等切）500トン（45.5％），インターナショナル・エキスポート・コムパニー（新入二等切）400トン（36.4％）．なお，塊は塊炭，粉は粉炭，切は切込炭の略．
(出典)　『記事月報（漢口）』第1～7号，1911年，より作成．

ていたことになろう．『記事月報（漢口）』第1号に「昨年以来（1910年…筆者注）萍郷炭ガ撰炭洗浄等ノ方法ニヨリ鋭意品質ノ改良ニ力メシ結果日本炭ハ価格ト品質ニ於テ之ニ対抗スルコト益困難」[49]と記されているとおりである．

　第2は，大冶セメント会社向け売炭が，5月以前は記録が残されていないとしても，同表（注）2に示すように6月，7月計5,789トンにとどまったことである．前年の契約に何らかの齟齬が生じていたことが想定されよう．

　第3は，輸入が8月で終了し，同月で大口約定炭が渡し済みとなっていることである．9月以降は貯炭で「小口売捌」に対応している．同表には，長江増

第2節　漢口支店の直営事業

水期に三菱炭を大型汽船で門司から漢口に直送して販売する，漢口支店の売炭のあり方がよく表されているといえよう．

　第4は，1911年10月に勃発した辛亥革命の影響が現れていることである．戦乱のため民需の減少が一時みられたが，一方で萍郷炭の輸送ルートがほぼ遮断され，その後同炭鉱は長期にわたって出炭を低下させたのである[50]．このため，同年末から翌1912年にかけて日本炭にとって時期的限定があるとはいえ大きな復活のチャンスが巡ってきた．同表（注）7に示すように，12月の大冶鉱務局売渡高1,036トンは臨時売炭であり，同年の終航便若松丸（後述）で急遽送炭されたものであった．また，同表（注）8に示したように，12月には臨時売約1,100トンを記録しており，戦乱に伴い売炭活動はにわかに活気づいたのである．

　以上のように，辛亥革命に伴う戦時の混乱は日本炭の販売を増加させたのであるが，1912年3月の『記事月報（漢口）』第10号は，注目すべき報告を掲載しているので，2点に分けて整理しておくこととしたい．

　一つは三井との関係で，次のように記している[51]．

「サレバ目下日本炭独リ売行盛ンニシテ炭価モ幾分強含ミノ傾向ヲ顕ハシ来レルモ日本炭取扱商店ハ當店ト三井トノミニシテ各年来ノ得意先略一定シ（中略）従テ炭価ノ如キ大体ニ於イテ市場ノ景況ニ左右セラルルト雖モ事実相互協定ノ結果ナレバ従来ト著シキ差ヲ認メズ」

要するに，三井と三菱との間に従来存続してきた「事実相互協定」について語られているのであるが，それは漢口における日本炭市場の構造をよく示しているといえよう．

　もう一つは，当該期において三井がとった行動であり，次のように記されている[52]．

「茲ニ最モ注目スベキ新現象ハ三井ノ一手販売タル撫順炭ノ輸入ナリトス，昨

第2章 三菱合資会社漢口支店の事業展開

年中當地ニ輸入セラレタル同炭合計約二万八千噸ニ上リ一面広告ノ意味ヲ以テ低廉ナル価格ニテ鋭意売弘メニ従事」

　三井の撫順炭輸入量は28,000トン，すでに1911年において三菱炭の2.8倍にも達していた．萍郷炭輸入途絶は三菱にとって大きなチャンスとなるべきものであったが，それを売炭量の回復に結び付けるには撫順炭の進出という新たな困難が浮上してきたのである．撫順炭は，1920年代に日本に向けて大量に輸出され，日本石炭鉱業連合会は同炭輸入制限運動を展開することとなったが，当該期に漢口においてすでに三井によって撫順炭販売が開始されていたことが知られる．三井物産は，三井炭の販売者として石炭市場の安定を策する側面と，商社として優位を占めようとする側面があり，撫順炭では後者の側面がより強く現れていた．

2. 大冶鉄鉱石積出事業

　前述したように，1900年6月三菱は官営八幡製鉄所と，大冶鉄鉱石運搬請負契約を結んだ．そして，10年9月これをさらに10年延長する契約を結ぶこととなった．三菱にとっての利益は当該運賃収入であったが，それだけにとどまらなかったことである．

　第1に，鉄鉱石積取船を利用して，漢口，上海，香港に石炭を有利に運搬することができたことである．三菱の石炭運搬船は大陸への往航便として石炭を満載していたが，帰航便に積荷がなく，片荷となっていた．三菱は，往航便に石炭，帰航便に鉄鉱石の積荷を確保したのである．

　第2は，鉄鉱石運搬のために社汽船を三菱造船所で新造したことである．1900年飽浦丸（1,717トン），02年若松丸（2,774トン）・大冶丸（2,795トン）が挙げられる．

　第3は，鉄鉱石積取のために漢口出張所開設が可能となったことである．当初，三菱は鉄鉱石積取のために社員を臨時に漢口に派遣していたが，積取量が激増したため，常設店舗を設置したのである．そして，ここでは売炭を自営す

第2節　漢口支店の直営事業

ることが可能となった.

　鉄鉱石積取量が増加し,漢口出張所は1905年3月鉱石取扱手数料の徴収を認められた[53].　同手数料収入（鉄鉱手数料勘定）は,後掲表2-14によれば,売炭手数料や貸家収入とともに,漢口支店3大営業収益勘定の一つを構成した.

3. 売銅事業

　漢口における銅の消費高は,1900年代に入っても微々たるものであったが,1903年に財政収入増を目的として新しい銅銭の鋳造が開始されると,漢口に輸入される銅の数量は激増した[54].　ただし,それは財政上の都合による,一時的な需要であったことに留意しておく必要がある.

　表2-6は,漢口輸入銅一覧表である.

　同表によれば,漢口輸入銅は,1900年,01年に30トン台,02年に73トンであった.しかし,03年以降激増して05年に2,241トンでピークに達した.06年の激減は,日露戦後の銅価の騰貴によるもので,1907年,08年には700トン台に回復した.その内訳では,日本銅が1901年,02年,08年を除けば過半を占めていた.外国銅の大部分は米国銅であって,品質的には日本銅に劣るとされたが,低価格を武器に漢口市場にも広く浸透し始めていたのである[55].

表2-6　漢口輸入銅一覧表　　単位：トン

年	外国銅	日本銅	合計
1900	14	18	32
01	21	14	35
02	60	13	73
03	17	229	246
04	203	526	729
05	990	1,251	2,241
06	34	100	134
07	162	545	707
08	538	208	746

（注）　その他銅を含む材料は含まない.
（出典）　『通商彙纂』第70〜143巻,より作成.

第2章　三菱合資会社漢口支店の事業展開

表2-7　1905年7月漢口銅塊相場表

銅ノ種類	純分	相場（担）
荒川電銅	99.9	34　両　匁
古河電銅	99.8	33
住友銅	99.6以上	33
米国銅	EB　99.6以下 LS　99.8以上	32　8
豪州銅	99.2	32　8

(注)　1. 荒川電銅は，三菱荒川銅山の電気精銅．ただし，三菱電銅は同じ純分と思われる．
　　　2. 住友銅は電銅ではない．
　　　3. 米国銅のEBは電銅，LSはロンドン標準銅と思われる．
(出典)　『通商彙纂』第96巻，398〜399頁，より作成．

　表2-7は，1905年7月漢口銅塊相場表である．
　同表によれば，漢口に輸入される銅は，日本銅では三菱，古河，および住友であって，外国銅では米国銅と豪州銅であった．三菱電銅（荒川電銅）は純分（品位）が最高位にあって，価格も高く，古河電銅・住友銅がこれに続いた．米国銅・豪州銅は日本銅よりも低価格であったことが知られる．なお，「価格高キニ拘ラス荒川電銅評判最モ宜シケレトモ輸入高少シ」[56)]と記されるように，供給量にネックがあったようである．
　では，三菱の漢口における売銅状況について，『年報（漢口）』（1907年度）より窺っておこう[57)]．

　　「本年度ハ銅価暴騰と神戸ニ於ケル品繰ノ都合其他ニヨリ僅カニ六千担ノ売込ニ止リシモ武昌銅元局ハ一ヶ年約二万担河南銅元局モ同様ノ需要ナレバ品繰ト為替ノ都合ニヨリテハ両銅元局需要ノ半額ヲ供給スルノ敢テ難事ニアラザルヘシ」

　ここでは漢口支店の売銅は，1907年度は6,000担（360トン…筆者注）にとどまったが，銅銭を鋳造する武昌・河南両銅元局の年間需要合計約4万担（2,400トン…筆者注）の半額を獲得することは困難ではないと述べている．品質に対

第2節　漢口支店の直営事業

する自信があったからかもしれないが，一方で漢口における三菱銅に対する需要が両銅元局に限られるような狭いものであったことも看取される．なお，同年の漢口における日本銅輸入高は545トンであったから，三菱は3分の2を占めていた勘定となる．

しかし，その後銅鋳造高に制限が加わると，1911年度の三菱の武昌銅元局売銅高は5,000担（300トン）に減少していた[58]．

4．売紙事業

『三菱製紙六十年史』によれば，同社は1904年春同社副支配人三宅川百太郎を上海・漢口に派遣して調査のうえ，「上海三菱代理店へ洋紙の売捌きを委託することになった．両地の売上高が次第に増加し，38年中（1905年…筆者注）に積送した数量は上海11万5,448.5lb，漢口1万8,628lb」[59]に達したと記されている．

その後，1906年4月三菱合資本社直轄の上海支店が開設されると，同年11月には，「上海支店ニ於ケル三菱製紙所製品販売手数料ヲ総販売価格ノ三分」[60]と定めている．この規定は，『三菱商事社史』（上巻）によれば，漢口出張所にも適用された[61]．したがって，三菱合資の海外支店における雑貨販売の嚆矢は，三菱製紙の洋紙取扱いであった．そういう意味では，三菱製紙所製品は社内品同様の取扱いであったことに留意しておく必要がある．麒麟麦酒会社や旭硝子会社の製品が，後述するように漢口菱華公司で取り扱われたのとは異なっていた．

では次に，『年報（漢口）』（1907年度）より，漢口における売紙状況についてみておこう[62]．

「本年度内ニ洋紙五百二十連ヲ輸入売捌ヲ試ミシモ高砂製ハ紙質厚キニ過ギ随テ価格割高トナリ容易ニ捌ケズ現下尚百連ノ売残アリ」

以上の記述からみれば，漢口支店における高砂製（三菱製紙所製…筆者注）洋

第2章 三菱合資会社漢口支店の事業展開

紙販売は1907年度（1906年10月～07年9月）が最初のようである．そして，販売は価格割高で不振であった．ドイツ製品と十分に競争力をもたなかったといわれる．前掲『三菱製紙六十年史』によれば，漢口支店に対する輸出高は1906年1,428ポンド，14,600円，08年10,710ポンド，751円と記録されている[63]．なお，後掲表2-14に示すように，漢口支店における売紙手数料勘定の計上は1908年度限りであった．

5. 貸家業

表2-8は，三菱漢口土地所有高推移表である．

三菱は，1898年に東肥洋行を漢口地方の売炭代理店としたが，その時期は不詳であるものの，同洋行名義で漢口に地所254方（約965坪）を買収した．これが記録のうえにみえる三菱の漢口における最初の土地取得である．

同表によれば，門司支店漢口出張所を開設した1902年742方（約2,820坪）を買収した．そして，土地所有高のピークは同出張所を三菱合資本社直轄とした直後の1906年，07年であった．07年に取得した九江地所については先にふれたので，ここでは漢口地所について取り上げると，『年報（漢口）』（1907年度）は次のように記している[64]．

「此社有地ハ目下一半ヲ石炭置場一半ヲ事務所倉庫貸長屋建築敷地ニ充テオレトモ此地ハ日本租界地内枢要ノ位置ニアリテ永ク石炭置場トシテ使用スベキノ地ニアラズ事業ノ発展ニ伴ヒ他ニ之ヲ利用スルノ必要ヲ生ズベキノ遠キ未来ニ非ザルベシ」

すなわち，漢口地所は一部は貯炭場，一部は「事務所倉庫貸長屋」の建築用地であった．それは貯炭場として使用すべきではなく，将来の事業拡大用地と考えられていた．また，建築用地のうち，事務所・倉庫についてはすでにふれたので，ここでは「貸長屋」についてみておこう．『年報（漢口）』（1907年度）は，次のように記している[65]．

第2節　漢口支店の直営事業

表2-8　三菱漢口土地所有高推移表

年	取得面積 方（両）	残高 方（両）	備考
（不詳）	254 (2,421)		・当該地所は東肥洋行名義で買収，1903年三菱名義に書き換え
1902	742 (19,654)	996 (22,075)	・7月，門司支店漢口出張所開設
06	1,687 (107,974)	2,683 (130,049)	・取得面積のうち603方 (60,943両) は日本政府より買収
07	不詳	4,988 (149,694)	・内訳は，漢口地所2,763方 (136,279両)，九江地所2,225方 (13,097両)
08		4,989 (151,609)	
09		2,697 (140,152)	・九江地所全部売却（地所売却価格4万両，売却益九江銀22,374両）
1910		2,697 (140,152)	
11		2,697 (140,152)	

（注）　1. 1906年までは当該年．1907年以降は当該事業年度末．
　　　　2. 1方は約3坪8合．
　　　　3. 1909年度140,152両は，邦貨換算202,216円．
　　　　4. 1911年度には，面積表示はないが，北京出張所土地買入代5,760両 (7,155円) が別に計上されている．当該地所は『三菱社誌』(21) に，1910年7月21日付で地所・家屋銀17,000ドルで購入したものに該当すると考えられる（同書，1246～1247頁）．
　　　　5. 九江地所は，『三菱社誌』(21) には，買収価格九江銀12,000両と記されている (1150頁)．
（出典）　『支店勘定書』Ⅱ，Ⅲ，および『年報（漢口）』(1907年度)，11～13頁，より作成．

「當地ハ新開地ノ常トシテ家賃非常ニ高ク適当ナル店員ノ住宅ヲ借リ入ルルコト甚ダ困難ニシテ寧ロ社宅建築ヲナシ其幾部分賃貸ヲナスノ利ナルヲ感ゼルニヨリ（中略）長屋建築ノコトニ決シタリ」

　以上のような事情から，2階建長屋2棟（6軒長屋と9軒長屋）の建築を決定し，大倉土木組に請け負わせた．6軒長屋は1907年に，9軒長屋は翌08年に竣工の予定であった．前者のうち2軒は社宅用，4軒は日本領事館貸与とされ，また9軒長屋は一般貸家にあてることとなっていた．総工費は8.5万両にも達した．後述するように，1911年度の貸家収入は営業収益中最大の割合を占め，経営不振時に救世主的役割を果たすこととなった．

6. セメント樽材販売

先にふれたように，大冶セメント会社に対する借款契約に付随して，同社に対する石炭およびセメント用樽材の販売契約が結ばれた．

『記事月報（漢口）』第4号によれば，1911年度のセメント用樽材の売約高は5万樽であった．しかし，同年9月までの累計47,925樽で販売打ち切りとし，そして別に底蓋477組を売り渡した[66]．しかし，次項で述べるように，大冶セメント会社は辛亥革命の戦乱に巻き込まれ，その後経営難に陥ったため，樽材販売は同年限りで中絶した模様である．

7. 湖北大冶水泥廠借款契約

大冶セメント会社との関係の始まりは，1910年2月「製鉄所技師西澤公雄ヲ介シ漢口支店長三宅川百太郎ノ名ヲ以テ湖北水泥廠ト借款契約ヲ締結」[67]したことにあった．条件は，融資額36万円，期限6年，利子年7分，担保は工場財産，等であった[68]．借款には「付帯条項」があり，ドイツ人技師聘用満期後は西澤技師と商議し日本人を推薦することなどが定められていた[69]．そして借款成立とともに，三菱は前述のように「石炭木樽ノ購買契約」を結び，石炭の新たな販路としたのである．さらに，「水泥廠将来機械類紙類木材等ノ購入」[70]についても三菱が取り扱うものと定めていた．以上の諸契約に関して『三菱社誌』(21)は，「曩ニ製鉄所ト締結セル鉱石運輸契約ト相俟テ漢口方面ニ於ケル業務ノ伸張ニ資ス」[71]ものと記して大きな期待を寄せていた．

この借款に続いて，翌1911年6月三菱は第2次借款契約を締結した．融資額，期限，利子等について「第一次契約ト殆ド異ナラズ」[72]とされたが，注目すべきは「附帯条件」[73]であった．その重要点を整理すると，次のようになる[74]．

第1点は大冶セメント会社は三菱と協議のうえ「顧問」を聘用すること，第2点は同社の帳簿を考査する「査帳員」を聘用すること，第3点は三菱の一手販売権を承認すること（売価の2.5%の口銭），であった．なお，三菱では大冶セメントの販売は後述するところの漢口菱華公司が担当することとなった．

三菱は，第2次借款によってほぼ大冶セメント会社に対する支配権を掌中に収めたのであるが，その後同社との関係は予想外の展開を辿って，短期間に破局を迎えることとなった．

　以上の結末について『三菱社誌』(23)は，1914年4月に「湖北水泥廠借款返還　附同借款顛末」（以下「顛末」と略）と題する詳しい報告を掲載している[75]．ここで，「顛末」より概略をとりまとめておくこととしたい．

　すなわち，湖北大冶地方において利権の扶植に努めていた日本政府は，大冶セメント会社内のドイツ勢力駆逐のために八幡製鉄所長官を介して三菱合資に融資を内旨した．そこで，三菱も前述したような多くの利権を入手しつつ三菱合資銀行部より巨額の融資を実行した．しかしながら，大冶セメント会社は1911年10月に勃発した辛亥革命に巻き込まれて経営困難に陥った．同社は，三菱だけでなくドイツ資本からの債務の返済にも行き詰まった．そこで，三菱は大蔵省より資金を借り入れて同社に融資し，その経営の実権を掌握しようとした．しかし，同社の抵抗のため見通しが立たず．紆余曲折を経て最終的に借款回収の方針に決した．そのため，武昌政府より14年4月借款の返済を受け，三菱は同社より全面撤退したのである．

　当該借款は，清国の弱体化に乗じた帝国主義諸列強の利権争奪戦が激化するなかで，国家の保護の下に大冶セメント会社の利権を獲得しようとする企てであった．しかし，辛亥革命が漢口を中心として生じたため，さらに革命に伴い中国は植民地権益の回収に向かったため，結局失敗に終わったのである．

第3節　漢口菱華公司の開設と雑貨取引

1. 漢口菱華公司の開設

　三菱合資は，1908年7月1日漢口支店の下に漢口菱華公司，やや遅れて10年6月1日上海支店の下に上海菱華公司を開設して準社内品や社外品の雑貨取引に本格的に参入した．現在のところ，菱華公司開設事情についても，またなぜ

第2章　三菱合資会社漢口支店の事業展開

海外支店で最初に雑貨取引に進出したのかについても，史料的に明らかではない．さらに，菱華公司の経営内容についてもほとんど未解明の状態にある．菱華公司の雑貨取引にはじめて検討を加えた長沢康昭『三菱商事成立史の研究』（日本経済評論社，1990年）においても，「なお，以上にみたように菱華洋行（菱華公司…筆者注）は漢口・上海支店の雑貨取引業務の別名に過ぎなかったから，以後の叙述では菱華公司の営業か支店直営であったかは区別しない」[76)]と述べて，漢口・上海のそれぞれの菱華公司の歴史像を描き出そうとすることはなかったのである．そこで，本章では漢口菱華公司，次章においては上海菱華公司を取り上げ，その実態に少しでも迫ることとしたい．なお，菱華公司について『記事月報』は，「菱華公司」の名称の下に「漢口ノ部」と「上海ノ部」とに分けて報告している．一見すると「菱華公司」なる独立場所が存在して，漢口と上海に下部組織が設けられていたかのようにみえるが，実際には漢口支店と上海支店の統轄下にそれぞれの「菱華公司」がおかれていた．本書では，それがゆえに前者を「漢口菱華公司」，後者を「上海菱華公司」と表記して区別し，それぞれの具体的内容を明らかにするように努めた．

　さて，三菱合資傘下各支店は，もともと社内生産鉱物の販売部門であって，「当時は石炭・金属・機械を除くものはすべて雑貨」[77)]とされ，三菱製紙所の洋紙を除いて「雑貨」は原則として取り扱わなかった．このような状況を打ち破ったのが漢口支店であった．『三菱社誌』(21)は，1908年7月1日付で次のように記している[78)]．

「漢口出張所別ニ菱華洋行ノ名義ノモトニ明治屋麒麟麦酒其他ノ代理販売取扱業務ヲ開始ス」

　ここから明らかなように，漢口支店は雑貨の「代理販売」業務を「菱華洋行」（以下「菱華公司」と表記）という別名義で開始したのである．三菱合資会社における社外品雑貨取引の嚆矢であった．『三菱商事社史』(上巻)は，別名義を使用した意味について次のように記している[79)]．

44

第3節　漢口菱華公司の開設と雑貨取引

「このような社内体制であったので，社外品を以てする雑貨取引は会社（三菱合資会社…筆者注）としてはむしろ認めていなかったと言ってよかろう．漢口出張所が菱華公司の別名を使用して累が三菱の本体に及ぶことを慮った所以である．（略）しかし，国内支店はこの頃は未だどこも乗りだすところはなかった．いずれにせよ，商事部門の芽生えではあったのである．」

ここで『三菱商事社史』は，「累」が三菱合資本体に及ぶことを避けようとした，つまりリスクを回避するためであったとの見解を示している．たしかに慎重な三菱には，そのような考えがあったであろう．しかしながら，それだけでは重要な事実が見落とされることになる．すなわち，漢口菱華公司は，別に店舗を借り受けて空間的にも分離して開設されたことに注意を向ける必要がある．資金も人も三菱から出ていたので，別名義であっても，後述するように損失が出ると結局三菱合資が引き受けざるを得なかったのである．したがって，別名義・別店舗の意味は，単にリスクを回避するということだけではなく，漢口支店と漢口菱華公司との経営を空間的に分離して，社外品雑貨取引進出の最初のテスト・ケースとして，独立経営への強い姿勢と採算性を明確にしようとしたものではなかろうか．ここには三宅川百太郎の意向が強く反映されていたと想像される．

ところで，明治屋神戸支店から積送される商品は，麒麟麦酒，炭酸水，およびサイダーの3品であった．夏季商品をタイムリーに投入しようとしたものである．そして，これに続いて同月7月10日には棉花輸出業開始を決定した．『三菱社誌』(21)は，次のように記している[80]．

「従来漢口出張所冬季間ニ於ケル業務ハ甚ダ閑散ニシテ在勤員ノ孰モ無聊ニ苦ム状態ナルヲ以テ此期間ヲ利用シ，新ニ支那棉花輸出業ヲ開始スルコトトス元来斯業ハ米棉印棉ノ豊凶，日本市場ノ需要状況並ニ為替相場ノ変動等ニ因リ損益ノ岐ルルトコロ，其原因複雑ニシテ多方面ニ於ケル研究ヲ要シ至難ノ事業ニ属シ幾多経験ニ俟タザルベカラザルモ，先ヅ創業ニ際シ見込ミ買ハ之ヲ避ケ，見

第2章　三菱合資会社漢口支店の事業展開

本ニ依リ買方トノ約定ヲ待チテ其買入ヲ行ヒ，或ハ利益多カラザルモノアランモ，危険ノ少キ方途ヲ選ビ，向後数年間斯業ニ対スル経験時期トシテ従業ス」

この記事においては，漢口出張所が棉花輸出業に進出する動機として，冬季の閑散期対策であったことが指摘されている．冬季の長江減水期には大冶鉄鉱石も石炭も輸送を停止していたからである．そういう意味では，漢口においては秋季収穫農産物であって，海外輸出に適したものであれば，何でもよかったことになろう．ただし，三菱のような大資本の場合には，資本規模の優位性を発揮できる大量取扱品が望ましかった．そこで，まず棉花に着眼したのであろう．そして，その創業期における取扱い方針として「危険ノ少キ方途」を取るものとしたのである．なお，閑散期対策ということは，一種の空費時間対策であって，そもそも石炭営業自体がいわば一種の間歇的活動であったことに注意する必要がある．というのは，漢口や上海，香港では石炭は売約時期が特定の期間に集中しており，売約時期以外は閑散期に近かったからである．石炭営業を中心とする支店においては，雑貨取引に進出しやすい条件にあったといえよう．

ところで，漢口菱華公司は，後述するように1908年9月には大坂岩田商店と棉花取引を開始していたことが判明しており[81]，さらに翌09年1月に半田棉行との間に，中国棉花取扱業務の代弁契約を結んだのである．『三菱社誌』(21)は，この点について，次のように記している[82]．

「漢口出張所菱華公司ノ業務トシテ合名会社半田棉行ノ漢口方面ニ於ケル買入取極棉花ニ対シ其代金支払及荷物取扱ニ関スル一切ノ事務ヲ代弁シ，手数料トシテ積出棉花一担百斤ニ付銀壹匁ヲ徴スルコトトシ，契約十二條ヲ締結ス」

半田棉行との代弁契約は，積出棉花1担100斤に付き銀1匁の手数料とするもので，当該業務自体は手数料を目的とした営業であって，「危険ノ少キ方途」であったといえよう．

その後，1910年6月上海菱華公司が開設され，ここでは棉花，綿糸，綿織物

第3節　漢口菱華公司の開設と雑貨取引

の取引を開始した．漢口・上海両支店において，社外品雑貨取引が本格化したのである．

　ところで，漢口菱華公司では後述するように棉花取引に失敗し，その後取扱商品をセメント，桐油，さらに雑穀へと拡大しようとした．このため，1911年4月「事務ノ拡張ト事務員増加ノ為メ」[83]，従来の店舗からスペースの広い店舗に借り換えるほどであった．この時，人員は事務員3人，場所限傭員6人，合計9人であった[84]．同年における漢口支店の人員は12人であったので，漢口菱華公司の規模も大きくなっていたことが知られる．

　以上のように，漢口菱華公司の経営は，棉花取引を別とすれば一見順調にみえたが，同年10月に勃発した辛亥革命の内戦によって大打撃を受けた．1912年2月『記事月報（菱華公司）』第9号は，同公司の状況を次のように記している[85]．

「革命擾乱中ハ（中略）英租界事務所ヲ引揚ゲ，日本租界三菱公司事務所（三菱漢口支店…筆者注）ニ合併シ，事務員ノ半数ハ他ニ転任トナリ，一切ノ商取引ハ中止ノ状態（中略）一月中平和ノ見込立チタルニヨリ再ビ英租界ニ移転」

　しかしながら，漢口菱華公司はそれから4ヵ月も経たずして，1912年5月1日に上海菱華公司とともに廃止され，残務は漢口，上海両支店の取扱いとされたのである[86]．菱華公司の存続期間は，漢口で4年弱，上海では2年弱という短期間であった．両公司が同時に廃止されたことから知られるように，廃止は本社の指令であったと考えられる．両公司ともに後述するように，雑貨取引から巨額の損失を計上していたのであって，これが廃止の最大の理由となったとみてほぼ間違いはないであろう．

　では，以下漢口菱華公司の取扱品について簡単にスケッチしていくこととしたい．

2. 麒麟麦酒会社製品取引

　麒麟麦酒会社は，岩崎家，明治屋，日本郵船の出資を受け，明治屋が販売代理店となっていた関係から，明治屋神戸支店を通じて麒麟のビール，炭酸水，サイダーを漢口支店で販売しようとしたものである．麒麟麦酒会社や，後述するところの旭硝子会社の製品は三菱の準社内品として取り扱われたので，純然たる社外品雑貨とは異なることに留意しておく必要がある．しかし，麒麟麦酒会社や旭硝子会社の製品は，三菱の上海支店や香港支店では取り扱われなかった．

　麒麟製品の取扱量は審らかでないが，販売利益は後掲表2-22に示すように，1909年度に51両の赤字を計上したが，それ以外では08年度麒麟製品を含む商品勘定で257両，10年度ビール類勘定289両，11年度同326両の黒字で推移していた．利益としてはわずかなものであった．『記事月報(菱華公司)』第1号は，「明治屋ト従来ノ関係上ヤムヲ得ズ之ガ販売ニ従事シ居ルモ遺憾ナガラ将来有望ノ営業ト称スルニ難ク」[87]と記している．漢口では廉価な競合品が多数出回っており，価格的に割高な麒麟製品は劣勢に立たされていた．

　表2-9は，漢口菱華公司商品受払明細表(1908年)である．

　同表は，開始されたばかりの漢口菱華公司における商品受払の具体的状況を明らかにしている．ビール，タンサン水は7月に入荷しただけで，7～9月と払出しがみられたが，結局9月にビール177函，タンサン水93函の売れ残りが生じていた．両商品はいわゆる夏物商品に属しており，売れ残りが出るほど初年度の販売は不振であった．

　また，大坂岩田商店送りの棉花は9月に入荷し，同月中に仕入全量を積み出している．したがって，同年秋の新棉収穫期から棉花取引を開始していたことが知られる．なお，当該岩田商店との取引では，後述するように大きな営業損失を計上しており，必ずしも「危険ノ少キ方途」ではなかったようである．

第3節　漢口菱華公司の開設と雑貨取引

表2-9　漢口菱華公司商品受払明細表（1908年）

		7月	8月	9月
受入	ビール（函）	500		
	タンサン（函）	200		
	棉花（PC）			6.4
払出	ビール（函）	106	192	25
	タンサン（函）	24	75	8
	棉花（PC）			6.4
残高	ビール（函）	394	202	177
	タンサン（函）	176	101	93
	棉花（PC）			0

(注)　1. ビールはキリンビール，タンサンは布引タンサン水．
　　　2. 9月受入棉花は大坂岩田商店送り．
(出典)　『漢口出張所貸借試算表』1908年1〜9月，より作成．

3．旭硝子会社製品取引

　旭硝子会社は，岩崎俊彌によって設立され，製品化に苦心を重ねつつ1910年より本格的に発売を開始した[88]．岩崎俊彌は岩崎彌之助の二男にあたり，旭硝子製品は麒麟麦酒製品と同様に三菱の準社内品として取り扱われた．以下，『記事月報』によって漢口への輸入についてみておくこととしよう．

　『記事月報（菱華公司）』第1号は，「板硝子及硝子器類販売」に関する報告中において，板硝子は欧米製品の輸入が多く「価格ノ点ニ於テ当分販路ヲ見出スノ余地ナシ」[89]と断じていた．一方，硝子器は「清国人ノ嗜好ニ投ズルモノヲ製造輸入セバ全ク見込ミナシト云フ能ズ目下各種硝子器見本ヲ取リ寄セ諸所ト引合中ナリ」[90]と記している．第2号は，板硝子，硝子器ともに取引がないとし[91]，結局第3号には報告自体も記載されなくなった．一方，後掲表2-22によれば，漢口菱華公司の1911年度「損益勘定表」には「硝子器委託販売ニ係ル損失金」として25両が計上された．

　以上のような状況から判断すれば，板硝子については販売はなく，硝子器については引合を試みたが不調に終わったと想定してよい．旭硝子製品の輸入は，

第 2 章　三菱合資会社漢口支店の事業展開

第1次世界大戦の勃発によって欧米からの輸入途絶に伴い増加していった．

4. 棉花取引

　漢口菱華公司の棉花取引は，前述したように，1908年9月大坂岩田商店の記録が初見であって，翌09年1月に半田棉行と棉花取扱業務代弁契約を結んだ．同公司の棉花取引の実態については，史料的にあまり明瞭ではないが，10年について『記事月報（菱華公司）』第1号の記すところをみておこう[92]．

　1910年における漢口輸出棉花は総量で約233千担，そのうち漢口菱華公司取扱高約31千担（729,547両），同公司半田棉行代理取扱高約24千担，両者合計約55千担（総量の23.6％）であった．同公司は，新規参入後3年目には漢口における棉花輸出大手に成長していた．しかも，それだけではなく注目すべきは自己取扱高が代理取扱高を大きく上回っていたことである．「見込ミ買ハ之ヲ避ケ」とする当初の方針から大きく転換していたことが知られる．

　以上の取引について，同『月報』は続いて次のように述べている[93]．

　　「右輸出取扱ニ対シ最初利益金貳萬餘千両ヲ収得シタリト雖其後先物買付ノ契約ヲナシ（略）不尠損害ヲ蒙リタルノミナラズ此損害ヲ比較的少クセンガ為メ特ニ原産地ニ人ヲ派シ買付ニ従事シタルナド稍々費用ヲ要シタル結果数字上ノ利益ハ半田取扱手数料及ビ空袋等ヲ加ヘテ僅カニ五千餘両ニ減ジタリタリシモ此壹年間ニ於テ得タル経験上ノ利益ハ實ニ尠少ナラズ（略）本公司ハ可及的水物ヲ避ケ品質ノ一定ニ務メタル為メ大阪市場ノ好評ヲ博シ初メハ同一等級品モ他店ヨリ幾分安値ナリシモ昨一ケ年間堅實ニ取引ヲ持続シタル結果菱華公司ノ品ハ他店同一等級品ニ比シ高値ニテ差支ナシトノ信用ヲ得ルニ至レリ之レ菱華公司棉花取扱上将来ノ為メ非常ノ成功ナリト謂フモ敢テ過言ニアラザル可シ」

　以上のように，1910年には「先物買付」に手を広げて「不尠損害」を被ったが，そこにおける「経験上ノ利益」を高く評価しており，また堅実な取引を持続して「信用」を得ることができたので，翌11年秋の新棉花輸出取扱いには大きな

第3節　漢口菱華公司の開設と雑貨取引

期待が寄せられていた．しかるに前述した辛亥革命は，同公司の取引に致命的な打撃を及ぼしたようにみえる．『記事月報（菱華公司）』第5号は，同年10月について，棉花の収穫期にもかかわらず「取引ヲ中止（略）誠ニ遺憾」[94]，そして同第9号は翌12年2月において「昨年来全ク棉花ノ取引ヲ見ズシテ終リタリ」[95]と報じている．そして，同年5月1日に漢口菱華公司は廃止されたのである．

　後掲表2-21，表2-22によれば，1910年度（1909年10月～10年9月）において営業勘定表段階では代理取扱高からの手数料を示す棉花口銭は営業費を償えず1,266両の営業損失となり，損益勘定表段階では大坂岩田商店送棉花勘定において3,190両の損失を被って純損失は5,825両を計上した．さらに，1911年度（1910年10月～11年12月）においても同様に営業勘定表段階では棉花口銭・棉花雑収入の増加にもかかわらず営業費の増加がこれを上回って営業損失は5,746両を計上した．さらに，損益勘定表段階では棉花勘定において2,583両の損失を計上しており，純損失は13,909両に激増していた．営業費増加の原因としては，前記「原産地ニ人ヲ派シ買付」を行ったことが指摘されよう．そして，それは『記事月報（菱華公司）』第1号が11年6月時点における報告であったことから考えて，10年秋のことであったと判断して間違いない．11年秋の新棉花取引は中断されたままであったからである．

　ところで，棉花取引が辛亥革命によって中止されている緊急事態の最中に，1911年11月三菱は半田棉行との取引を廃して，大坂江商との新規取引開始を決定した．『三菱社誌』(21)は，11年11月25日付の「棉花綿糸取扱ニ関スル契約相手方変更」と題する記事で，次のように記している[96]．

　　「従来菱華公司半田棉行ノ委嘱ヲ受ケ支那ニ於ケル棉花綿糸ノ取扱業務継続中ナルモ，支店業務拡張ヲ機トシ，半田棉行トノ契約ハ本年棉花時季ヲ限リ之ヲ解除シ，大坂江商合資会社ト綿糸売買取引又ハ委託販売ヲ開始ノコトニ決ス」

当該記事において，注意すべきことを取りまとめておくこととしたい．
　まず第1点は，引用文中の「菱華公司」であるが，これには特に限定がない

51

第2章 三菱合資会社漢口支店の事業展開

ので，漢口・上海両菱華公司を指していると考えられることである．

　第2点は，半田棉行との取引は漢口では棉花に限られていたが，上海では棉花・綿糸の取引が行われていたことが知られる．

　第3点は，半田棉行との取引は「本年棉花時季」限りで解除としたことである．

　第4点は，大坂江商とは綿糸取引の開始を決定したことである．棉花には言及していないことに留意しておく必要がある．

　以上4点を挙げることができるが，当該記事からは漢口菱華公司が棉花取引から撤退するのかどうかは判然としない．また，なぜ半田棉行から大坂江商に取引先を変更するのかについても記されていない．推察されることは，これによって棉花取引の行き詰まりが打開される，そういうことを期待したのではないかということである．では，事態の進行をみておこう．

　漢口菱華公司廃止後，その業務を受け継いだ三菱漢口支店は，その後1912年秋の棉花輸出にはきわめて消極的となった．すなわち，『記事月報（漢口）』第16～19号（1912年9～12月）によれば，秋の新棉収穫期にもかかわらず為替相場の不利，米印棉の相場下落，武昌織布局の事業開始，等の諸事情から商談不調と伝えていた[97]．漢口支店の棉花売捌高は，三菱合資会社『年報』によれば1912年度3,947担，そして翌13年度1,215担で終了していた[98]．この点について『三菱社誌』(22) は，1913年に「棉花取引ハ昨年限リ一先ヅ之ヲ中止スルコトトシ本年度ニ於テハ只少量ノ持越棉ヲ処分セシニ止レリ」[99]と記している．この記事は，漢口，上海両支店について述べていると考えられるので，三菱の両支店は12年で棉花取引を中止し，翌13年は持越棉処分＝在庫処分を実施し，棉花取引から撤退したことになる．三菱が，棉花取引に再進出するのは三菱商事会社設立後もなお歳月を経てからのこととなった[100]．

　なお，三菱漢口支店が棉花取引から撤退した事情として，経験不足に加えてもう一つ重要な問題があった．それは，漢口における他の有力日本棉花商と競合していくには，規模において相当見劣りのするものであったことである．1911年における漢口の棉花取扱業者を使用人員で示すと，次のようになる[101]．

第3節　漢口菱華公司の開設と雑貨取引

日本棉花会社（日本人29人，中国人90人），三井物産（日本人37人，中国人22人），三菱合資（漢口支店12人，漢口菱華公司9人），合資会社武林洋行（11人）

　棉花買付には経験の蓄積に加えて，このような規模の差が競争の優劣に大きく影響したと想定されよう．そこで，後述するように，三菱は棉花取引からセメント・桐油・雑穀取引に転換していったのではなかろうか．
　ところで，大坂江商との綿糸取引であるが，これは三菱漢口支店としては本格的に進出しなかった．次章で述べるように，三菱上海支店から販売委託を受けて取り扱ったものであった[102]．

5. 大冶セメント販売

　前述したように，三菱は巨額の融資を梃子に大冶セメント会社の一手販売権を取得し，1911年6月より漢口菱華公司において販売を開始した．その手数料収受条件をみると，「直接三菱公司ノ販売セルモノトセメント会社ノ販売セルモノトノ区別ナク総テ売上ゲ数量ニ対シ手数料ヲ徴収ス」[103]という，三菱側にとってきわめて有利なものであった．そして，このような事情も与って，それから3ヵ月後の同年9月には販売を大冶セメント会社に一任することとなった．『記事月報（菱華公司）』第4号は，この間の事情について次のように記している[104]．

　　「又其ノ売込ハ官憲向キヲ主トスル可キニ，現下ノ如ク利権熱ノ高キ折柄，外商ノ売込ヲナスハ面白カラザル点アルニヨリ，之ヲセメント会社ニ一任シ，當方ハ単ニ帳簿ノ監督ノミヲナスコトトセリ」

　要するに大冶セメントの販路は官需を中心としており[105]，これに対し諸列強による「利権熱」が激化する中では，外商の売込みはかえって反感を買うものとしてこれをセメント会社に一任し，三菱は第2次借款契約で獲得した査帳権による査帳のみ行うこととしたのである．

第2章　三菱合資会社漢口支店の事業展開

　そして，翌10月辛亥革命が起きると，同月以降『記事月報』における大冶セメント関係の報告は菱華公司から漢口支店の報告の中に移されることとなった．これは，革命の混乱の中で，大冶セメントの販売を漢口菱華公司から漢口支店に移したことを示すものであろう．

　ところで，辛亥革命はセメント販売に大打撃を与え，『記事月報（漢口）』第8号は，1912年1月の状況を，「製品ハ積ンデ山ヲナシ（中略）売行皆無」[106]と記している．大冶セメント会社は前述したように，深刻な経営難に陥り，三菱は同社の経営から全面撤退を余儀なくされたのである．漢口支店による大冶セメントの取扱高は，三菱合資会社『年報』によれば1912年49,844樽，13年14,539樽であり，記録上取扱いは13年が最後となった[107]．

6. 桐油輸出

　桐油は漢口周辺の特産物であり，すでに1902年度の漢口領事館報告「漢口貿易年報」は次のように記していた[108]．

　　「當市ニ集マル桐油ハ夥シキモノニテ其ノ大ナルカ為メ古ヨリハ大行ノ一ニ数ヘラル近来欧米ニ於テ『ペイント』ノ混和材トシテ使用スル（中略）故ニ輸出年々増加シ此年四十万六千担三百万両ノ輸出アリタリ」

　そして，1905年度「漢口貿易年報」は，「元来桐油ノ輸出ハ他国ノ競争ナキヲ以テ（中略）将来頗ル好望ナルベシ」[109]とした．つづいて，翌06年度にも同様に説き，07年度には「桐油ハ年々盛ニ欧米ニ向ケ輸出セラル本品ハ外国品ノ競争ナク独占ノ姿ナレハ将来ノ販路ハ安固ナリ」[110]とまで述べて，強く日本資本に輸出業進出を促すところがあった．

　一方，三菱漢口支店においては1908年7月に菱華公司を設立して雑貨取引に進出し，さらに業務拡大の機会を窺っているところであった．『三菱社誌』(21)は，この点について10年12月30日付で，「漢口支店新規業務調査」と題して次のように記している[111]．

54

第3節　漢口菱華公司の開設と雑貨取引

「漢口支店同地ニ於テ将来着手セントスル業務ニ関シ調査研究ニ従フ，漢口ヘノ輸入業ハ極メテ困難ニシテ容易ニ適当ノ業務ヲ得難ク，輸出ニ於テハ稍有望ナルモノトシテ日本ヘノ棉花輸出ノ外他ニ適当ノモノヲ択ビ難ク，結局欧米ヘノ輸出取引ニ俟タザルベカラズ，就中両三年来漸増ノ桐油輸出取引ハ将来有望ノ業務ナリトシ，該業務ノ取引ヲ開始セントシ，調査報告書ヲ作成具申セシモ，尚精査考究ノ上実行ヲ決定スルコトトス」

要するに，新規業務として漢口への輸入業は困難であり，日本への輸出品としては棉花以外に適当なものはなく，「結局欧米ヘノ輸出取引」に活路を見出さざるを得ない．そこでは桐油を「将来有望」としたのである．そして，翌1911年2月「愈桐油ノ欧米輸出業務開始ニ決シ（中略）工場倉庫ヲ借入シ，爾後菱華公司ノ取扱業務トシテ経営」[112]することとなった．漢口支店の意思決定においては，漢口からの桐油輸出の増加が重視されており，「當地洋商ノ名アルモノ殆ンド之レヲ取扱ハザルナシ昨年（1910年…筆者注）ノ如キハ七十五万六千担（約4,500トン…筆者注）ニ及ベリ（中略）菱華公司ニテハ一年十万担（約600トン…筆者注）ヲ取扱フ可キ予定」[113]とし，精製工場・倉庫は油問屋の集積地である漢陽におかれた．新規参入ながら，取扱シェア13％が目指されていた．海外取引店の選定も進められ，アメリカ（ニューヨーク），ドイツ（ハンブルグ），イギリス（ロンドン），およびオーストラリア（シドニー）の商社と協定が結ばれ[114]，取引店に対しては1911年7月には「已ニ各種ノ準備整ヒタレバ秋後ヲ俟テ取引ヲ開始ス可シ」[115]としたのである．漢口支店の積送高は，12年891トン，13年959トン，14年788トン，15年861トン（売約高）と記録されており，当初目標値を大きく上回って推移し，三菱商事会社に受け継がれていった[116]．桐油は漢口菱華公司において，三国間貿易に成功した数少ない商品であった．精製工場を自営とした大きな理由は，欧米向け輸出であったことから一定の品質を確保するためであったと考えられる．

第2章　三菱合資会社漢口支店の事業展開

7. 雑穀輸出

　桐油の欧米輸出計画が順調に進められていた頃，これと並行して胡麻の欧州輸出計画も具体化されつつあった．1911年8月『記事月報（菱華公司）』第3号は，この点についてはじめて言及し，次のように記している[117]．

> 「胡麻ハ始メ欧州ヘ輸出ノ計画ナリシモ，先ズ試験的ニ日本ヘ輸出スルコトニ決シ（中略）當地現品ナク新荷ノ出回リヲ待チツツアリ」

　しかしながら，つづく第4号においても日本向け輸出は取引不成立であったとし，「来秋（1912年秋…筆者注）ヨリハ愈欧州輸出ヲモ試ム可キ事トナリ，取引先トモ打合ヲナシ，倉庫設定，精選器据付等ニ付キ研究スル所アリ，目下其ノ準備中ナリ」[118]と報じている．しかし，辛亥革命の影響によるものであるかどうか事情は審らかでないが，胡麻工場の落成は遷延を重ねて1913年4月のこととなった[119]．そして，そのためと考えられるが，12年においては5月ハンブルグ向けわずか5トンの試輸出が記録されているだけであって[120]，13年においても12月に100トンのロッテルダム輸出をみるにとどまった[121]．そして，14年では11月に前年と同じく100トンの地売が計上されているだけで[122]，翌15年には販売は計上されなかった．第1次世界大戦に遭遇して，胡麻輸出は不調に終わった．なお，この地売はおそらく買付を行ったが，輸出が困難となり，漢口で在庫処分したものと推測される．

　さらに，胡麻の試輸出が行われた1912年5月には蚕豆の欧州輸出準備が行われていた[123]．そして，同年8月以降イギリス向けに本格的に輸出が開始された[124]．翌9月には白豌豆も試験的にロッテルダム向け50トンの引受を行ったのである[125]．蚕豆は，1912年1,500トン，13年800トン，14年4,150トンを積み出したが[126]，15年には取扱いは計上されなかった．以上のように，漢口支店は胡麻，蚕豆，白豌豆の欧州輸出に取り組んだのであるが，時期的に第1次世界大戦に遭遇したためと考えられるが，15年には取扱いの記録はなくなっ

第3節　漢口菱華公司の開設と雑貨取引

ていた．第1次大戦勃発後半年ほど，通信，為替の混乱のため，欧州貿易はなかば途絶状態におかれたのである．

なお，1915年9月に三菱合資会社はロンドン支店を開設した．三菱合資会社『年報』(1916年度) によれば，ロンドン支店の同年の「売約表」には，桐油190トンのほかに蚕豆350トン，胡麻50トンが計上されており，漢口支店から積み出されたものと想定される[127]．

以上，雑穀の欧州輸出においては，同じ取引店において胡麻，蚕豆，白豌豆が取り扱われたので，品目が多様化しやすかったのではないかと想像される．それはまた，桐油取引先とも重なっていたかもしれない．

表2-10は，漢口輸出重要農産物一覧表 (加工品を含む) である．

同表から明らかなように，三菱は紅茶，磚茶を除いて，漢口から輸出される重要農産物の多くを取り扱うこととなった．漢口は，当時「東洋ノシカゴ」[128]と称され，しかも水陸の交通の要衝であった．そして，後背地には家族的小経営による広大な農村地帯を控え，「生産原価ニ等シキ土貨ヲ多量ニ購求シ得ベキ最好地位」[129]にあった．したがって，それらを欧米市場と結び付ける資本と情報収集力・組織力があれば，価格差利潤を求めて比較的大規模な取引を行うことが可能であり，三菱漢口支店はこの点に着目して農産品の欧米輸出に乗り出していったものであろう．しかも，三菱の場合には，漢口・上海間に鉄鉱石・

表2-10　漢口輸出重要農産物一覧表 (加工品を含む)

種類	1906年 両 (千担)	1907年 両 (千担)
紅茶	4,399　(259)	5,764　(303)
胡麻	4,506 (1,073)	3,817　(763)
豆類	4,041 (2,094)	3,698 (1,693)
棉花	2,052　(141)	3,542　(189)
桐油	4,177　(471)	3,315　(394)
磚茶	4,134　(315)	2,816　(194)

(注)　1. 両は海関両．
　　　2. 輸出は外国・香港・内地開港場合計．
(出典)　『通商彙纂』第132巻，331～335頁，より作成．

石炭の運搬船が往来していたのであるから,なおさら有利であった.

ところで,漢口領事館報告は1911年における漢口の主なる雑穀商として26社を挙げて,そのうち一流を5社,二流を1社,三流を8社とし,三菱は三流にランクされていた[130].当時,まだほとんど実績のない三菱が三流とされること自体不思議でもあったが,三菱のブランドと資本力がそのような評価を生んでいたものであろう.

なお,雑穀ではないが,1912年5月以降小麦取引が開始されていたので,ここで付言しておこう.これは,日本資本である東亜製粉会社漢口工場の依頼で,四川小麦を買い付けたものである.大きな取引ではなかったが,細々と継続していった.

第4節　漢口支店の経営収支

以上,漢口支店および漢口菱華公司の事業内容をみてきたのであるが,次に当該期におけるそれぞれの経営収支の検討に進みたい.そこでは『各支店決算勘定書』(以下『支店勘定書』と略)に収められている主要な財務諸表を順次検討することにしたいが,また,その作業を通して漢口支店における諸商品取扱いの意味も探ることとしたい.

1. 貸借対照表の構成

表2-11は,三菱漢口支店貸借対照表貸方(負債義務ニ属スル分)一覧表である.主要な勘定について,整理しつつ順にみていくこととしたい.

「本社」,「本社鉱業部」,「固定資金」の3勘定は,名称は変化しても基本的に同じ性格の勘定である.それは,次のようにして確認できる.すなわち,計上されている金額は1907年度を除いて後掲表2-12の固定資産小計に一致しており,07年度もほぼ等しい金額を示している.したがって,上記3勘定は固定資産残高合計を示す勘定であることが知られる(以下「本社勘定」と略).いいかえれば,当該勘定は本社資金のうち固定資産に充当された資金額を示している.

第4節　漢口支店の経営収支

表2-11　三菱漢口支店貸借対照表貸方（負債義務ニ属スル分）一覧表　　　　　単位：両

勘定科目	1907年度	1908年度	1909年度	1910年度	1911年度
本社	168,826	255,166			
本社当座	89,245	192,681			
本社鉱業部			296,006	287,643	
本社鉱業部当座			113,456	101,029	
固定資金					307,678
本社営業部取引					118,000
三菱製紙所	357				
神戸支店当座		13,886	321		
菱華公司当座			298		
備使人扶助基金	14	47			
備使人退隠基金			106	173	138
備使人疾病共済基金			1	16	32
仮預金	1,039	3,417	2,671	1,329	11,397
勤倹預金	56	362	1,771	577	4,188
未払金			292		113
正金銀行当座				7,997	
純利益	5,099		16,267		
合　計	264,636	465,559	431,189	398,764	441,546

(注)　1.　三菱漢口支店の事業年度は以下のとおりである．1907年度：1907年4月1日～9月30日．1908年度，09年度，10年度：前年10月1日～当該年9月30日．1911年度：1910年10月1日～11年12月31日．
　　　2.　神戸支店とは，銅の取引があった．
(出典)　『支店勘定書』Ⅲ，Ⅳ，より作成．

　そしてそれは，1910年度を除いて瞠目すべき増加を続け，07年度16.9万両が11年度には30.8万両にも達していた．三菱合資本社は，漢口支店に対する固定資産投資を積極的に維持したのである．
　「本社当座」，「本社鉱業部当座」，「本社営業部取引」の3勘定も，名称は変化しても基本的に同じ性格の勘定である（以下「本社当座勘定」と略）．当該勘定は，相殺勘定であって純額表示であるため，貸方計上の場合は漢口支店の本社当座借越残高を示している．前記本社勘定が固定資産に充当された資金であるのに対して，当該勘定は流動資産（運転資金）に充当された資金を示している．1907～11年度にわたる全期間において8.9万両から19.3万両が計上されており，本

第2章 三菱合資会社漢口支店の事業展開

社当座借越が続き，本社勘定に次ぐ大きな金額であった．門司支店の06年度「財産目録」の漢口出張所当座貸越金勘定が2.7万円 (1.8万両，1円＝0.68両換算) であったのと比較すれば[131]，本社直轄制移行後の漢口支店の本社当座勘定はそれ以前と比較して5～11倍に激増しており，それだけ門司支店所属期に比し事業活動が活発化したことを反映している．とりわけ，08年度は前年度比2倍を超える増加となったが，同年度は漢口菱華公司開設の年にあたる．

本社および本社当座の両勘定の合計は，1908年度以降40万両前後の高水準にあり，三菱合資本社としても漢口支店を社外品雑貨取引の最初のテスト・ケースとして，三菱門司支店所属期とは隔絶した規模の資金支出を認許していたものと思われる．この点については，後掲表2-19と関連してもう一度取り上げることとしたい．

「三菱製紙所」・「神戸支店当座」の2勘定は，ともに当座借越金である．前者は売紙代金，後者は売銅代金の未決済額と推測される．なお，麒麟麦酒会社の製品は三菱神戸支店の取扱いではなく明治屋神戸支店との取引であり，しかも漢口側は漢口菱華公司の取扱いであった．したがって，麒麟製品の取引が漢口支店の決算勘定書に計上されることは基本的になかったと考えられる．

「仮預金」勘定の内容は，漢口支店の決算勘定書には一切説明が記載されていない．しかし，三菱上海支店の1911年度「財産目録」には，同支店の仮預金勘定について「売炭契約ニ係ル手附金外」[132]との注記がある．したがって，漢口支店においても同様の内容であったと類推可能であろう．通常，約定売炭では，事前に炭種，数量，払い渡しの期間と場所等を取り決めて，長期にわたって順次引渡しが行われるので，保証金として「手附金」を受け取っていたのである．しかし，その金額の大小は売約に大きく影響するので，相手の信用や景況を斟酌して決めていたものと思われる．1911年度に激増しているが，辛亥革命や金融危機に対する対応であったとの見方も成立するであろう．

表2-12は，三菱漢口支店貸借対照表借方（財産権利ニ属スル分）一覧表である．主要な勘定について，順にみていくこととしたい．

「地所」・「家屋」・「小蒸気船」・「ポンツーン」・「備品」の5勘定は固定資産勘

第4節　漢口支店の経営収支

表2-12　三菱漢口支店貸借対照表借方（財産権利ニ属スル分）一覧表　　　　　単位：両

勘定科目	1907年度	1908年度	1909年度	1910年度	1911年度
地所	149,693	151,609	140,152	140,152	145,912
家屋		85,000	137,722	133,590	145,429
小蒸気船	11,324	10,180	9,036	7,892	6,463
ポンツーン	7,098	5,906	4,714	3,521	2,030
備品		2,471	4,382	2,487	7,845
固定資産小計	168,116	255,166	296,006	287,643	307,678
石炭売掛金	43,677	24,288	20,183	14,343	
売掛代金					22,050
仮払金	30,739	28,546	2,724	3,479	4,129
未収入金	764	3,203	1,110	778	3,666
貸金	2,100	300	2,880	2,880	46,488
正金	581	503	1,745	418	2,414
香上銀行当座	10,061	11,215	45,330	1,082	1,884
正金銀行当座	8,527	97,240	55,145		33,123
菱華公司当座		1,342		37,981	15,067
銀行部特別当座	72	241			
本社預ケ金					3,588
北京出張所当座			6,066	44,685	1,459
純損失		43,514		5,476	
合　計	264,636	465,559	431,189	398,764	441,546

(注)　1. 1909年度，10年度貸金勘定は，漢口日本人倶楽部貸金．
　　2. 1910年度未収入勘定は，鉱石手数料．
　　3. 北京出張所当座勘定と同一の金額が，漢口支店「財産目録」によれば「北京出張所資金」あるいは「北京出張所へ貸越金」と記載．
　　4. 1911年度備品勘定は，漢口支店貸借対照表では「器具機械勘定」と表記．しかし，同年度財産目録，原価消却高内訳表等では，同金額を「備品勘定」で表記しており，これに従った．
　　5. 1911年度地所，建物，備品勘定には，それぞれに北京出張所分を含む．内訳は以下のとおり．

内訳	地所勘定	建物勘定	備品勘定
漢口支店用	140,151 両	128,581 両	933 両
北京出張所用	5,760	16,848	6,912

(出典)　表2-11に同じ．

定に属し，以上小計は前述したように前掲表2-11の本社勘定に基本的に一致している．

　地所・家屋勘定計は，1907年度に15.0万両であったが，建物・施設が完成

第2章 三菱合資会社漢口支店の事業展開

すると09年度27.8万両,そして11年度には29.1万両に激増した.三菱は,長期的・戦略的に重要な店舗については貸店舗ではなく,社有店舗を原則としており,本社直轄制移行後漢口支店において社有新事務所・貯炭場の建設が進められた.そのため,地所・家屋の固定資産小計に占める割合は1908年度以降90%を超えるようになる.

備品勘定は1911年度に急増した.同年度の内訳をみると,漢口支店用933両,北京出張所用6,912両と記載されている.後者は,後述するように「要路大官」の接待所を兼ねた特殊な建物であって,特別に高価な備品を設置していたようである.

「石炭掛代金」勘定は,1911年度に「売掛代金」勘定と改称された.これは,1911年11月に「営業部各場所元帳勘定科目」の大幅な変更が行われており,これに従ったものと考えられる[133].ただし,同年においては漢口支店が辛亥革命の戦乱に対応して漢口菱華公司の営業を統合していた時期にあたり,当該勘定にはセメントやセメント樽材などの売掛金も算入されていた可能性がある.同勘定は1907年度に4万両を超えていたが,その後半減している.買弁廃止の時期にあたり,あるいは決済条件が厳しくなったとの解釈も成り立つかもしれない.

「貸金」勘定は,1909年度,10年度については「漢口日本人倶楽部貸金」[134]との注記がある.貸金の目的については審らかではない.三菱上海支店では,1907年7月に上海日本人協会より同地小学校建築のため資金貸与の依頼があり,これに応じている事例がある[135].漢口においても,同地在住の日本人が増加しており,このような倶楽部が結成され,有力企業には資金協力が求められたものと思われる.貸金は1907年度から10年度にかけて08年度を除いて2,000両台で推移していたが,その後11年度に4.6万両に激増した.貸金の性格に大きな変化があったことが認められる.内容は不詳であるが,大冶セメント会社関係の利権獲得期にあたっていたことが想起されよう.政商的な貸金も含まれていた可能性があろう.なお,漢口菱華公司に対する資金供給は貸金勘定ではなく,後述するように「菱華公司当座」勘定を通じて行われていたので,同公司への資金は含まれていなかったと考えてよい.

「菱華公司当座」勘定は,同公司に対する当座貸越金を計上したものである.

第4節　漢口支店の経営収支

同公司の必要資金は当該勘定を通じて供給が行われた．1910年度に3.8万両，翌11年度にも1.5万両が計上された．10年度は棉花取引，そして翌11年度は桐油事業が活発化した時期にあたる．金額を比較すると，棉花のほうが桐油よりはるかに大きな資金が需要されていた．

最後に，「北京出張所当座」勘定が1909～11年度にかけて計上されているので，ここで少し立ち入って検討しておくこととしたい．『三菱社誌』(21)によれば，北京出張員の配置は1909年11月15日付であった[136]．当該貸借対照表の年度末が同年9月30日であったことを想起すれば，漢口支店においてはその配置前から予算を計上して北京出張所開設準備が進められていたことが知られる．しかも，その翌1910年度には当該勘定は4.5万両近くにまで増加していた．この資金は，前掲表2-11の本社当座勘定を通じて供給されていたと想定される．では，北京出張所設置の目的は何であったのか．前記『三菱社誌』(21)には，1909年11月15日付の記事において次のように記されている[137]．

「北京ニ出張員ヲ置キ造船及鉱業ニ関シ上海，漢口，北京，天津各地ニ於ケル新聞記事ヲ翻訳シ随時報告セシム」

しかしながら，巨額の当座貸越金や北京出張所の備品の金額（表2-12，注5）と照らし合わせて考えると，果たしてこのような記述を額面どおりに受け取ってよいであろうか．

翌1910年7月12日「北京出張所取扱業務上ノ関係ヨリ清国要路大官等トノ応酬交渉アリ，他ニ好適ノ地ヲトシテ事務所移転ノ要アリ」[138]として，建物買収・改修費合計27,221ドルを投じて新事務所を取得したのである．北京出張所の任務は，明らかに前年11月15日付の記事とは大きく異なっていた．そして，翌8月1日三菱造船所副長心得加藤知道が「清国海軍部ヨリノ軍艦注文引受交渉」[139]のために北京に出張し，同月15日清国より代価68万円の「航洋砲艦一隻新造ノ注文」[140]を引き受けたのである．

『三菱社誌』(21)に掲載されている三菱合資会社造船部の決算表によれば，

第2章　三菱合資会社漢口支店の事業展開

1910年度に「北京出張所経費」(1909年8月～10年7月) として21,214円[141]，そして翌11年度には「北京出張所費」(1910年8月～11年12月) 25,676円，および「北京出張所ニテ特別支出金」25,244円，合計50,921円が計上されていた[142]．したがって，北京出張所の経営費用は基本的に三菱合資造船部が負担していたのであって，同出張所の目的は清国に対する軍艦の売込みにあったことが判明する．そして，当該造船部の資金は漢口支店の本社当座勘定に振り込まれていたと想定される．以上から，砲艦68万両に対して，三菱は合計7.2万円の受注費用を支出した勘定となる．

なお，北京出張所の会計勘定は表2-12の（注）5に記載したように，三菱漢口支店の管轄下にあった．当該期漢口支店は，三菱の北京進出の前進基地としての任務も帯びていたのである．

表2-13は，三菱漢口支店原価消却高内訳表 (1911年度) である．

同表には，固定資産各勘定の内訳別の取得価額，消却残高，消却高，繰越高，消却率，消却累計が記載されている．そして，これら固定資産は漢口支店の会計独立後に取得されたものであるから，同表は会計独立後の消却を一表に整理して表示したものである．三菱の内外の支店を通じて同種の原価消却高内訳表は『各支店決算勘定書』には見出せないので，作成したのには何らかの事情があったと思われる．

それはともかくとして，順に各勘定の消却率をみていくこととしたい．

家屋勘定では，漢口支店用ではすべて年率3％である．三菱の規定上の標準消却率によれば木造建物は7％であったから，漢口支店では著しく低い消却率が適用されていた[143]．漢口支店では本社直轄制移行後，建物の新築・整備が相次いでおり，負担の軽減が行われていたと解することができよう．一方，北京出張所用では消却率は10％と標準消却率よりも高率であった．その事情は判然としないが，もともと中古建物であって，消却期限が考慮されていたかもしれない．

次に，備品勘定に移ろう．漢口支店用の消却率が50％とされたが，備品の標準消却率は15％であったから，これに比して著しく高率となっていた．一方，

第4節　漢口支店の経営収支

表2-13　三菱漢口支店原価消却高内訳表（1911年度）　　　　　　　　　　　単位：両

勘定科目	取得価格	消却残高	消却高	繰越高	消却率	消却累計
家屋勘定						
貸長屋2棟	85,369	79,977	2,999	76,977	3%×15/12	
事務所	50,964	48,693	1,826	46,867	3%×15/12	
貯炭場事務所	2,575	2,460	92	2,368	3%×15/12	
倉庫	2,575	2,460	92	2,368	3%×15/12	
北京出張所用2棟	18,720	18,720	1,872	16,848	10%	
小計	160,203	152,310	6,881	145,429		14,774
備品勘定						
漢口支店用	6,461	2,487	1,554	933	50%×15/12	
北京出張所用	8,640	8,640	1,728	6,912	20%	
小計	15,101	11,127	3,282	7,845		7,256
小蒸気船勘定	11,438	7,892	1,430	6,463	10%×15/12	4,975
ポンツーン勘定						
ポンツーン	4,230	1,269	1,058	211	20%×15/12	
仝用錨鎖	3,465	2,252	433	1,819	10%×15/12	
小計	7,695	3,521	1,491	2,030		5,665
合　計	194,437	174,850	13,084	161,767		32,670

（注）　1.　北京出張所の期間は1911年1月〜12月の1ヵ年。
　　　2.　消却率に15/12を乗じているのは，1911年度が1910年9月〜11年12月に至る15ヵ月間のため。
（出典）『支店勘定書』Ⅳ，より作成。

北京出張所用は20%であって，漢口支店に比して低率であるが，標準消却率に比べて少し高率となっていた．いずれにしても，備品勘定では早期に回収が目指されていた．

　小蒸気船の消却率は10%であった．これは規定上の標準消却率であったが，三菱の東アジア海外3支店では小蒸気船に限って標準消却率が適用されていた．

　最後に，ポンツーン勘定をみておこう．ポンツーンの消却率は20%となっていた．建造物の最高標準消却率が10%となっていたので，ポンツーンの消却率はその2倍となっていた．あるいは消耗の激しさが考慮されたようである．一方，錨鎖の消却率は10%と小蒸気船と同率であった．

　以上，漢口支店の消却の特徴を整理すると，固定資産各勘定に対して，規定

第2章　三菱合資会社漢口支店の事業展開

どおりの標準消却率が適用されたのは小蒸気船に限られており，それはむしろ例外的であった．したがって，消却はその内容と店舗の事情を斟酌して柔軟に行われていたことである．これは，三菱傘下各場所に共通してみられる特徴であった[144]．漢口支店では，地所勘定を除く固定資産の90％以上を占める家屋勘定に低率の消却が適用され，その負担を軽減していたことに注意する必要があろう．1907～11年度に至る取得価額合計194,437両，消却累計32,670両，それは取得価額合計の16.8％にあたる．三菱は，国内各場所だけではなく，漢口支店においても堅実に消却を実行していたといえよう．

2. 営業勘定表

三菱合資会社傘下各場所の損益計算の決算過程は，基本的に営業勘定表段階と損益勘定表段階の2段階から構成されており[145]，それは漢口支店においても同様であった．営業勘定表とは，営業利益勘定と営業費用勘定を集計して営業損益を算定した決算勘定表である．そして，損益勘定表とは，営業勘定表において算定された営業損益，営業外損益(消却，臨時的損益)，および独立の集計勘定の損益などを計上して，純損益を算定した決算勘定表である．当該純損益が，『三菱社誌』に掲載されている「三菱合資会社損益勘定表」の各場所の「純益金」または「損失金」として計上されていることに留意する必要がある．

そこで，ここでは両表を順に検討していくこととしたいが，まず営業勘定表から取り上げることとしたい．

表2-14は，三菱漢口支店営業勘定表貸方一覧表である．

主要な勘定について，順にみていこう．

売炭手数料は，漢口支店において売炭自営以降，最も重要な勘定の一つであった．1907年度に収益(貸方)合計の19.7％を占めたが，11年度には7.9％にまで低下していた．萍郷炭の進出によって売炭が不振となったからである．全期間合計では12.8％，収益勘定中第4位であった．

鉄鉱手数料は，前述した大冶鉄鉱石取扱手数料であって，収益合計に占める割合は，1907年度12.8％，08年度23.2％，11年度14.0％で推移していた．漢口

第4節　漢口支店の経営収支

表2-14　三菱漢口支店営業勘定表貸方一覧表　　　　単位：両，（　）内は％

勘定科目	1907年度	1908年度	1911年度	合計
売炭手数料	4,191（19.7）	2,633（13.9）	2,691（7.9）	9,515（12.8）
鉄鉱手数料	2,725（12.8）	4,413（23.2）	4,776（14.0）	11,914（16.0）
売銅手数料	2,067（9.7）	3,055（16.1）	694（2.0）	5,816（7.8）
売紙手数料		12（0.1）		12（0.0）
利子	633（3.0）	1,207（6.3）	2,325（6.8）	4,165（5.6）
雑収入	271（1.3）	1,878（9.9）	8,061（23.7）	10,210（13.7）
地所	4,804（22.6）	882（4.6）	2,385（7.0）	8,071（10.9）
貸家		4,931（25.9）	12,696（37.3）	17,627（23.7）
小蒸気船	2,024（9.5）			2,024（2.7）
ポンツーン	1,467（6.9）		75（0.2）	1,542（2.1）
交換利益	3,082（14.5）			3,082（4.1）
貯炭場			368（1.1）	368（0.5）
収益合計	21,264（100）	19,011（100）	34,072（100）	74,345（100）

（注）　1907年度は，会計門司支店所属期（1906年10月～07年3月，円表示）と会計独立後
　　　　（1907年4月～同年9月，両表示）を，前者を1円＝0.69両で換算して合計.
（出典）　表2-13に同じ.

支店にとっては，景気にあまり左右されることのない安定した収益源であった．全期間合計では16.0％，収益勘定中第2位であった．

　売銅手数料は全期間合計において7.8％，第6位であった．前述したように，漢口支店における売銅は銅元局向け貨幣鋳造用に限られていたため，販売は変動が激しく，しかも当該期は減少期にあたっていた．

　売紙手数料は三菱製紙所の洋紙販売手数料であるが，1908年度にわずかな金額が計上されているだけであった．三菱製紙所製品は，漢口においては販売不振であった．

　利子は，1907年度に収益合計の3.0％であったが，08年度6.3％，11年度6.8％と急上昇していた．前述した貸金の増加によるものである．全期間合計においても5.6％，第7位となり，貸金業が重要な収益源の位置を占めるようになった．

　雑収入の内訳は不詳である．1907年度の1.3％から，11年度には23.7％を占めるまでに激増した．1911年度は異常な増加であった．考えられることは大冶セメント会社関連であって，セメントやセメント樽材販売の利益を当該勘定

第2章　三菱合資会社漢口支店の事業展開

に算入した可能性があることである．本来は漢口菱華公司の勘定であるが，後掲表2-21，および表2-22に大冶セメント会社関係の勘定が見当たらないので，当該勘定で処理していた可能性がある．

　地所の収益合計に占める割合は，1907年度の22.6％から11年度に7.0％に低下したが，全期間合計において10.9％を占めて第5位であった．当該地所勘定の内容は不詳である．土地売買益なのか，地代収入なのか，あるいは両者を含むものなのか判然としない．しかし，『支店勘定書』のなかでは貸地について一切計上されていないことと，変動が大きいことより，土地売買益と想定してよいであろう．本社直轄制以降，漢口支店では積極的に土地取得を進める一方で，有利に売却を行っていたことが知られる．

　貸家の収益合計に占める割合は，1908年度に25.9％であったが，11年度には実に37.3％にまで急上昇し，漢口支店最大の収益源となった．11年度貸家収入は売炭手数料の4.7倍にも達する．

　以上，利子・地所・貸家の収益に占める割合は11年度において51.5％と過半を占めることとなった．これに対し，同年度売炭手数料と鉄鉱手数料の合計割合は21.9％にしかすぎなかった．収益構成からみる限り，漢口支店は「漢口菱華公司」の開設に伴う雑貨取引への進出とは裏腹に，不動産と金融に大きく依存するようになった．

　次に，営業費用勘定の検討に移る．

　表2-15は，三菱漢口支店営業費一覧表である．

　まず，1907年，08年，11年の3ヵ年度合計を取り上げよう．営業費合計は121,640両，そのうち主要な勘定は交換損失33,141両（27.2％），雑給料・雇人費を含む給料及手当37,921両（31.2％），雑費10,119両（8.3％），旅費7,954両（6.5％），交際費7,495両（6.2％），諸税金5,383両（4.4％），通信費4,856両（4.0％），家屋4,126両（3.4％），小蒸気船3,583両（2.9％），の順となる．人件費・旅費・交際費・通信費の4費目合計は47.9％と半ば近くを占めている．これは，営業活動中心の店舗として避けられない費用といえよう．

　ところでここで最も注目すべきは，単独勘定において営業費中最大の割合を

第4節　漢口支店の経営収支

表2-15　三菱漢口支店営業費一覧表　　　　　　　　単位：両，（　）内は％

勘定科目	1907年度	1908年度	1911年度	合計
給料及手当	9,160（37.7）	11,144（18.8）	12,365（32.4）	32,669（26.9）
雇人費	639（2.6）			639（0.5）
雑給料	820（3.4）	1,948（3.3）	1,845（4.8）	4,613（3.8）
旅費	2,029（8.4）	2,505（4.2）	3,420（9.0）	7,954（6.5）
家賃	816（3.4）			816（0.7）
社宅費	854（3.5）			854（0.7）
家屋	1,045（4.3）	2,146（3.6）	935（2.5）	4,126（3.4）
修繕費	400（1.6）			400（0.3）
小蒸気船		1,554（2.6）	2,029（5.3）	3,583（2.9）
河岸使用料	1,700（7.0）			1,700（1.4）
ポンツーン		35（0.1）		35（0.0）
交際費	1,267（5.2）	1,081（1.8）	5,147（13.5）	7,495（6.2）
通信費	1,488（6.1）	1,140（1.9）	2,228（5.8）	4,856（4.0）
備品	569（2.3）	485（0.8）	603（1.6）	1,657（1.4）
電燈費	158（0.7）			158（0.1）
消耗品・文具	153（0.6）	268（0.5）		421（0.3）
新聞雑誌費	281（1.2）	426（0.7）	214（0.6）	921（0.8）
諸税金	216（0.9）	1,999（3.4）	3,168（8.3）	5,383（4.4）
雑費	2,680（11.0）	2,317（3.9）	5,122（13.4）	10,119（8.3）
交換損失		32,137（54.3）	1,004（2.6）	33,141（27.2）
その他勘定	11（0.0）	17（0.0）	72（0.2）	100（0.1）
営業費合計	24,286（100）	59,201（100）	38,151（100）	121,640（100）

（注）・（出典）ともに，表2-14に同じ．

占める交換損失である．これは，1908年度に集中していた．同勘定は，為替の損益を集計した相殺勘定となっている．同年度海外3支店は巨額の交換損失を計上しており，それぞれ漢口支店3.2万両，上海支店1.7万両，香港支店（1908年4～9月）0.6万ドルに達した．また，三菱門司支店の交換損失も1.4万円であった．『漢口出張所貸借試算表』によれば，08年1～9月における同出張所の交換損益の合計はわずかに374両の損失であったから[146]，1908年度漢口支店の交換損失は，事業年度（1907年10月～08年9月）からみて，07年10～12月の3ヵ月間に発生していたことになる．当該期間は3ヵ月という短期間であったが，銀貨が突然未曾有の下落・変動を繰り返した時期にあたり，これによって漢口

第2章　三菱合資会社漢口支店の事業展開

支店と上海支店は大きな損失を被ったものと想定される．香港支店については，第4章第3節でふれることとする．

ここでは，1907年10〜12月の問題について，為替相場の推移をみたうえで，08年1月の上海領事館報告「上海経済事情（四十年中）」[147]（以下「事情」と略）を手掛りとして，少し立ち入って検討しておくこととしたい．

表2-16は，上海・横浜宛電信為替相場推移表（1907年8月〜08年2月）である．

同表によれば，07年9月に100円＝67両台，最高・最低の開差0.5両であったのが，10月から12月にかけて70〜80両台に銀貨が急速に下落した．開差は11月には12両台と変動幅がピークに達した．07年10月には「本期間銀貨ノ暴落ハ近来ニナキ現象」[148]，「近年未曾有ノ銀貨崩落ハ一般商取引ヲシテ殆ド中止ノ状態ニ陥ラシメ」[149]，そして11月には「横浜宛電信為替相場ハ（中略）七十六両ト云フ破格ノ価格ヲ示シ」[150]と報じられた．

銀貨下落の底は12月であって08年1月，2月と81〜82両台で安定し，開差は2月には2.5両に縮小した．「事情」は07年の銀塊相場について「明治二十三年以来未曾有ノ変調ヲ示セリ」[151]として，「思フニ銀貨ノ下落ハ今ヤソノ絶底ニ到達セルモノノ如ク（中略）年初六十六両八分ノ三ニテ生レシ横浜宛電信為替ハ十二月二十四日ニ於テ最高八十五両八分ノ五ヲ呈シ」[152]と伝えている．そして，銀貨の暴落と変動の事情については，次のように記している[153]．

表2-16　上海・横浜宛電信為替相場推移表
（1907年8月〜08年2月）　　単位：両，100円替

年・月	最高	最低	開差
1907. 8	68 3/8	66 7/8	1 1/2
. 9	67 3/4	67 1/4	1/2
.10	74 5/8	67 1/2	7 1/8
.11	76 1/4	63 5/8	12 5/8
.12	85 5/8	76 1/4	9 3/8
1908. 1	82 5/8	78 5/8	4
. 2	81 1/2	79	2 1/2

（出典）『通商彙纂』第120巻，513〜514頁，同第122巻，42頁，および同123巻，403頁，より作成．

第4節　漢口支店の経営収支

「此ノ如キ稀有ノ変動ヲ致セシ原因ニ就イテハ屢々陳述セシカ如ク印度方面ニ於ケル需要減少カ主因ヲナシ米国経済ノ恐慌カ副因ヲナセルモノナリ」

さらに,「印度ノ投機師」[154]も挙げられており，さまざまな投機が変動幅を拡大したのである．そして，以上のような短期間の激しい銀貨の下落と変動に対して，三菱の約定期がオーバーラップして，未曾有の交換損失を計上する事態となったものと想定してよい．

その他，表2-15の注意点を指摘しておくと，1つは家賃・社宅費・河岸使用料が社有建物・ポンツーンの建築によって1908年度以降計上されなくなったことである．07年度におけるこれら3勘定の営業費合計に占める割合は14.8％もあったので，これらの費用が節約できたことになる．もう1つは，交際費が11年度に5,000両を超えて，激増したことである．大冶セメント会社をめぐる利権獲得の動きや，新規業務進出が想起されるであろう．

表2-17は，三菱漢口支店営業利益推移表である．

同表によれば，1907～11年度に至る5ヵ年度のうち3ヵ年度で営業赤字を計上し，同期間の累積営業赤字額は21,602両に達していた．とりわけ，08年度の営業損失が巨額であって，累積赤字を解消するのが困難となった．あらためて，同年度の交換損失の重さが知られる．漢口支店としては，このような状況

表2-17　三菱漢口支店営業利益推移表

年度	営業利益
1907	△3,022両
08	△40,191
09	23,455
1910	2,235
11	△4,079
合計	△21,602

（注）　1907年度は，会計門司支店所属期と独立後の合計．門司支店所属期営業損失12,799.282円を1円＝0.69両で換算．△はマイナスの意．

（出典）　表2-11に同じ．

のなかで、安定した収益をもたらす不動産・金融収入に大きく依存するようになっていったのである。

3. 損益勘定表

表2-18は、三菱漢口支店損益勘定表一覧表である。

同表より重要点を整理しておきたい。

まず第1に、業績不振が指摘できる。1907〜11年度に至る5ヵ年度において純益を計上したのは07年度、09年度の2ヵ年度のみであったことである。そして、5ヵ年度における損益の合計において累積損失額は58,773両にも上っていた。借方の消却高計にみられるように、本社直轄制下における固定資産投資の激増はまた消却の増加を招いて、経営内容を悪化させる大きな要因を形成していた。

第2に、1911年度において石炭代掛倒金がわずかな金額であるが発生したことである。辛亥革命の影響、あるいは1910年に上海で生じた恐慌が翌11年に漢口に波及して銀行の破綻が起きており、そのような影響も考えられる。後述するように10年には上海支店では、同支店の買弁が石炭代支払不能に陥って上海支店は翌11年度に大きな臨時損失を計上した。掛倒金発生の背景に金融危機があったのである。

第3は、1911年度において、菱華公司勘定については開設以来10年度までの累積損失（a）5,825両と、11年度損失（b）8,084両の2勘定が計上されたことである。これは、漢口菱華公司の損失合計13,909両が漢口支店の負担において処理されたことを示している。漢口菱華公司はそれから4ヵ月後、12年5月1日に廃止されており、これはそれを前提とした最終損失処理であったと判断して間違いはないであろう。

以上のように、三菱漢口支店も漢口菱華公司も経営的には失敗したとみることができる。しかしながら、ここに一つの大きななぞが残ることになる。漢口支店のトップとして長期にわたって君臨した三宅川百太郎が、漢口菱華公司廃止の前月1912年4月に三菱合資本社営業部副長として転出したことである。こ

第4節　漢口支店の経営収支

表2-18　三菱漢口支店損益勘定表一覧表　　　　　　　　　　　　　　　　単位：両

	勘定科目	1907年度	1908年度	1909年度	1910年度	1911年度
借方	消却高計	711	3,323	7,189	7,711	13,084
	当期営業損失		40,191			4,079
	菱華公司損失（a）					5,825
	菱華公司損失（b）					8,084
	純益金	5,099		16,267		
	石炭代掛倒金					77
	借方合計	5,809	43,514	23,455	7,711	31,149
貸方	当期営業利益	5,809		23,455	2,235	
	純損失		43,514		5,476	31,149
	貸方合計	5,809	43,514	23,455	7,711	31,149

（注）　1．事業年度は表2-11, 参照．
　　　 2．1911年度菱華公司損失勘定（a）は，創業以来1910年度までの累積損失，同（b）は1911年度損失．両者合計1万3,909両．
（出典）　表2-11に同じ．

れは，栄転と評価してよい人事異動であった．したがって，本社としては漢口支店の損益勘定とは切り離して三宅川の評価を行ったようにみえる．さらに，彼は三菱商事会社設立に伴って同社取締役に進み，その後第2代会長に就任した．三菱の評価基準がどこにあったのか，史料的には審らかではないが，今後三菱の評価や昇進について考えるうえで，興味深い一つの事例のように思われる[155]．

　表2-19は，三菱漢口支店・上海支店純益および本社資金需要高一覧表である．
　同表の漢口支店の金額は，引用した諸勘定が1907年度（a）以前と，同年度（b）以後とで相違するため，質的に必ずしも接合するものではないが，おおよその趨勢をみるうえで大過はないであろう．
　まず，漢口支店についてであるが，資金需要高は1902〜06年度の門司支店所属期においては2万〜4万両の水準にあった．損失も1千〜5千両の間にあった．しかしながら，08年度以降の本社直轄期になると事態は一変する．資金需要高は30万〜40万両台へと激増した．損益の変動は激しく，前述したよう

第2章　三菱合資会社漢口支店の事業展開

表2-19　三菱漢口支店・上海支店純益および本社資金需要高一覧表　　　　　　　　単位：両

年度	漢口支店		上海支店	
	純益	資金需要高	純益	資金需要高
1902	△1,238	33,346		
03	△3,986	25,676		
04	△1,938	26,864		
05	△2,428	38,951		
06	△4,841	40,511		
07 (a)	△8,703			
07 (b)	5,099	258,071	△5,127	187,065
08	△43,514	447,847	△21,685	166,318
09	16,267	409,462	△8,165	172,910
1910	△5,476	388,672	△14,440	145,783
11	△31,149	425,678	△37,375	294,219

(注)　1. 1902〜07年度 (a) は，1円＝0.68両として換算表示．単位は両であるが，漢口両と上海両では円換算率が若干相違．
　　　2. 1902〜06年度分は，それぞれ以下の勘定から引用した．純益は，三菱門司支店損益勘定表．資金需要高は，三菱門司支店貸借対照表借方の漢口出張所勘定に漢口地所残高を加算した金額である．漢口地所は2万2,074両．
　　　3. 1907年度 (a) は，1906年10月1日〜07年3月31日．
　　　4. 1907年度 (b) は，漢口支店1907年4月1日〜9月30日，上海支店は1907年6月1日〜9月30日．
　　　5. 1907年度 (b) 以降の資金需要高は，本社勘定と本社当座勘定貸方残高の合計．
　　　6. 1908年7月1日漢口菱華公司開設，1910年6月1日上海菱華公司開設．

(出典)　『支店勘定書』Ⅱ，Ⅲ，Ⅳ，より作成．

に累積赤字は増加した．結果的には，漢口支店は門司支店所属のまま従来どおりの業務を分掌し続けていたとすれば，資金負担や赤字増大のリスクも負わずに済んだといえよう．そうだとすれば，やはりなぜ三菱合資本社はそのような資金負担の激増を認許したのか，その意味が問われねばならないであろう．

　そこで，まず新規資金30万〜40万両がどの程度の重さであったのか考えておきたい．

　上海は当時中国の商工業と貿易の突出した最大の中心地であり，これに対して漢口が中国第2の商工業都市とはいえ，上海と比較すれば漢口は僻遠の地といっても過言ではなかろう．その三菱上海支店の資金需要高は，同表によれば14万〜29万両台であって，漢口が上海をはるかに上回っていた．因みに，

1907年度における門司支店売炭高は上海11.1万トンに対して，漢口1.7万トンであった[156]．漢口支店には，大冶鉄鉱石積出という重要な任務があったとはいえ，本社が両支店の売炭高とはかけ離れた形で，漢口支店により大きな資金を投じていたことは明らかである．

したがって，本社は漢口支店において，売炭の伸びが期待できないなかで社外品雑貨取引進出を認め，そのテスト・ケースとすべく上海支店をはるかに上回る大規模な資金支出を認許したのではなかろうか．結局，その最重要目標の棉花取引には成功しなかったのではあるが，三宅川の前述した処遇からみてそれは必ずしも問題とはされなかったと考えてよい．三菱にとって，社外品雑貨取引の経験を積む貴重なケースを提供したからである．

第5節　漢口菱華公司の経営収支

1．貸借対照表の構成

漢口菱華公司の存続期間は短く，残されている決算書類も少ない．しかし，「貸借対照表」の全部，そして「営業勘定表」・「損益勘定表」の一部が利用可能であり，順に検討していくこととしたい．

表2-20は，漢口菱華公司貸借対照表一覧表である．

まず，貸方の部からみておこう．

「三菱当座」勘定は，貸方計上の場合，漢口菱華公司の三菱漢口支店に対する当座借越残高を示している．そして，これに対応するのが，前掲表2-12三菱漢口支店貸借対照表借方の「菱華公司当座」勘定ということになる．漢口菱華公司に資本金の設定がなかったので，必要資金はすべて当該勘定を通じて供給されることとなった．当該勘定は，相殺勘定であって純額表示のため，もし借方に計上されていれば，漢口菱華公司の漢口支店に対する預入となる．計上金額は，1908年度1,342両，09年度は借方に計上されており，10年度は37,981両と激増し，11年度も15,067両が計上されていた．10年度は棉花事業，11年

第2章 三菱合資会社漢口支店の事業展開

表2-20 漢口菱華公司貸借対照表一覧表　　　　　　　　　　　　　　　　　　単位：両

	勘定科目	1908年度	1909年度	1910年度	1911年度
借方	三菱当座		298		
	代理店	2,249	506		
	在庫商品	1,687	530	29,441	
	未納金		27		
	売掛代金		1,170	942	697
	他店			2,991	
	仮払金	50	214	149	380
	桐油収支				9,089
	正金銀行当座				983
	正金				41
	起業仮				4,431
	純損失	431	1,659	5,825	
	合　計	4,416	4,404	39,348	15,620
貸方	三菱当座	1,342		37,981	15,067
	明治屋取引	3,054	751		
	仮預金	20	759	1,367	429
	他店		2,895		
	半田棉行取引				98
	未払金				25
	合　計	4,416	4,404	39,348	15,620

(注) 1. 漢口菱華公司の事業年度は以下のとおりである.
    1908年度：1908年7月1日～9月30日. 1909年度，10年度：前年10月1日～当該年9月30日.
    1911年度：1910年10月1日～11年12月31日.
  2. 三菱当座は，三菱漢口支店（1908，09年度は出張所）. 1911年度は「三菱公司取引勘定」. 漢口支店よりの借越金.
  3. 1910年度在庫商品内訳は，以下のとおり. 炭酸水88両，サイダー156両，棉花29,198両，合計29,441両.
  4. 1910年度借方他店勘定は，半田棉行貸越金.
  5. 1911年度未払金勘定は，「明治屋神戸支店ヨリ買入炭酸水拾箱代」.
(出典) 表2-13に同じ.

度は桐油事業に対応した資金融通である.

「明治屋取引」勘定は，貸方計上では明治屋に対する当座借越残高である. 前述した明治屋神戸支店からの麒麟製品についての仕入取引を示すもので，内容としては明治屋に対する買掛金残高を計上したものであろう. 1910年度，

第5節　漢口菱華公司の経営収支

11年度に金額の計上がないが，取引は続けられていた．

「仮預金」勘定は，すでにふれたように，売約に伴う手附金と思われる．1909年度，10年度において急増している．当該勘定の内容は不詳であるが，明治屋輸入品あるいは棉花の売り込み先であろう．漢口支店の事業年度末は，1908～10年度では9月，11年度は12月であった．ここから考えると，明治屋輸入品は夏物商品であって，9月末あるいは12月末において販売代理店との取引は終了しており，したがってこの取引先は基本的に棉花の売り込み先と想定してよいであろう．

「他店」勘定は，漢口菱華公司の他店に対する当座借越残高である．当該勘定は，計上のあり方から相殺勘定であって純額表示と想定される．なお，漢口菱華公司の1910年度「財産目録」借方の他店勘定については，「半田棉行へ貸越金」[157]との記載がある．ここから09年度貸方の他店勘定は，同じ相手先と類推可能であろう．前述したように，半田棉行とは棉花の「代金支払及荷物取扱」に関する代弁業務取扱であったから，貸方残高は棉花代金支払いのための半田棉行よりの預り金である．また，借方に残高がある場合は手数料の未収入金と解してよいであろう．他店勘定は，11年度には「半田棉行取引」勘定に継承されたと考えられる．

さて，1911年度「半田棉行取引」勘定であるが，漢口菱華公司の同年度「財産目録」に「半田棉行ヨリ預リ金」[158]との記載がある．したがって，半田棉行の代弁業務として棉花代金を預かったものであり，そのような「預リ金」であると判断してよい．したがって，売炭営業に伴う「仮預金」＝手附金とは性格が異なることに注意する必要がある．

「未払金」勘定が1911年度に計上されているが，同年度漢口菱華公司の「財産目録」には「明治屋神戸支店ヨリ買入炭酸水拾箱代」[159]と記載されている．明治屋輸入品は，後述するように1911年8月末には販売を終えていたので，明治屋に対して未決済となっている金額である．1908年度，09年度における明治屋取引勘定に該当するものである．

次に，借方の部に移る．

第2章　三菱合資会社漢口支店の事業展開

「三菱当座」勘定は，貸方の部ですでにふれた．通常，菱華公司が資金を受ける側であったので，1909年度に当座預入がわずか298両とはいえ計上されるのは珍しい事例である．同年度貸方の部に「他店」勘定2,895両が計上されており，一時的に資金繰りに余裕が生じたものであろう．

「代理店」勘定は，明治屋輸入品の漢口地方における販売代理店勘定であって，売掛金と想定可能である[160]．当該勘定は，1910年度以降「売掛代金」勘定に統合されたと考えられる．

「在庫商品」勘定は1910年度のみ内訳が判明する．内訳は，炭酸水88両，サイダー156両，そして棉花29,198両，合計29,442両であった．棉花が99％を占めていた．10年度の事業年度末は同年9月30日であるから，当該棉花在庫は同年秋の新棉花の買付分と断定してよい．漢口菱華公司は，早くも大量の買付を行っていたことになる．一方，明治屋輸入品は炭酸水とサイダーのみの在庫で，ビールは在庫がない．以上の飲料は夏物商品であって，ビールはすでに売り切って，在庫は売れ残りであろう．11年度には，当該勘定に金額が計上されていない．『記事月報（菱華公司）』第3号は，11年8月について次のように記している[161]．

　　「ビール，タンサンハ是迄ニ輸入セシモノ殆ンド全部売却済トナリタレド，最早秋季ニ近ヅキタルヲ以テ新注文ヲナササルコトトシ，本年度ビール，タンサン，販売ヲ終ヘタリ」

すなわち，ビールや炭酸水類は夏物商品であるから，秋前に販売を終えようとしていたのであって，1911年度は売り切っていたのである．ただし，同勘定には棉花の在庫も計上されていないが，これは前述したように，辛亥革命の勃発によって棉花取引を停止していたからと考えられる．

「桐油収支」勘定は，1911年度の計上金額が，漢口菱華公司の同年度「財産目録」の「商品在高」に一致している[162]．したがって，当該勘定は桐油の在庫であることが判明する．9,089両という大量の在庫からみて，漢口菱華公司が

第5節　漢口菱華公司の経営収支

棉花に代わる取扱品として本腰を入れて買付にあたったことが知られる．

「起業仮」勘定は，漢口菱華公司の1911年度「財産目録」の「創業費」の金額に一致している．したがって，当該勘定は桐油輸出のために設けた，漢陽の工場・倉庫の建築費用であって，決算期日にはまだ整備中であったために起業仮勘定で処理したものと考えられる．なお，桐油収支勘定と起業仮勘定との合計は13,520両に達する．同年度貸方の三菱当座勘定が15,067両であったから，その90％を桐油輸出のために投下した勘定となる．資金のうえからも棉花から桐油への転換が明白であった．

2. 営業勘定表

表2-21は，漢口菱華公司営業勘定表一覧表である．

まず，貸方の部をみておこう．

ここで最も重要なことは，漢口菱華公司の営業収益が雑収入・利子を除けば，棉花口銭と棉花雑収入の2勘定に限られていたことである．前者は，半田棉行との間に結ばれた棉花輸出代弁業による口銭と考えてよいであろう．後者の内容は不詳であるが，棉花輸出に付随するものであろう．棉花運搬用の麻袋を取り扱っていた時期にあたり，その販売利益も含まれている可能性がある．

では次に，借方の部に移ろう．

要点を整理しておくと，営業費合計は1909年度2,407両，10年度2,258両であったが，11年度（1910年10月〜11年12月）には13,828両と前年度より3ヵ月多いとはいえ，前年度比6.1倍の激増となったことである．そのうち，「給料並手当」は同じ期間に555両から5,526両と10倍の伸びを示し，11年度営業費合計に占める割合は40％に達した．この事情については，すでに述べたように10年秋棉花買付を原産地に求めたことにあった．11年度に雑給料，旅費が軒並み増加したのもそのためと思われる．さらに，翌11年秋には桐油の買付が始まり，さらに経費増大に拍車をかけていた．新規業務は欧米輸出であったので，通信費も増加した．

なお，家屋費も同期間に5.4倍となったが，これは1911年4月にスペースの

第2章 三菱合資会社漢口支店の事業展開

表2-21 漢口菱華公司営業勘定表一覧表　　　　　　単位：両, ( )内は％

	勘定科目	1909年度	1910年度	1911年度
貸方	棉花口銭	99（99.0）	652（65.7）	2,298（28.4）
	棉花雑収入			5,576（69.0）
	雑収入		340（34.3）	37（0.5）
	利子			171（2.1）
	交換損益	1（1.0）		
	営業収益合計（A）	100（100）	992（100）	8,082（100）
借方	給料並手当	555（23.1）		5,526（40.0）
	雑給料	134（5.6）		539（3.9）
	家屋	446（18.5）		2,412（17.4）
	旅費	379（15.7）		1,309（9.5）
	新聞並広告	112（4.7）		184（1.3）
	通信費	237（9.8）		431（3.1）
	交際費			168（1.2）
	備品	194（8.1）		492（3.6）
	漢陽工場			575（4.2）
	交換損益			70（0.5）
	雑費	351（14.6）		2,122（15.3）
	営業費合計（B）	2,407（100）	2,258（100）	13,828（100）
	営業損益（A−B）	△2,307	△1,266	△5,746

(注)　漢陽工場は桐油工場.
(出典)　表2-13に同じ.

広い店舗に借り換えたことや，桐油事業のために新たに漢陽に工場・倉庫を借りたことが指摘される．

以上，営業費の増加についてみてきたが，営業収益の伸びはこれに伴わず，1909年度から11年度に至る3ヵ年度連続で営業赤字を計上した．

3. 損益勘定表

表2-22は，漢口菱華公司損益勘定表一覧表である．

同表の検討に入る前に，同表の勘定について特に注意すべきことをまとめておきたい．

同表には「商品勘定ヨリ振替高」勘定（a）（以下棉花勘定と略）と，同勘定（b）（以

第5節　漢口菱華公司の経営収支

表2-22　漢口菱華公司損益勘定表一覧表　　　　　　　　　　　　　　単位：両

	勘定科目	1908年度	1909年度	1910年度	1911年度
借方	前年度ヨリ損失繰越高		431	1,659	5,825
	大坂岩田商店送棉花200 3/5口損失金			3,190	
	商品勘定ヨリ振替高(a)(棉花勘定)				2,583
	商品勘定ヨリ振替高(b)(ビール類勘定)		51		
	桐油試輸出損失金				56
	硝子器損失金				25
	営業損失	688	2,307	1,266	5,746
	合　計	688	2,789	6,114	14,235
貸方	商品勘定	257			
	商品勘定ヨリ振替高(a)(棉花勘定)		1,130		
	商品勘定ヨリ振替高(b)(ビール類勘定)			289	326
	純損失	431	1,659 〈1,228〉	5,825 〈4,166〉	13,909 〈8,084〉
	合　計	688	2,789	6,114	14,235

(注)　1. 1908年度「商品勘定」の内訳不詳.
　　　2. 商品勘定ヨリ振替高(a)は「棉花口」,同(b)は「ビール, タンサン水, サイダー」.
　　　3. 1911年度借方棉花勘定の内訳は, 1910, 11年間「棉花取引口差引損失金」2,582両, および「本年度棉花取扱ニ係ル損失金」1両, 合計2,583両.
　　　4. 1911年度桐油勘定は, 原典では「漢堡オットライマースヘ試輸出桐油拾樽ニ係ル損失金」56両と記載されている.
　　　5. 1911年度借方硝子器勘定は, 原典では「硝子器委託販売ニ係ル損失金」と記載されている.
　　　6. 借方の「純損失」の下段〈　〉内は, 当該年度損失額である.
(出典)　表2-13に同じ.

下ビール類勘定と略）が，貸方，借方の両方に計上されている．これは，その計上のあり方から知られるように，それらの販売額を示しているのではなく，各商品勘定の売買純損益が計上されている．1910年度貸方ビール類勘定の場合，「本年度中ビールタンサン水等ニ係ル純利益金」[163]と記載されており，売買純利益であることが知られる．このような純額表示の方法は，同表の他の商品勘定にも適用されていると考えてよい．したがって，同じ10年度の「大坂岩田商店送棉花（略）損失金」勘定,「桐油試輸出損失金」勘定, および「硝子器損失金」勘定の各勘定とも同様である．これらは借方の部に計上されているので，すべて売買純損失を示すこととなる．漢口菱華公司の損益勘定表の最大の特徴は，

商品ごとの集計勘定を一挙に計上したことにある.

では，以上を前提として，同表の重要点を整理しておくこととしたい.

第1に，棉花勘定を取り上げよう．同勘定は1909年度1,130両の利益であったが，11年度2,583両の損失となり，10年度大坂岩田商店送棉花損失金3,190両を合わせると，3ヵ年度合計で4,643両の損失を計上することとなった．棉花取引が「三菱の営業方針には不向きな取引」[164]とされた所以であろう．

第2は，ビール類勘定である．同勘定は，1909年度51両の赤字であったが，10年度，11年度には順に289両，326両の黒字であった．前述したように，ビール類は「将来有望ノ営業」といえなくても，手堅い商品であった．

第3に，1909年度から11年度にかけて借方に「前年度ヨリ損失繰越高」勘定が設けられていたことである．また，そのため同じ期間貸方の純損失額には累積赤字額が算入されることとなった．そこで，〈 〉内に当該年度純損失を参考として表示した．当該年度純損失も，09年度，10年度，11年度と順に1,228両，4,166両，8,084両と激増していた．そして，損失繰越高を含む11年度純損失13,909両は前述したように，三菱漢口支店の負担に振り替えられて，漢口菱華公司は廃止されたのである[164].

(注)
1)『三菱社誌』(21), 968頁, 982頁, 1066頁, 参照．会計独立の時期が3店舗で相違する事情については『三菱社誌』は一切説明していない．それぞれの事情について斟酌されたと解するほかないであろう．
2)『年報(漢口)』(1907年度), 13～14頁．なお，三菱門司支店漢口出張所開設の翌年1903年4月には，「出張所事務所狭隘不便」(『三菱社誌』(20), 703頁)ということから，新たな事務所に移転していた．家賃漢口銀110両, 期間3年であった．
3)『三菱社誌』(21), 969頁, 985～986頁．
4) 同, 985頁．
5) 貸長屋総工費は，1908年度漢口出張所「家屋勘定明細書」(『支店勘定書』Ⅳ).
6) 新事務所総工費は，1909年度漢口出張所「家屋勘定明細書」(『支店勘定書』Ⅳ). 内訳を示すと，新事務所50,964両(邦貨額61,034円), 貯炭場事務所2,575両(同3,083円), 倉庫2,575両(同3,083円), 合計56,114両(邦貨額67,202円). なお，三菱門司支店の支店建物は，1906年7月に本社が認可した見積書によれば約112坪，予算6,065円であった(『年報(門司)』

第5節　漢口菱華公司の経営収支

1906年度)．1907年度門司支店「家屋勘定明細書」には125坪，15,452円が計上されている（『支店勘定書』Ⅳ）．建築費の金額だけの比較であるが，漢口が門司よりはるかに高価となっていた．
7)『支店勘定書』Ⅲ．
8)『年報（漢口）』（1907年度），7～8頁．
9)『三菱社誌』(20)，1106頁．
10) 1904年8月漢口領事館報告「漢口ニ於ケル買弁制度及其弊害」（『通商彙纂』第85巻），8～11頁．同報告の重要点は，次のとおりである．すなわち，中国の商慣習はきわめて複雑であり，外商が言語，事情に不慣れなため買弁を雇用して営業している．ところが，買弁がコミッションを受け取るため，「今ヤ全ク其ノ性質ヲ一変シテ大ニ其権限ヲ拡張シ買弁カ自己ノ名義ニテ取引ヲ始」めることとなり，「寧ロ独立ノ商人ト言フモノ」に変わったことが指摘されている．そのため，買弁は①賃金，②コミッション（雇主だけでなく取引相手方からも取得），③注文価格と買入価格との差金，の収入を得ることとなる．そして，さらには雇主を瞞着するに至る．同報告は，買弁の弊害は便益を上回ると厳しく論じている．そして，三井上海支店はすでに買弁を廃止し，吉田洋行は当初より買弁を雇用していないと述べ，買弁廃止のためには事情，言語に通じた「邦人ノ指導ヲ為スモノヲ養成」すべしと説いている．なお，山藤竜太郎「三井物産の買弁制度廃止――上海支店に注目して」（『経営史学』第44巻第2号，2009年），参照．同論文は買弁についても詳しい．また，耿科研「近代天津における買弁階層の社会イメージと自己認識」（蔦井亮佑・坂井夕起子訳）(Osaka University Forum on China, Discussion Papers in Contemporary Studies, No.2010-14, 2011年)．なお，在上海東亜同文書院調査『支那経済全書』第二輯（丸善，1907年）は，第三編買弁（327～528頁）において，買弁について詳しく説明している．なお中国は，辛亥革命以前は清国，以後は中華民国である．本書では便宜上，以下「中国」と表記．
11)『三菱社誌』(21)，873頁．
12) 不二出版復刻版『通商彙纂』第140巻，1995年，440頁．なお，『通商彙纂』からの引用は，以下すべて不二出版復刻版を利用し，出版社，刊年を略す．巻号は復刻版のものを利用し，頁は復刻版の通し頁で示す．
13) 同，441頁．
14) 漢口輸入石炭の統計が不正確となる事情については，『通商彙纂』第105巻，134頁，および同第140巻，440～441頁，参照．要するに，外国炭は税関を，内地炭は釐金局を通過するという複雑な制度に原因がある．さらに，「民船」の運搬が把握困難にしていた．
15)『通商彙纂』第105巻，134頁．
16) 萍郷炭鉱については，1909年5月長沙領事館報告「江西省袁州府萍郷県萍郷炭坑状況」（『通商彙纂』第136巻），199～204頁．また，高野江基太郎『増訂再版　日本炭礦誌』1911年，第3編，111～115頁，参照．以下『日本炭礦誌』と略．
17) 1906年4月漢口領事館報告「海外各地ニ於ケル石炭需要供給状況－漢口」（『通商彙纂』第

83

105巻，以下1906年「漢口状況」と略).
18) 1907年12月漢口領事館報告「海外各地ニ於ケル石炭需給状況」(『通商彙纂』第128巻，以下1907年「漢口状況」と略).
19) 1909年9月漢口領事館報告「漢口ニ於ケル石炭需要供給状況」(『通商彙纂』第140巻，以下1909年「漢口状況」と略). 当該報告は，『日本炭礦誌』第3編，20〜22頁，に再録.
20) 1906年「漢口状況」，133頁.
21) 1907年「漢口状況」，222頁.
22) 1906年「漢口状況」，133頁.
23) 1907年「漢口状況」，222頁.
24) 1909年「漢口状況」，440頁.
25) 1907年「漢口状況」，223頁.
26) 1909年「漢口状況」，440頁.
27) 28) 1907年「漢口状況」，223頁.
28) 1907年「漢口状況」，223頁，および1909年「漢口状況」，440頁.
29) 1908年「漢口状況」，441頁.
30) 31) 32) 1907年「漢口状況」，223頁.
33) 1906年「漢口状況」，135頁
34) 同，136頁.
35) 36) 1907年「漢口状況」，224頁.
37) 1909年「漢口状況」，441頁.
38) 同，442頁.
39) 『年報(漢口)』(1907年度)，1頁. なお，1898年の「大冶鉄鉱石購入契約書」には「漢陽鉄政局及ビ盛大臣(盛宣懐…筆者注)兼轄ノ招商局，織布局，紡績局モ亦日本ヨリ製鉄所ノ手ヲ経テ少クモ毎年三，四万噸ノ石炭購入スベシ」(日本科学史学会編『日本科学技術史大系』第20巻，第一法規出版，218頁)との取り決めがあった. 三菱は，同年東肥洋行に漢口地方売炭を委託し，そして，前記官営諸工場を石炭の販路としてきたのである. しかし，本文に記したように，その後盛宣懐は自己が関係する萍郷炭の使用を以上の諸工場で使用するように命じたのである. 三菱の漢口進出には，大冶鉄鉱石運搬と深く結び付いていたのであり，政商的活動は三菱にとって依然大きな利益源泉の一部門を形成していたといえよう.
40) 41) 同，3頁.
42) 同，7頁. 具体的には，九江南昌鉄道の敷設が挙げられている. 三菱炭には，鉄道用炭として最適といわれる新入炭があった(三菱商事㈱編『三菱の石炭』1918年，21頁).
43) 同，13頁.
44) 同，12〜13頁. なお，九江地所購入については『三菱社誌』(21)にも1907年5月24日付の記事がある. 『年報』と購入面積・購入価格に相違があり，『三菱社誌』(21)では面積1,000

方,価格銀10,000両と記している (980頁).
45)『三菱社誌』(21),1150～1151頁.九江地所売却事情は,同書によれば,政府が外国人の所有権を認めなかったこと,および日清汽船への売炭に齟齬が生じたことにあった.なお,後掲表2-8,参照.
46) 47)『三菱社誌』(21),1227頁.なお,同購買契約について,同頁には次のように記されている.
　　「水泥廠毎年使用ノ石炭ハ水泥廠長ヨリ大冶ニ於テ駐冶製鉄所技師西澤公雄ト商議シ,日商ノ石炭ヲ毎噸時価ニ依リ購入スヘク,其都度扨クトモ三千噸トシ,尚別ニ注文スルコトアルヘシ」
　　大冶セメント会社は,日本商人より石炭購入を余儀なくされていた.
48)『記事月報(漢口)』第1号は,「外洋炭ノ当地輸入ハ五月ヨリ十月ニ至ル増水期間ニアリ」(89頁)と記している.
49)『記事月報(漢口)』第1号,88頁.
50) 萍郷炭に関する『記事月報(漢口)』の報告を,以下参考として摘録しておくこととしたい.
　　1911年10月「従来毎月数万噸ノ輸入ヲ為シタル萍郷炭ハ其ノ輸入ヲ中止」(第5号,77頁)
　　同年　12月「萍郷,炭山湾等ノ石炭ハ民船ノ往来危険トナリシ為メ輸入著シク減少シ日本炭ノ売行漸ク増加」(第7号,71頁)
　　1912年 2月「萍郷炭坑ハ武昌事変爆発後採掘ヲ中止(中略)独逸技師全部二十余名ヲ解傭セシトノコトナルヲ以テ仮令採掘ヲ開始スルトモ前全様ノ出炭ヲ見ルコト能ハザルベシ」(第9号,63頁)
51) 52)『記事月報(漢口)』第10号,65頁.
53) 鉱石取扱手数料は鉱石運搬船から徴収された.官営八幡製鉄所の負担ではなかった.この点については,畠山秀樹「三菱合資会社門司支店の経営発展」(九州大学『エネルギー史研究』第26号,2011年),32頁,参照.
54) 漢口における銅輸入状況については,以下参照.1905年7月漢口領事館報告「漢口ニ於ケル銅塊並ニ石炭需要状況」(『通商彙纂』第93巻,3～4頁)／1905年11月漢口領事館報告「清国湖北ニ於ケル銅貨鋳造ト銅輸入状況」(『通商彙纂』第96巻,398～401頁)／1906年11月漢口領事館報告「漢口三十八年ノ貿易年報」(『通商彙纂』第107巻).なお,1903年には三井は漢口,湖南,長州の銅元局に銅合計6,000担(360トン)を売り込んでいた.日本銅の間においても,新銅銭鋳造の銅需要に対する競合があった.
55) 前掲1905年7月漢口領事館報告には,「外国銅ニテ米国品ハ其ノ多分ヲ占ム,此割合ニテ進マハ本邦品ハ価格ノ点ニ於テ米国品ニ圧倒サルルニ至ラン」(『通商彙纂』第93巻,3頁)と記されていた.
56) 前掲1905年11月漢口領事館報告(『通商彙纂』第96巻),399頁.
57)『年報(漢口)』(1907年度).
58)『記事月報(漢口)』第3号,第4号.1911年度における漢口支店の売銅は,『記事月報(漢

口)』の記録上ではこの5,000担だけであった．
59) 三菱製紙㈱社史委員会編『三菱製紙六十年史』1962年，126頁．同社については，岩崎家伝記刊行会編『岩崎久彌伝』東京大学出版会，1986年，521～535頁，参照．
60) 『三菱社誌』(21)，908頁．
61) 三菱商事㈱編『三菱商事社史』(上巻)，1986年，116頁．
62) 『年報 (漢口)』(1907年度)，9頁．
63) 前掲『三菱製紙六十年史』，127頁．なお，漢口出張所の営業勘定表の売紙手数料勘定においては，1907年9月に金額の計上がなく，1908年9月に12両が計上されている(『支店勘定書』Ⅲ，Ⅳ)．
64) 『年報 (漢口)』(1907年度)，12頁．
65) 同，14頁．
66) 『記事月報 (漢口)』第4号，70頁．
67) 『三菱社誌』(21)，1225頁．なお，製鉄所技師西澤公雄は，官営八幡製鉄所が漢陽鉄政局との間に結んだ大冶鉄鉱石購入契約中に定められた大冶駐在の製鉄所官吏である．なお，『三菱社誌』は，「漢口支店」と表記しているが，これは誤記である．漢口出張所が支店に昇格するのは，唐津出張所とともに1910年10月1日のことであった．また，湖北大冶水泥廠の概略については「湖北水泥廠」(『通商彙纂』第161巻，334～335頁)，参照．当該記述によれば，同社は1909年の創立で，資本金120万両，社債50万両を発行し，ドイツ人技師の下で近代的機械化生産を行っていた．しかし，巨額の資金不足に直面しており，三菱から資金導入を行うこととなったものと想定される．なお，当該期の中国借款については旗手勲『日本の財閥と三菱』楽游書房，1978年，140～143頁，参照．
68) 『三菱社誌』(21)，1226頁．なお，「借款担保トシテ工廠附属機械器具竝家屋土地石山ヲ提供セシメ」(同，1226頁) ていた．
69) 同，1226～1227頁．
70) 71) 同，1228頁．
72) 73) 同，1326頁．
74) 同，1326～1327頁．
75) 『三菱社誌』(23)，2067～2073頁．
76) 長沢康昭『三菱商事成立史の研究』日本経済評論社，1990年，106頁．
77) 前掲『三菱商事社史』(上巻)，78頁．
78) 『三菱社誌』(21)，1082頁．引用文では菱華公司は「菱華洋行」と表記されているが，他の頁ではすべて「菱華公司」と表記されているので，本書では以下「菱華公司」と表記する．「菱華公司」の表記は，管見の限りであるが，1908年7月31日付「菱華公司」の「総勘定元帳残高試算表」が初見である (『明治四拾壹年壹月至全年九月　漢口出張所貸借試算表』所収)．したがって，「菱華公司」の表記は設立と同時に使用されており，「菱華洋行」の表記はむしろ例外的使用であった．前記『三菱商事成立史の研究』では，1910年上海菱華公司

第5節　漢口菱華公司の経営収支

開設時に「この時に菱華公司と改称したものと思われる」(106頁)としているが，設立当初から「菱華公司」と称していたと考えてよい．また，三菱合資会社が麒麟麦酒会社・旭硝子会社の製品を取り扱ったのは，両社が岩崎家の出資会社であり，準社内品としてみられていたからと思われる．

79) 前掲『三菱商事社史』(上巻)，70頁．
80) 『三菱社誌』(21)，1082〜1083頁．
81) 1908年9月31日「菱華公司商品受払明細表」(『明治四拾壹年壹月至全年九月　漢口出張所貸借試算表』所収)．
82) 『三菱社誌』(21)，1139頁．
83) 84)『記事月報 (菱華公司)』第1号，89〜90頁．
85) 『記事月報 (菱華公司)』第9号，66頁．
86) 『三菱社誌』(22)，1465頁．同頁の内容は次のようであった．
　「従来漢口上海両支店ニ於テ取扱ヘル菱華公司ヲ廃止シ，其残務ハ各両支店ニ於テ取扱ハシム
　尚上海支店ハ都合ニ依リ実際六月一日ヨリ廃止ノコトトス」
87) 『記事月報 (菱華公司)』第1号，91頁．
88) 旭硝子会社の創業期については，以下参照．故岩崎俊彌氏伝記編纂会編『岩崎俊彌』1932年／旭硝子㈱編『旭硝子株式会社』1968年．前掲『三菱商事社史』(上巻)は，三菱合資会社が旭硝子会社製品を取り扱うようになるのは1913年以降としている(72頁，114頁)．
89) 90)『記事月報 (菱華公司)』第1号，91頁．
91) 同，第2号，94頁．同頁には，硝子販売の不振が次のように記されている．
　「板硝子ハ価格ノ点ニ於テ外国品ト競争ノ余地ナク，硝子器モ種々売込ニ苦心シ製造元ヨリモ種々見本ヲ送付シ来リシモ，当地ノ需要盛ナラザルト価格廉ナラザルトニヨリ未ダ思シキ取引ヲ見ルニ至ラズ」(94頁)
92) 93) 同，第1号，90頁．後述するように，1910年度の漢口菱華公司の「損益勘定表」・「営業勘定表」の利益と引用文の利益には相違がみられる．
94) 同，第5号，78頁．
95) 同，第9号，66頁．
96) 『三菱社誌』(21)，1376頁．
97) 『記事月報 (漢口)』，第16〜19号．
98) 三菱合資会社『年報』(1913年度)，営業，1頁．なお，三菱合資会社の各場所の会計年度は1912年より，当該年1〜12月．
99) 『三菱社誌』(22)，1925頁．
100) 棉花取引の再開は，田中完三編『立業貿易録』(1958年)によれば1933年のことである．同書には「波斯(ペルシャ…筆者注)阿片の日満一手販売権を獲得したことが契機となり(中略)阿片だけでは金額が足らず且つ取引の常続性がないので波斯棉花を差加へることとし，

第2章　三菱合資会社漢口支店の事業展開

事実上其独占的輸入権を手に入れた」(660頁)と記されている．
101)『通商彙纂』第166巻，402頁．なお，本文に示した棉花取扱業者は，他の雑貨も取り扱っていた．例えば，日本綿花は綿糸，雑穀，肥料が挙げられる．
102)『記事月報(菱華公司)』第9号における漢口菱華公司の棉糸取引に関する初出記事は，次のごとくであった．

　　「綿糸ハ動乱中輸入絶無ナリシ為メ四川地方品物欠乏ヲ来タシタレバ(中略)我ガ菱華公司ニテモ沙市ニ於テ桐油トノ交換ノ条件ヲ以テ数回ニ四百俵ヲ取引ヲ見タリ」(66頁)
　上海菱華公司から積送された最初の綿糸取引は，桐油との物々交換であった．
103)『記事月報(菱華公司)』第1号，91頁．
104) 同，第4号，72頁．
105)『記事月報(菱華公司)』第2号は，大冶セメントの販路について「大部分ハ之レヲ鉄道ニ売込ミツツアリ」(94頁)として，1911年7月の内訳を次のように記している．鉄桶12,443，木桶6,887，麻袋26．主要販路は，川漢鉄路鉄桶12,440，洛潼鉄路木桶3,410，瑞記木桶3,007，であった(以上，『記事月報(菱華公司)』第2号，94頁)．
106)『記事月報(漢口)』第8号，61頁．
107) 三菱合資会社『年報』(1913年度)，営業，19頁．
108) 1904年1月漢口領事館報告「漢口三十五年貿易年報」(『通商彙纂』第79巻)，328頁．なお，桐油については以下参照．「漢口産植物油ノ利用及本邦産礦油ノ販路」(『通商彙纂』第99巻)／前掲『立業貿易録』440〜441頁．
109) 1906年11月漢口領事館報告「漢口三十八年貿易年報」(『通商彙纂』第107巻)，25頁．
110) 1908年12月漢口領事館報告「漢口四十年度貿易年報」(『通商彙纂』第132巻)，336頁．
111)『三菱社誌』(21)，1273〜1274頁．
112) 同，1307頁．
113)『記事月報(菱華公司)』第1号，90頁．
114) 同，90頁，および前掲『三菱商事社史』(上巻)，111頁．
115) 同，第2号，94頁．
116) 三菱合資会社『年報』(1913〜15年度)，営業，1頁．なお，桐油輸出については，前掲『三菱商事成立史の研究』において，詳しく検討されている(110〜113頁)．桐油取扱いは，1915年以降拡大するが，その事由について同書は，第1点は「緻密な収買機構を構築」したこと，第2点は桐油の「精製工程を自営」したこと，第3点は販売は「全世界」・「三国間貿易」を意図したこと，以上3点に整理している．
117)『記事月報(菱華公司)』第3号，80頁．
118) 同，第4号，72頁．
119)『三菱社誌』(22)，1692頁．同書には，次のように記されている．

　　「漢口支店胡麻工場落成ス，明治四十四年十月以来ノ計画ニ係リ工事費銀参万四千六拾壹両八拾参」

120)『記事月報(漢口)』第12号, 69頁. 当該胡麻輸出では砂混入を認めており,「自家設立ノ精選工場」(同頁) が稼働すれば上等品が出荷可能としている. 工場建設は1912年5月に着手した.
121)『記事月報(漢口)』第31号, 87頁.
122) 三菱合資会社『年報』(1914年度), 営業, 1頁.
123)『記事月報(菱華公司)』第12号, 69頁.
124)『記事月報(漢口)』第15号, 75頁.
125) 同, 第16号, 69頁.
126) 三菱合資会社『年報』(1912～14年度), 営業, 1頁.
127) 三菱合資会社『年報』(1916年度), 倫敦支店, 1頁. なお, 同じ『年報』の「営業」の「社内主要販売物売捌高一覧表」に蚕豆, 胡麻の販売記録が計上されていない.『記事月報(倫敦)』第63号(1916年7月)によれば, 漢口支店より蚕豆の引合があり(2頁), 同, 第64号ではロンドンで蚕豆350トンを売り捌いていた (3頁). ロンドン支店における雑穀取引は, 徐々に軌道に乗っていった. ただし, ロンドン支店の重要取引品は銅であった. この点については, 畠山秀樹『近代日本の巨大鉱業経営』多賀出版, 2000年, 第8章第4節, 参照.
128) 1903年9月漢口領事館報告「工業地トシテノ漢口」(『通商彙纂』第75巻), 423頁.
129) 同. この点については, 前掲「工業地トシテノ漢口」(『通商彙纂』第75巻), 423～433頁, 参照. なお,「土貨」とは「土産貨物」の略である.
130)『通商彙纂』第177巻, 216頁. 同頁には, 1流として三井洋行(日本商), 瑞記(独商), 嘉利(独商), 美最時(独商), 寶隆(丁抹商), 2流として禮和(独商), 3流として胎利(英商), 太平(英商), 華昌(独商), 福来徳(独商), 立興(仏商), などが記載されている.
131) 1906年度三菱門司支店「財産目録」の漢口出張所当座貸越金勘定残高(『支店勘定書』Ⅲ).
132)『支店勘定書』Ⅳ.
133)『三菱社誌』(21), 1373～1374頁.
134)『支店勘定書』Ⅳ.
135)『三菱社誌』(21), 950頁.
136) 137) 同, 1189頁.
138) 同, 1246～1247頁.
139) 同, 1249頁.
140) 同, 1250頁.
141) 同, 1281頁. 経費計算の期間は1909年8月～10年7月.
142) 同, 1404頁. 経費計算の期間は1910年8月～11年12月.
143) 三菱合資は1894年10月に「原價消却決算ノ標準」(『三菱社誌』(19), 304頁) を定めた. この点については, 武田晴人「長崎造船所と荘田平五郎の改革」(『三菱史料館論集』第3号, 2002年), 164～166頁, および畠山秀樹「三菱合資会社設立後の高島炭坑」(『三菱史料館論集』第7号, 2006年), 183～184頁, 参照. 本書においては, 以下三菱合資の規定上の消却

率を「標準消却率」とよぶことにする．しかしながら，実際には三菱ではこの標準消却率に従った消却はほとんど実施されなかった．なお，1911年12月従来の原価消却規定が改定され，1912年度より実施された（『三菱社誌』(21)，1379〜1382頁）．

144) この点については，本章注143) において少しふれた．三菱傘下各場所において原価消却規定によらず，柔軟に消却が実施された事例については，筆者の以下の論稿で詳しく述べているので参照されたい．畠山秀樹「三菱合資会社設立後の新入炭鉱」（『追手門経済論集』第27巻第1号，1992年），461〜467頁／同「三菱の唐津炭田経営に関する覚書」（『大阪大学経済学』第54巻第3号，2004年），178〜180頁／同「三菱合資会社設立後の高島炭坑」（『三菱史料館論集』第7号，2006年），182〜195頁／同「三菱合資会社設立後の端島炭坑」（『追手門経済論集』第41巻第1号，2006年／同「三菱合資会社設立後の鯰田炭坑」（『三菱史料館論集』第9号，2008年），219〜232頁．

145) 2段階の損益決算過程については，前掲「三菱合資会社設立後の高島炭坑」，203〜206頁，参照．

146) 『自明治四拾壹年壹月至仝年九月　漢口出張所貸借試算表』．

147) 1908年1月上海領事館報告「上海経済事情（四十年中）」（『通商彙纂』第120巻）．以下「事情」と略．

148) 『通商彙纂』第118巻，118頁．

149) 同，160頁．

150) 『通商彙纂』第119巻，81頁．

151) 「事情」，512頁．

152) 153) 154)「事情」，513頁．

155) 三宅川百太郎は，三菱漢口支店および漢口菱華公司の経営においては大きな損失を計上した．しかし，雑貨取引への進出は，従来の三菱の販売部門としての支店の役割を根本的に転換させるものであって，本社営業部の内部では評価されていた可能性があろう．さらに，漢口では萍郷炭の進出に押されて売炭手数料の減少が生じており，これは三宅川にとっては不可抗力であって，彼の責任ではなかったといえよう．しかし，表2-18の1911年度をみる限り，漢口支店の赤字の大部分は菱華公司と消却によって占められていた．三宅川の本社営業部副長への転出に際して，この問題は問われなかったとみてよいであろう．

156) 前掲「三菱合資会社門司支店の経営発展」，7頁．

157) 158) 159)『支店勘定書』Ⅳ．

160) 前掲『漢口出張所貸借試算表』（1908年1〜9月）には，販売代理店として，長沙代理店（恵然行），九江代理店（南順行），東清洋行，の3代理店が記載されている．おおよその販売地域が推測される．

161) 『記事月報（菱華公司）』第3号，80頁．

162) 1911年度「漢口菱華公司財産目録」（『支店勘定書』Ⅳ）．

163) 1910年度「漢口菱華公司損益勘定表」（『支店勘定書』Ⅳ）．

164) 前掲『立業貿易録』，660頁.
165) 漢口菱華公司廃止の事情は史料的には不詳である．巨額の損失が主要な理由であろうと推測される．菱華公司を改組して三菱商事会社を設立するというプランは，漢口・上海両支店長には当時の巨額の赤字状況のなかでは不可能なものであったように思われる．三菱合資は，1911年1月に鉱業部（資本金1,500万円）を鉱山部（資本金1,200万円）と営業部（資本金300万円）に分離して，それぞれの独立採算性を明確にする本社改革を行った．これが菱華公司の廃止に影響した可能性については一考の価値がある．独立した営業部が短期的な利益を追求したとするならば，赤字に喘ぐ菱華公司の廃止は時間の問題となったはずである．鉱業部時代のように，鉱産物の販売部門としての支店存続は困難なものとなったであろう．さらにいえば，香港支店では菱華公司は設立にも至らなかった．しかし，三菱合資にとっては，海外支店開設による人材の養成と雑貨取引の経験が，商事会社設立の大きな要因を構成することとなったのである．

第3章

三菱合資会社上海支店の事業展開

第1節　上海支店の整備過程

　上海支店は，開設と同時に売炭自営とされ，売炭代理店は廃止された．しかし，トリップは1年間「上海支店助言役」に任命され，さらに「終身年金」を保証されるなど，手厚い待遇を受けた[1]．したがって，三菱としては，トリップの助言を得つつ堅実な方法で上海支店の売炭自営を進めることができたと思われる．
　表3-1は，三菱上海支店長一覧表である．
　同表によれば，1906年4月から12年4月に至る6年間に4人の支店長が任命されており，1人平均1年7ヵ月程度の在任期間であった．
　4人の支店長は，順に田原豊，松木鼎三郎，三谷一二，三宅川百太郎であった．支店長の在任期間は田原の場合2年間であったが，残りの3人は2年未満という短期間で次々と交代していった．田原は前職として長崎支店副長を務め，上海代理店助役から上海支店初代支店長に昇任した．田原は貿易業務に経験を有し，さらに上海の事情に精通した人物であった．上海支店開設に当たり，三菱は慎重に上海の初代支店長を選んだといえよう．松木は香港支店初代支店長からの転任であって，海外業務のスペシャリストであった．次の三谷は若松支店副長（門司支店副長兼務）からの昇任であって，やはり貿易業務に通じた人物で

第3章　三菱合資会社上海支店の事業展開

表3-1　三菱上海支店長一覧表

役職	氏　名	在任期間	備　　　考
支店長	田原　豊	1906.4～08.4	1912.10　三菱製紙所支配人
〃	松木鼎三郎	1908.4～09.11	1909.11　門司支店長
〃	三谷　一二	1909.11～11.8	1911.8　長崎支店長，1918.4，三菱商事取締役
〃	三宅川百太郎	1911.8～12.4	本務：漢口支店長，1918.4，三菱商事取締役
〃	中島　虎吉	1912.4～14.6	
副長心得	中島　虎吉	1910.12～11.8	
副長	中島　虎吉	1911.8～12.4	

(出典)　『三菱社誌』(21)～(23)，より作成．

あった．しかしながら，事情は審(つまび)らかでないが，松木も三谷も2年未満でそれぞれ門司支店長，長崎支店長として転出した．そのため，後任人事に行き詰まり，漢口支店長三宅川を上海支店長兼務としたものであろう．

　以上の点は，漢口支店と比較すると対照的である．漢口支店では三宅川が1906年2月から12年4月まで長期間主管者として留任し，店舗の整備と多彩な新規事業を行った．ところが，上海支店では，田原を除けば支店長としての在任期間は短期であるか兼務であった．上海支店のトップの体制は十分ではなかったといえよう．そして，それを補うためではないかと思われるが，上海支店には他の海外支店にみられない副長心得や副長のポストが三谷および三宅川支店長の時代におかれていた．これは，上海支店に十分精通していない支店長をサポートするために必要であったように思われる．また，このポストが設けられた時期は上海菱華公司の開設時期と重なっていたことに留意する必要がある．

　ところで，前述したように，上海，香港，漢口の3支店は，開設時その会計勘定は三菱門司支店所属とされた[2]．その後，「会計独立」は漢口支店が1907年4月，上海支店では同年6月，香港支店ではやや遅れて08年4月に認められた．上海支店の会計独立は，香港支店より1年も早く実現したのである．なお，上海支店の場合，後述するように会計独立後に店舗設備の整備が進められており，その意味についても検討する必要があるように思われる．

第1節　上海支店の整備過程

　では次に，店舗の整備過程についてみておこう．

　上海支店は，開設時借家住まいであった．三菱では，有力支店は社有建物を原則としていたので，あるいは上海支店は長期的展望をもって開設されたものではなかったのではないかとの疑問も生じよう．しかしながら，開設の翌1907年7月借家契約継続交渉において，賃借料の増額など，三菱側にとって不利な要求があったことから，「断然他ニ適当ノ社有家屋設定ノ緊要ナルヲ感ジ」[3]，社有建物獲得に動くこととなった．同年8月地所・家屋（英租界第7号家屋・第9号倉庫）を購入し，改修のうえ翌9月上海支店はここに移転した．後掲表3-23に示すように，地所・家屋取得費用は，改修費を含めて102,884両（邦貨換算約148,838円）に達した．ここで注目すべき倉庫は，賃借期限を翌08年8月として，同月より1ヵ月100両で貸し出された[4]．ここから，倉庫の獲得はただちに新規業務の開始を目的としていたわけではなかったことが知られる．上海菱華公司の開設は，10年6月のことであった．

　ところで，上海支店は石炭販売を事業の柱としていたが，貯炭場は整備されなかったのであろうか．実は『三菱社誌』(21)には，「上海浦東土地購入」と題する1906年10月29日付記事が掲載されている．そこには「近来清国上海各桟橋会社所属貯炭場狭隘ヲ告ゲ，我社輸送炭陸上ニ際シ多大ノ困難ニ遭遇シ，荏苒其推移ニ放任センカ，売炭上多大ノ支障ヲ来スニ至ルベキヲ以テ我社所有ノ貯炭場ヲ設備セン」[5]という事情から，上海浦東に土地約180畝（約4.1万坪）を約217,800両で購入することとし，手付金3,000両を支払ったと記されている．しかしながら，手付金まで支払った前記土地購入契約は，事情は全く不詳であるが，その後不調に終わったと考えられる．上海支店の「財産目録」に当該土地が計上されることはなかったからである．上海支店は，開設後間もなく貯炭場用地の獲得に乗り出したが，結局それに失敗し，借地でしのいでいくこととなった．

　上海支店の店舗の整備は，以上で一段落し，建物が建て替えられるのは後のこととなる．

第2節　上海支店の直営事業

1．売炭事業
(1) 上海石炭市場概観

　上海石炭市場については，1900年頃を中心とする山下直登の「日本資本主義確立期における東アジア石炭市場と三井物産－上海市場を中心に－」(社会経済史学会編『エネルギーと経済発展』西日本文化協会, 1979年) と題する詳細な研究 (以下山下論文と略) と，それに対する和田一夫のコメント (以下和田コメントと略) がある[6]。ここでは，まず両氏の研究を整理することにより，当時の上海石炭市場の特徴をとりまとめておくこととしたい．

　山下論文によれば，上海石炭市場は第1に，英国炭が日本炭・開平炭に対して圧倒的な高価格にあり，前者は後者に対して直接的競合関係にはなかったとして，市場の2重構造が指摘されていることである．第2に，日本炭と開平炭はほぼ同じ価格水準にあり，両者の競合関係が指摘されていることである．第3に，日本炭の間においてもかなりの価格差があり，大手炭と中小炭との価格差の大きいことが指摘されていることである．以上から山下論文は，同市場の特徴を，価格的に日本炭大手は英国炭に従属し，そして日本炭の間では，大手炭が中小炭を従属させつつ，日本炭全体の低価格が同市場における競争力・市場支配力を強めているものとの結論を導いている．

　これに対する和田コメントは，論旨に対する補完的なものとされ，次のような内容である．すなわち，第1に，山下論文の描出した1900年頃の上海石炭市場の特徴は，日本炭の東アジア進出に伴って，英国炭が軍事用＝軍艦用に限られつつも，価格に対する支配力を握っているような構造に再編されたものであると指摘したことである．第2は，上海石炭市場において，英国炭が支配する上等炭市場と，日本炭が支配する中・下等炭市場とに階層的に構成されるようになったと指摘していることである．

第2節　上海支店の直営事業

　ここでは，以下両氏の先行研究を踏まえつつ，日露戦後の上海石炭市場を簡単にスケッチしておくこととしたい．そして，そこにおいては石炭という抽象的なとらえ方ではなく，塊炭，粉炭，切込炭という石炭の形状を基本とする炭種別に上海石炭市場を整理して，三菱の販売をより具体的に明らかにすることを意図している．というのは，先行研究では，実際には商品としての石炭は形状・品質によって用途が異なるにもかかわらず，それらを捨象して議論を進めてきたからである．そのため，市場の「2重構造」や「階層的構成」が指摘されながら，それと結び付けた具体的分析にまで進んでいなかったのである．

　まず，上海における石炭需要を取り上げることにしたい．

　表3-2は，上海輸入炭推移表である．

　同表によれば，上海の輸入炭は1897年，98年では40万～50万トンであったが，1903～05年には90万トン台，そして日露戦後の06年以降は100万トン前後の水準で推移している．08年における香港のそれは103万トン，同年の大阪府の石炭消費が124万トンとされるので[7]，上海はアジアでも最大級の石炭需要を示していた．そこで，その内容をみていくこととしたいが，ここではまず日清戦後の1897年，98年頃と，日露戦後に分けて簡単に整理しておくこととしたい．

　まず，日清戦後の状況については，1899年2月の上海領事館報告「上海三十一年中輸入石炭商況」[8]（以下1899年「上海商況」と略）を手掛かりとして検討を加えることとする．

　上海の石炭輸入量は，1897年から98年にかけて10万トン以上増加して53万トンとなったが，その事情について1899年「上海商況」は，第1点として小蒸気船と船舶の増加，第2点として産業の発達，第3点として居留地人口の増加，第4点として政治情勢の激動に伴う各国軍艦の石炭需要の増加，以上4点を指摘した．しかしながら，第2点については「当港ニ於ケル産業中尤モ重要ニシテ且ツ日々石炭ヲ需要シ居ルモノハ生糸紡績糸綿布紙ノ四種ニ過ギザラン」[9]として，「工場ノ増加ノミヲ以テ未ダ俄カニ石炭消費高ノ増加ノ原因ト為スニ足ラザルナリ」[10]と述べて，第1点も第2点も，「畢竟付随ノ原因」[11]とした．

97

第3章　三菱合資会社上海支店の事業展開

表3-2　上海輸入炭推移表　　　　単位：千トン

年	輸入量
1897	416 (100)
98	529 (127)
1903	957 (230)
04	930 (224)
05	960 (231)
06	1,063 (256)
07	992 (238)
08	1,108 (266)
09	1,060 (255)
1910	1,056 (254)
11	1,138 (274)

（出典）『通商彙纂』第46巻，309～310頁，第105巻，125～127頁，第143巻，99～101頁，および第176巻，200～201頁，より作成．

そして，「幾多政海ノ破欄ハ実ニ之ガ主因」[12]として，「英米仏独露西ノ（中略）此等各国軍艦ノ消費セル石炭」[13]に輸入増加の最大の原因を求めたのである．当該期において，上海の石炭需要は東アジアにおける欧米諸列強の帝国主義的進出と対立に大きく依存していた．

さらに，1899年「上海商況」は，「輸出本邦炭ノ十中八九ハ香港及清国」[14]であって，清国向けの大半は上海によって占められていたことを指摘している．しかも，石炭は生糸，綿糸に次いで「我輸出重要品中第三位ニ在ルモノ」[15]で，「益々本邦炭輸出ノ増進を図ル」[16]べしと説いていた．日本も，欧米諸列強と同じく中国市場への進出を強く志向していたのである．

次に，日露戦後の状況に移ろう．ここでは，上海領事館報告の中から1906年8月の「海外各地ニ於ケル石炭需要供給状況－上海」[17]（以下1906年「上海状況」と略）と，1909年9月の「上海及付近ニ於ケル石炭需要供給ノ概略」[18]（以下1909年「上海概略」と略）を手掛かりに分析を進めることとする．

1909年「上海概略」は，日露戦後の上海における石炭需要を，次のように記している[19]．

第2節　上海支店の直営事業

「本管内ニ於イテ消費スル量ハ一年凡一百万噸トス需要者ノ主ナルモノハ各汽船会社，鉄道会社，綿糸紡績会社，絹糸紡績会社，鉄工場，電気瓦斯会社等トス」

上海の石炭需要は，日清戦後に比し倍増していたが，主要な需要先はかつての軍艦ではなく，汽船，鉄道，工場であり，石炭は工業化のための主要エネルギー源となっていた．

表3-3は，上海石炭需要高内訳表(1908年)である．

同表の数値は概数であることに留意しておく必要があるが，ここで同表の重要点を整理しておこう．

まず第1に，需要高合計92.1万トンのうち，外航汽船会社35.3万トン(38.3%)，内河汽船会社2.1万トン(2.3%)，合わせて船舶焚料炭が37.4万トン(40.6%)を占めていたことである．大口の需要先は，招商局を除けば，バターフィールドアンドスワイヤー(Butterfield and Swire)，ジャーディン・マテソン商会(Jardine Matheson & Co.)，日清汽船などの定期遠洋航路を有する外国資本によって占められていた．日清汽船は，内河航路にも進出していた．1909年「上海概略」は以上について，次のように記している[20]．

「上海ハ清国ノ大貿易港ニテ殊ニ揚子江ノ口ニ位スルヲ以テ交通ノ要衝ニ当リ支那海沿岸長江一帯航海ノ根拠地タリ此ヲ以テ各国ノ汽船会社概ネ支店ヲ当地ニ設ケ貨客ノ運送ニ従事ス」

表3-4は，上海港出入船舶一覧表(1908年1～3月)である．

同表によれば，上海港出入船舶合計トン数において，外洋汽船75～77%，長江汽船18%台，内海航路曳船3～6%，の順となっており，帆船やジャンク船は無視してもよい割合であった．したがって，上海において船舶焚料炭として積み取られる石炭は，大部分が遠洋航路の外洋汽船向けであったと想定してよいであろう．そして，そこで使用される石炭は，高品位の塊炭と切込炭であって，両炭が併用された．長江汽船や内海航路では，品質が劣っても，廉価な切

第3章　三菱合資会社上海支店の事業展開

表3-3　上海石炭需要高内訳表（1908年）　　　　　　　　　　単位：トン

需要先	需要	内訳	消費
1. 外航汽船会社	353 (38.3)	Jardine Matheson & Co.	50
		Butterfield and Swire	130
		日清汽船会社	35
		招商局	50
		Hamburug Amerika Linie	25
		Racine Acker Mann & Cie	15
		その他	48
2. 内河汽船会社	21 (2.3)	戴生昌	12
		日清汽船会社	9
3. Cotton Mills	82 (8.9)	又新	20
		上海紡績会社	12
		Jardine Matheson & Co.	10
		その他計	40
4. 工場	254 (27.6)	上海 Tag Lighter Co.	9
		Shanghai Dock Co.	16
		Shanghai Nanking Railway	15
		Kiang Nan Arsenal	30
		Native Iron Works	15
		Shanghai Gas Co.	35
		Shanghai Electrie Co.	15
		Shanghai Water Works	7
		East Asiatic Dredging Co.	12
		Oriental Ice Co.	8
		Paper Mills	20
		絹糸紡績会社（数ヶ所）	38
		Flour Mills	12
		その他工場	22
5. 軍艦	37 (4.0)		
6. 冬期 House Coal	35 (3.8)		
7. 年中雑用	50 (5.4)		
8. 上海付近主要工場	89 (9.7)		
合　計	921 (100)		

（注）　1. 外航汽船会社「その他」には，中国系4社12千トン，およびP.O.（不詳）が含まれる．
　　　2. 軍艦には，軍艦用日本炭12千トンが含まれる．
（出典）　『通商彙纂』第139巻，385〜386頁，より作成．

表3-4　上海港出入船舶一覧表（1908年1〜3月）　　　　　　単位：千トン

	入　港		出　港	
外洋汽船	892 隻	1,623 (77.0)	911 隻	1,635 (75.1)
長江汽船	244	399 (18.9)	238	392 (18.0)
内海航路曳船	3,132	73 (3.5)	5,468	136 (6.2)
帆船	14	2 (0.1)	12	3 (0.1)
ジャンク船	60	11 (0.5)	63	12 (0.6)
合　　計	4,342	2,108 (100)	6,692	2,177 (100)

（出典）『通商彙纂』第128巻，373頁，より作成．

込炭や粉炭が選好された．また，小蒸気船ではできるだけ廉価な粉炭が使用された．なお，長江上流の漢口では，萍郷炭（ピンシャン炭）が積み取られた．同炭は低価格であったので，しだいに長江水系の日本炭市場に浸透していった．

　第2は工場用炭である．工場25.4万トン（27.6％），紡績工場8.2万トン（8.9％），および上海付近主要工場8.9万トン（9.7％），以上合わせて42.5万トン（46.2％）に達していたことである．上海における工場用炭は，船舶焚料炭を大きく凌駕していたのである．しかも，その内容に立ち入ると，紡績工場を中心に，電気，ガス，兵器，鉄工，港湾関連，製紙，製粉，等々，近代的工場の需要であった．1897年における上海の輸入炭合計が約42万トンであったから，工場用炭の激増は，1906年「上海状況」が記すように，「当地付近事業勃興諸工場増設ノ結果」[21]であった．

　工場用炭には，通常粉炭が使用され，切込炭が併用された．ガス用には揮発成分の多い粘結性の塊炭と粉炭が混用された．また，高馬力の大型機関を設置した大工場では，高品位の粉炭や切込炭が使用された．1906年「上海状況」は，1905年の日本炭上海輸入高を約75万トンとして，塊炭・切込炭60万トン，粉炭15万トンと推定している[22]．工場用炭として塊炭が使用されることはまずなかったので，工場用炭42.5万トンは，粉炭をすべて工場用と仮定すると，計算上切込炭27.5万トン（64.7％），粉炭15万トン（35.3％）の割合となる．この推算が正しければ，上海では工場用炭として，粉炭よりも高価な切込炭がより

第3章 三菱合資会社上海支店の事業展開

多く使用されていたことになる．そして，その意味するところは，増加した工場が外国資本による大工場が多く，そこでは燃焼効率が高く，取扱いの容易な切込炭が選好されていたこととなろう．

なお，紡績工場では，とりわけ有力外国資本の進出に注意する必要がある．さらに，電気，ガス，製紙などは，主として租界向けの需要に応じていたものであろう．そうだとすれば，工場用炭の増加も，半植民地的工業化を強く反映するものであった．

第3は，軍艦用炭である．これには特別に高品質の塊炭が使用された．1908年では3.7万トン（4.0％）を占め，その内訳は，英国炭2.5万トン（2.7％），軍艦用日本炭1.2万トン（1.3％）であった．軍艦用といえば，高品質・高価格の英国炭を想起しがちであるが，英国炭は後述するようにあまりにも高価であった．そのため，この時期には，戦時用としては英国炭を使用するとしても，平時や単なる移動時には，安価な日本炭も利用されていたのである．

英国炭について，1906年「上海状況」は「総テ軍艦用」[23]と記し，1909年「上海概略」も「価格不廉ナレハ海軍用」[24]としている．軍艦用であったので，国際情勢・軍事的緊張によって需要は大きく変動することとなる．また，『記事月報（上海）』第3号も英国炭について「外国軍艦ノ焚料トシテ使用セラルベキモノニシテ，炭界ノ大勢ニハ更ニ影響ナキモノトス」[25]と述べている．要するに，上海の石炭需要が工場用炭・船舶焚料炭を軸として激増する中で，用途が狭く限られた英国炭はきわめて小さな割合に低落していき，日露戦後には上海石炭市場においてほぼ影響力を喪失してしまったといえよう．

ここまで主要な需要についてみてきたが，さらに厨房用や冬季暖房用など，さまざまな一般都市向需要があった．ここでは，数量としては多くはないけれども，富裕層向け高級炭から庶民向けの低廉な粗悪炭まで多種類の石炭が消費されていたのである．

では次に，上海における石炭供給の検討に移ることとしたい．

『記事月報（上海）』第1号は，「由来上海ハ各種石炭の混戦場ニシテ輸入炭種ノ多キト競争ノ激烈ナルトハ異数ナリトス」[26]と記しているように，上海には

多くの地域から多くの品種の大量の石炭が流入していたのである．それは，上海が中国最大の石炭消費市場であっただけではなく，さらに上海周辺地域にも再輸出されていたからである．なお，上海周辺には炭鉱がなかったので，石炭はすべて内外からの輸入に依存していたことに留意しておく必要がある．

表3-5は，上海輸入炭地域別一覧表である．

同表によれば，上海輸入炭合計は1906年以降ほぼ100万トン水準で推移していた．そのうち，日本炭は06年に81.2％を占めたが，11年には71.9％にまで低下していた．中国炭は，同じ期間に10.8％から26.3％に大きく上昇した．英国炭は06年に0.9％，その後は2％台で推移している．豪州炭は06年に4.3％，その後1％台に低下した．その他は，基本的にホンゲー炭であり，1〜2％であった．中国炭の増加は，日本炭のシェアを大きく低めるとともに，英国炭・豪州炭・ホンゲー炭の割合をいっそう低め，11年にはそれら3炭合計でも1.9％と，ほとんど無視してよい割合にまで低下したのである．

付言しておくと，ここで英国炭とはカーディフ塊炭であって，前述したように，「総テ軍艦用」であった．豪州炭は，「価格高キタメ今日ニテハ瓦斯会社ニ

表3-5 上海輸入炭地域別一覧表　　　　　　　　　　　　　　　　　単位：トン，（ ）内は％

年	日本炭	中国炭	英国炭	豪州炭	その他	合　計
1897	326 (78.4)	79 (19.0)	7 (1.7)	4 (1.0)		416 (100)
98	392 (74.1)	92 (17.4)	28 (5.3)	16 (3.0)	2 (0.4)	529 (100)
1905	758 (79.0)	120 (12.5)	62 (6.5)	14 (1.5)	6 (0.6)	960 (100)
06	863 (81.2)	115 (10.8)	10 (0.9)	46 (4.3)	29 (2.7)	1,063 (100)
07	801 (80.7)	131 (13.2)	27 (2.7)	14 (1.4)	19 (1.9)	992 (100)
08	870 (78.5)	181 (16.3)	26 (2.3)	17 (1.5)	14 (1.3)	1,108 (100)
09	793 (74.8)	242 (22.8)		24 (2.3)		1,060 (100)
1910	751 (71.1)	261 (24.7)		44 (4.2)		1,056 (100)
11	818 (71.9)	299 (26.3)		22 (1.9)		1,138 (100)

（注）　1．その他欄1905〜08年はホンゲー炭．
　　　2．中国炭の大部分は開平炭．
　　　3．数値は四捨五入．合計は，実数が判明している場合は実数．そのため，単純合計とは若干不整合の場合がある．以下の諸表，同様．
（出典）　表3-2に同じ．

於テ使用スルニ止マル有様」[27)]であった．また，ホンゲー炭は無煙炭であって，暖房や厨房用であり，上海では用途はほぼ家用に限られていた．

ところで，前記「上海状況」や「上海概略」は，必ずしも中国炭の急増を予想していなかったようであり，日本炭について次のように楽観的な見通しを示していた．

1906年「上海状況」は，「日本炭ハ産地ト市場トノ距離甚ダ近ク運賃又低廉ナルヲ以テ競争場裡ニ於テ優勢ノ地位ヲ占ムル」[28)]ものであり，「上海ニ輸入スル日本炭ハ輸入総額ノ九割ニ当ルヲ以テ市場独占ノ姿アリ」[29)]として，上海における日本炭の，英国炭をはじめとして，豪州炭・印度炭等の外国炭に対する競争優位を強調したのである．さらに，中国炭について，「清国内地到ル処豊田ニ富ムト雖モ鉱業ノ発達遅々タル上ニ交通運輸ノ途開ケズ（略）到底我競争者ニアラサルハ明白」[30)]と述べていた．

一方1909年「上海概略」は，「九州炭ハ其産地ト品質ノ点トニヨリ常ニ其優勝ノ地位ヲ失ハサルヘク」[31)]ことを指摘した．そのため，英国炭・豪州炭・ホンゲー炭については「各独特ノ販路」[32)]に限られているとしたのである．そして，中国炭については，「開平山東撫順三炭ノ競争」[33)]を想定し，開平炭は「上海ノ発達ニ従ヒ多少ノ増加ヲ見ンモ単ニ現今ノ比例ヲ保続スルニ止マラン」[34)]，山東炭は「規模未タ小」[35)]とし，撫順については「将来恐ルヘキ大敵」[36)]と記されていた．

「上海状況」・「上海概略」ともに，外国炭の影響は考慮する必要がないとし，中国炭についても当面競争相手としては低い評価であった．しかしながら，実際には前掲表3-5に示したように，1908年以降の増加は顕著であった．ここで，開平炭，山東炭，撫順炭の状況についてみておこう．

表3-6は，上海輸入中国炭内訳表である．

同表によれば，1909年において上海輸入中国炭のうち開平炭75.2％，山東炭12.4％，撫順炭8.0％，以上で96％ほどを占めていた．

開平炭は，「英国人ノ経営ニ係リ」[37)]，1899年に出炭78万トンであったものが，1908年には116万トンに増加していた．そして，秦皇島に積み出し設備を整備

第2節 上海支店の直営事業

表3-6 上海輸入中国炭内訳表
（1909年）　　　単位：千トン

開平炭	170 (75.2)
山東炭	28 (12.4)
撫順炭	18 (8.0)
萍郷炭	6 (2.7)
牛荘炭	2 (0.9)
その他	2 (0.9)
合計	226 (100)

（出典）『通商彙纂』第138～144巻，より作成．

して，上海を主たるターゲットに輸出を拡大していた．開平炭は，品質的に日本炭に類似しており，さらに価格の異なる塊炭・粉炭に加えて，機関用，軍艦用，等の用途別の石炭を揃えて，さまざまな需要に対応していた．開平炭は，上海において日本炭の市場を奪いつつ，急速にシェアを高めていたのである．

撫順炭は，満鉄の経営する巨大炭鉱であったが，上海への運搬手段が十分に整備されていなかった．そのため，日本炭にとって，将来の「大敵」であると記されるにとどまった．また，山東炭は周辺の需要に応じるだけで，上海にまで販売を進めるほどの余力に乏しかったとされる．

要するに，開平炭の進出によって，日本炭の上海市場は狭められており，それだけ日本炭相互の競争が激しくなっていたといえよう．

以上，上海石炭市場について概観してきたのであるが，石炭の需給にはさらに若干の変動要因があった．そこで，以下この点について少し付言しておきたい．

通常石炭の需要は，秋から冬にかけて増加する．秋には米や棉花をはじめとする農産物が収穫期を迎え，遠洋航路・内河航路ともに船舶焚料炭需要は活発化し，また農産物の加工を行う工場用の石炭需要も増加する．さらに，冬季の暖房用も増加する．逆に，春から夏にかけて，前記のような需要が減少していく．石炭にはこのような年間を通じての需要サイクルがあるが，さらに景気の動向，運賃，為替，国際情勢とくに軍事的緊張も大きな影響を及ぼしていた．

この点について，三菱の『記事月報（上海）』においては「石炭営業ニ関シ直

接多大ノ影響ヲ及スベキ為替相場及ビ運賃」[38)]の問題を毎号取り上げて，多くの資料を報告していることである．1903年8月の上海領事館報告「上海石炭商況」は「過般来引続キ下落ノ位置ニアル為替相場ノ影響ト石炭運賃ノ低落トニヨリ其輸入高俄然増大ノ勢ヲ示シ」[39)]と伝えているが，これは為替相場や運賃が有利な時に上海への石炭輸入を増加させる動きがあったことをよく示す事例である．また，運賃にも年間を通じて季節的に変動するサイクルがあった．翌9月の同じ「上海石炭商況」には，次のように記されている[40)]．

　　「元来本邦炭輸入ノ状況ハ例年七八九ノ三ヶ月間ハ運賃率ノ尤モ低落ヲ告クル
　　時季ナレハ常ニ多額ノ入津ヲ見ル」

　当該報告は，夏季の荷動きの少ない時期に運賃が下がるので，通常の売約状況とは一応別に，この時期に重量がありかつバルキーな石炭を輸入しておこうとする動きがあったことを伝えるものである．
　次に，上海における石炭商について簡単にみておきたい．
　表3-7は，上海輸入炭取扱店別一覧表（1911年7月〜12年6月）である．
　同表の重要点を，次に整理しておこう．
　まず第1に，取扱数量122.2万トンのうち，三井38.5%，開平鉱務局（開平炭）18.2%，三菱14.2%，古河9.4%，の順で続いており，上位4店で80.3%を占めていたことである．5位の日清汽船は，自家焚料炭用であったから，販売では競争関係にはなかった．したがって，上位4店が圧倒的に優位な立場にあったが，ときに6位以下の小規模取扱店が廉価炭を輸入して，一時的に相場が崩れることもあった．なお，三井や三菱のような有力輸入商に対して，上海の中国石炭商の側にも結束して，これに対抗しようとする動きがあった．前記1903年8月の上海領事館報告「石炭商況」は，次のように記している[41)]．

　　「又当地炭況ノ伸縮ハ特約品ヲ除ノ外清国石炭商ノ掌握スル所ニシテ彼等ノ多
　　数集合協議ヲ経テ決定スルモノノ由ニテ（以下略）」

第2節　上海支店の直営事業

表3-7　上海輸入炭取扱店一覧表（1911年7月～12年6月）　　　　単位：千トン，（　）内は％

取扱店		三井炭内訳		三菱炭内訳	
三井	471 (38.5)	三池積	258 (54.8)	若松積	107 (61.5)
開平鉱務局	223 (18.2)	若松積	79 (16.8)	唐津積（上）	39 (22.4)
三菱	174 (14.2)	長崎積	37 (7.9)	唐津積（長）	29 (16.7)
古河	115 (9.4)	住ノ江積	33 (7.0)	合　　計	174 (100)
日清汽船	37 (3.0)	撫順炭	26 (5.5)		
武林洋行	28 (2.3)	門司積	10 (2.1)		
シームセン商会	27 (2.2)	その他	29 (6.2)		
大倉	18 (1.5)	合　　計	471 (100)		
松大洋行	17 (1.4)				
その他	110 (9.0)				
合　　計	1,222 (100)				

（注）　1.　開平鉱務局は開平炭，シームセン商会は澟州炭，大倉は本渓湖炭の取扱い．取扱店のその他には，ホプキンス商会，ダン商会の山東炭，義泰興号のホンゲー炭取扱いがある．
　　　2.　日清汽船は自家焚料炭．
　　　3.　三菱炭内訳では，唐津積（上）は上海支店取扱分，唐津積（長）は長崎支店取扱分，後者は後掲表3-12には計上されない．
（出典）　『記事月報』第2～13号，より作成．

　中国石炭商の「集合協議」の影響力がどの程度有効であったのか判然としないが，三井や三菱の市場支配に対して抵抗する動きがあったことも看取されよう．

　ところで，三井・三菱・古河は，中国では石炭だけではなく，銅も販売していた．銅販売では，これら3社はしばしば協調関係にあったことに留意しておく必要がある．

　第2に，三井のシェアは圧倒的に高いが，三井には多くの積込地があって，多くの品種の石炭を輸入していたことである．これが三井の強みであり，なかでも三池積みが三井炭の半ば近くを占めていたことが特筆される．三池炭は高品質で，しかも万田坑をはじめとして機械化された高能率坑で生産され，よく整備された三池港を有し，さらに囚人労働を梃子とした低コスト炭であったか

ら，競争力は強力であった．三井は，この三池炭を主力として上海市場に売り込みを進めていたことが知られる．

　第3は，これに対して三菱には若松積と唐津積があって，後述するように鯰田，新入，金田（以上若松積），相知，芳谷，唐津，岸岳（以上唐津積）等，やはり多品種の石炭を輸入していたことである．これは三井炭や開平炭との対抗上必要であった．長崎積みがないことから，高島炭は，当該期に上海では販売されていなかったことが知られる．高島炭は，日本では最高品質の石炭であって，きわめて高価格であった．そのため，ほぼ特定の需要家に販売されており，後掲表3-11に関連して述べるように，上海では少量の引合があっても，それに応じなかった事例がみられる．なお，唐津炭は阪神地方に運搬すると，筑豊炭と競合して不利であったので，むしろ上海や香港に積み出されたのである．ところで，さらにここで付言しておきたいことがある．三菱の若松積と唐津積についてである．

　基本的に前者は上海支店販売分であり，後者は長崎支店販売分であった．この点について『記事月報（上海）』第3号は，次のように記している[42]．

　　「以上ノ外長崎支店ニ於テ同地山下氏ヘ売込ミ，同氏ヨリ更ニ当地茂盛号ヘ売渡シタル芳谷塊炭及ビ相知粉炭二千五百九十五噸ハ当店ノ取扱ニアラズト雖モ，当地輸入三菱炭中ニ加フベキモノトス」

　回りくどい表現であるが，要するに次のような意味である．長崎支店は唐津炭計2,595トンを山下（長崎の石炭商…筆者注）へ売り込み，山下はさらに茂盛号（上海の石炭商…筆者注）へ売り渡した．これは，上海支店の取扱炭としては計算されないが，上海に輸入される三菱炭として集計される，ということになる．ここから知られる重要点は，表3-7に示された上海における三菱炭の輸入量には，上海支店分と長崎支店分が合計されているということである．長崎支店は，かつて高島炭の上海，香港の販売拠点であったが，高島炭の上海輸出が途絶えた後も，上海への販売ルートが残っていて，唐津炭を売り込んでいたの

である.ただし,上海支店が長崎支店の売炭に協力している事例がみられる.『記事月報(上海)』第7号は,1911年12月の長崎支店の栄泰号唐津切込炭2万トンの上海売約について「契約主ハ長崎支店ナレドモ当支店(上海支店…筆者注)ノ仲介ニヨリ成立セルモノナリ」[43]と伝えている.現地支店が重みを増していたのである.

表3-8によれば,上海における三菱炭の支店別売捌高内訳では,1911年7月～12年6月において,長崎支店は28.5%を占めていた.長崎には華僑も多く住んでいたので,あるいは華僑を通じて販売するようなルートが残っていた可能性もあろう.

表3-9は,上海石炭相場表である.

同表の重要点を,次に整理しておこう.

まず第1に,英国炭・豪州炭は,日本炭・中国炭に対して桁違いに高価格なことである.前述したように,用途が異なり,日常的には競争関係にはなかったことが明白である.

第2に,中国炭と日本炭を比較すると,塊炭,粉炭,切込炭のいずれにおいても,相場ではトン当たりで前者が後者を1両以上,上回っていた.同表は実際の取引価格ではないことに注意する必要があるが,1910年,11年では,日本炭の優位は失われていなかったようである.ただし,実際の取引では,値引きが行われて逆転が生じていたものと思われる.

第3に,日本炭相互の相場について,1911年7月の事例でみておこう.塊炭の最高価格は杵島炭の6.4両,最低は松浦炭の4.35両と2.05両もの大きな価格

表3-8 三菱炭上海売捌高支店別内訳(1911年7月～12年6月) 単位:千トン,( )内は%

三菱上海支店	三菱長崎支店	合　　計
123 (71.5)	49 (28.5)	172 (100)

(注) 1. 各月の合計.
    2. 長崎支店が上海の需要家に販売した場合,長崎で引き渡しても上海で引き渡しても,上海での売捌高となる.また,長崎支店が長崎の石炭商に販売し,当該石炭商が上海の石炭商に販売した場合も同様である.

(出典) 『記事月報』第2～13号,より作成.

表3-9　上海石炭相場表　　　　　　　　　　　　　　　単位：トン当たり両

国別	形状	炭鉱	相場①	相場②
英国炭	塊	カーディフ	17.50	17.50
豪州炭	塊	ウーロンゴン	14.50	14.50
中国炭	塊	開平	8.00	7.00
		撫順	6.80	6.80※
	粉	開平	5.50	5.25
		撫順	5.20	5.20
	切	撫順	6.15	6.05
	無煙塊	河南	—	9.75
日本炭	塊	杵島	6.45	6.40
		芳谷	5.95	5.90※
		伊田	5.55	5.55
		下山田	—	5.40
		福島	—	5.35
		三好	4.55	4.55
		松浦	—	4.35
	粉	三池	4.65	4.65
		芳谷	4.05	4.10※
		福島	—	3.65
		三好	—	3.50
	切	目尾	5.35	5.20
		芳雄	5.35	5.15
		下山田	4.80	4.60
		大任	—	4.40
		三好	—	4.10

(注)　1.　塊は，塊炭，粉は粉炭，切は切込炭．
　　　2.　相場①は1910年7月，相場②は1911年7月．※印は，1911年6月．
(出典)　『記事月報』第2号，84頁，より作成．

差があった．粉炭においても，最高と最低では1.15両の差があり，切込炭でも1.1両の差があった．日本炭の間においても，形状，品質，銘柄によって，価格には階層序列が形成されていたことが知られる．最も廉価な松浦炭や三好炭は，中小販売店が販路を切り開くために持ち込んだものであるが，この点について，1911年の『記事月報（上海）』第2号は，次のように記している[44]．

「頃者当地方一帯並ニ長江筋各港ニ於テ三好，松浦ノ両炭最モ歓迎セラレ販路頗ル開ケ非常ノ勢力ヲ有セリ之レ全ク両炭ノ大塊分多ク且ツ安値ニシテ品質ノ劣悪ニ頓着セザル安物買等ノ渇望ニ投ジタルガ為メナリ」

当該報告は，品質よりも低価格を選好する需要家が多くあったことを伝えるものであり，後述するように第3号にも同様の記事がみられる．三井や三菱は，傘下に優良炭鉱が多く，したがって主として優良炭を取り扱っていたので，低価格炭の進出は悩みの種であった．では，上海は日本炭にとってどのような位置を占めたのであろうか．

表3-10は，日本炭輸出地域一覧表である．

同表によれば，1902年から12年に至る11年間の年平均は295.6万トンとなる．そのうち，中国が126.2万トン（42.7％）を占めて第1位であった．中国の輸入高のうちでは，上海が前述したように約100万トンを占めて，他とは隔絶した地位にあった．第2位が香港で88.5万トン（28.9％），第3位が海峡植民地（シンガポール）32.6万トン（11.0％）であった．上海，香港，シンガポールは，当時「東洋三大市場」[45)]と称されたが，中国・香港・海峡植民地の上位3位の合計割合は83.6％に達していた．日本の石炭産業にとって，中国は海外市場の40％を超える最も重要な地位にあったが，そのなかで上海は特別に重要な市場であった．

なお，同表においてもう1つ留意すべきことがある．中国の割合が1906年をピークとして漸減していることである．それは中国市場の中での日本炭相互の競争を激しくしたであろうし，またシンガポールやフィリピン，ロシア等の市場開拓に向かわせることになったと思われる．三菱は，当該期にシンガポールやウラジオストックに売炭代理店を設けているが，その背景には以上のような事情があったのである．

(2) 上海支店の石炭販売

三菱の売炭の基本的特徴は，まず長期・大口の売炭契約を結び（約定売炭），これに基づいて月々一定量の引渡しを行っていたことにある（定期渡し）．これ

第3章 三菱合資会社上海支店の事業展開

表3-10 日本炭輸出地域一覧表　　　　　　　　　　　　　　　　　単位：千トン，（ ）内は％

輸出地域	1902	1903	1904	1905	1906	1907
中国	1,283 (43.7)	1,522 (44.3)	1,151 (40.0)	1,106 (44.1)	1,435 (59.7)	1,276 (43.7)
香港	899 (30.6)	1,051 (30.6)	961 (33.4)	839 (33.5)	700 (29.1)	824 (28.2)
海峡植民地	406 (13.8)	401 (11.7)	415 (14.4)	271 (10.8)	81 (3.4)	266 (9.1)
比律賓	127 (4.3)	97 (2.8)	91 (3.2)	36 (1.4)	4 (0.2)	2 (0.1)
朝鮮	29 (1.0)	39 (1.1)	56 (1.9)	71 (2.8)	98 (4.1)	145 (5.0)
米国	35 (1.2)	115 (3.3)	45 (1.6)	31 (1.2)	9 (0.4)	150 (5.1)
蘭領印度	57 (1.9)	82 (2.4)	56 (1.9)	59 (2.4)	8 (0.3)	56 (1.9)
印度	21 (0.7)	52 (1.5)	59 (2.0)	63 (2.5)	18 (0.7)	53 (1.8)
露領アジア	32 (1.1)	22 (0.6)	0 (0)	5 (0.2)	22 (0.9)	38 (1.3)
その他	50 (1.7)	52 (1.5)	45 (1.6)	27 (1.1)	27 (1.1)	112 (3.8)
計	2,939 (100)	3,433 (100)	2,879 (100)	2,508 (100)	2,402 (100)	2,922 (100)
輸出船舶焚料炭	1,510	1,716	2,192	1,965	1,776	2,268
合計	4,449	5,149	5,071	4,473	4,178	5,190

輸出地域	1908	1909	1910	1911	1912	平均
中国	1,263 (44.1)	1,280 (44.6)	1,112 (39.5)	1,184 (38.6)	1,266 (36.5)	1,262 (42.7)
香港	861 (30.0)	920 (32.1)	869 (30.9)	897 (29.3)	915 (26.4)	885 (29.9)
海峡植民地	315 (11.0)	241 (8.4)	310 (11.0)	370 (12.1)	512 (14.8)	326 (11.0)
比律賓	10 (0.3)	71 (2.5)	159 (5.6)	240 (7.8)	301 (8.7)	103 (3.5)
朝鮮	192 (6.7)					90 (3.0)
米国	54 (1.9)	29 (1.0)	64 (2.3)	50 (1.6)	48 (1.4)	57 (1.9)
蘭領印度	38 (1.3)	40 (1.4)	64 (2.3)	64 (2.1)	81 (2.3)	55 (1.9)
印度	39 (1.4)	57 (2.0)	28 (1.0)	33 (1.1)	164 (4.7)	53 (1.8)
露領アジア	25 (0.9)	26 (0.9)	34 (1.2)	74 (2.4)	65 (1.9)	31 (1.0)
その他	69 (2.4)	203 (7.1)	176 (6.3)	154 (5.0)	116 (3.3)	94 (3.2)
計	2,866 (100)	2,867 (100)	2,816 (100)	3,066 (100)	3,468 (100)	2,956 (100)
輸出船舶焚料炭	2,256	2,034	2,157	2,206	2,491	2,052
合計	5,122	4,901	4,973	5,272	5,959	5,008

(注)　1. 関東州は「その他」に含む．
　　　2. 清は中国に含む．
　　　3. 輸出船舶焚料炭は，1902～08年は和田一夫「コメント」，1909～12年は『本邦鉱業ノ趨勢』より引用．
　　　4. 朝鮮の平均は，1902～08年．
(出典)　農商務省編『本邦鉱業ノ趨勢』(1906～13年度)，および和田一夫「コメント」(社会経済史学編『エネルギーと経済発展』西日本文化協会，1979年)，311頁，より作成．

第2節　上海支店の直営事業

には，次のような事情があった．

　三菱の傘下には，優良炭で知られる高島炭坑，鯰田炭坑，新入炭坑，芳谷炭坑等，当時を代表する近代的巨大炭鉱があった．ここでは，毎月計画的に大量の採掘が行われていたので，予想出炭量に基づいて，計画的に売約と引渡しを進めていく必要があった．三菱炭の年産は，1904年に100万トンを超え，11年には200万トンを突破していたので，もし売約が滞れば，坑所や港頭に大量の貯炭を積み上げることになる．このような事情のため，本社をはじめとして三菱傘下の内外の支店は，半年，1年にわたる大口売約の獲得に努めたのである．また，他方で定期遠洋航路を有する大手海運会社などでは大量の優良な塊炭・切込炭を消費したため，安定した価格と数量を希望していた．したがって，長期・大口・定期渡しの約定は需給双方にメリットがあったといえよう．また，石炭産業では好況期が短く，不況期が長かったので，一般的には長期約定は石炭会社に有利といえた．

　なお，販売の形態には，約定売炭のほかに，引合があれば「臨時売炭」と称される現物取引が行われていた．臨時売炭の数量については，史料的には断片的にしか判明しないが，門司支店の事例では，1904年度土地売炭高40.3万トンのうち，臨時売炭は4.2万トンであったから，基本は約定売炭であった[46]．

　表3-11は，三菱上海支店主要約定炭一覧表（1911年6月〜12年5月）である．ここでは，6〜8月，9〜11月，12〜2月，3〜5月の4期に時期区分してみていくことにしたい．

　まず6〜8月であるが，『記事月報（上海）』第1〜3号は，いずれも炭況の不振を伝えている．6月では，「既ニ夏季ニ入リタルヲ以テ（略）石炭取引頗ル緩慢トナレリ．カカル状態ハ毎年ノ例ニシテ目下一体ニ契約時節ニアラズ」[47]とし，7月については，「炎暑ノ季節ニ入リ，石炭ノ需要大ニ減少シ（略）当業者一般殆ンド休業ノ姿」[48]，8月も「前月ニ比シ格別ノ変動ナク，依然トシテ不振」[49]と記している．上海支店は，6月，7月と2ヵ月連続して売約を得ることができず，8月にようやく結んだ1件の売約は，バタビヤ向け9〜12月渡し，計0.4万トンにすぎなかった．「夏季」は，石炭の需要減少期であった．しかしながら，

113

第3章　三菱合資会社上海支店の事業展開

表3-11　三菱上海支店約定炭一覧表（1911年6月～12年5月）

月	売炭約定先	炭種	数量 トン	引渡時期	備考
8	バタビア向	相知, 塊	4,000	1911.9～12（4ヵ月）	唐津支店積渡
9	栄泰号	芳谷, 切	15,500	1911.10～1912.4（7ヵ月）	上海支店仲介長崎支店約定招商局向
	怡成号	鯰田, 粉	4,000	1911.10～1912.9（1ヵ年）	
10	信昌号	金田, 切	5,000	1911.11～1912.5（7ヵ月）	
	信義公号	芳谷, 塊	4,000	1911.11～1912.3（4ヵ月）	
	〃	金田, 切	6,000	1911.12～1912.6（7ヵ月）	
	China Import & Export	相知, 塊, 切	不定	1911.1～1912.12（1ヵ年）	所要汽船焚料炭
	義泰興号	新入, 切	24,000	1912.2～1913.1（1ヵ年）	
	怡成号	金田, 切	2,000	1911.12～1912.5（6ヵ月）	
11	Establishments de Tongton			1911.11～1912.12（13ヵ月）	汽船焚料炭
	O. Thoresen Esq.			1911.11～1912.12（13ヵ月）	〃
	諾国汽船会社				〃, 同国4社
12	栄泰号	唐津, 切	20,000	1912.1～12（1ヵ年）	上海支店仲介長崎支店約定
	バターフィールドエンドスワイヤー			1912.1～12（1ヵ年）	汽船焚料炭
1	宏順号	金田, 切	10,000	1912.3～13.2（1ヵ年）	
2	Australian Lloyd International Steamers	鯰田, 塊	不定	1912.2～12（10ヵ月）	汽船焚料炭
4	Netherland French Harbour Works Co.			1912.5～1914.4（2ヵ年）	再契約
	浙江鉄道	唐津, 切		1912.5～6（2ヵ月）	鉄道用炭
5	栄泰号	鯰田, 塊			汽船焚料炭
	招商局	金田, 切			

(注)　1. 臨時売炭は含まない.
　　　2. 本社, 長崎支店および門司支店売約炭は含まない.
　　　3. 炭種欄の略称は次のとおり. 鯰田は鯰田炭, 新入は新入炭, 金田は金田炭, 相知は相知炭, 芳谷は芳谷炭, 唐津は唐津炭, 塊は塊炭, 粉は粉炭, 切は切込炭.
(出典)　『記事月報（上海）』第1～12号, より作成.

同『記事月報』によれば，売約のチャンスが全くなかったわけでもないことが知られる．6月には，汽船焚料炭(船舶焚料炭)と紡績工場からの引合があった．前者について，『記事月報(上海)』第1号は，次のように記している[50]．

「同社ハ元来高島炭希望ノ模様ナリシモ貯炭場ヲ有セザル当支店ガ当地ニ於テ他ニ売口ヲ求メ難キ同炭ヲ一ケ年ノ長期ニ亘リ千噸乃至弐千噸位ノ供給ヲ引受クルコト到底不可能ナレバ相知塊ヲ勧メタルニ(略)遂ニ試焚ヲナスノ運ニモ至ラザリキ」

要するに，高級炭として知られる高島炭の引合に対し，少量では応じなかったのである．かつて高島炭は，上海や香港に大量に輸出されたが，当該期には価格が高かったために，すでにほぼ国内の特定販路に限られるようになっていた．

一方，後者については，次のように記されている[51]．

「瑞記紡績ニ対シテハ相知精粉ヲ以テ申込ミタルモ同社現在使用ノ開平粉炭ト非常ノ値開キアリ商談行悩ミノ姿ニテ本月ヲ経過セリ」

ここでは，申込者は開平炭から三菱炭に乗り換えの意向であったが，三菱炭と開平炭との間に「非常ノ値開キ」があって，開平炭に対抗できなかったのである．同様の事例は7月にも記されており，招商局入札に対しても，また招商局上海用炭供給者の件でも契約を獲得できなかった．前者は香港の中国商人が落札し，後者では，三井や芳谷炭の得意先である栄泰号等に内定したのである．市場不振のなかで，少ない商機を捉えることは，三菱にとっても困難であった．なお，『記事月報(上海)』第3号には，「唯近来福島，三好，松浦等ノ格安炭ノ輸入多ク其ノ売行比較的盛ナル」[52]として，一方で炭況不振時に，格安炭の進出に悩まされていたことも記されていた．

次に，9～11月をみることにしたい．

第3章　三菱合資会社上海支店の事業展開

　『記事月報 (上海)』第4号によれば，9月について，「漸次石炭需要季節ニ向ヒ年度更新ノ時季近ヅキ」[53]と記し，「十月ニ入リ石炭ノ需要漸次増加」[54]，さらに翌11月は「本月ニ入リ漸ク活気ヲ帯ビ輸入高並ニ売捌高トモ近来稀有ノ多額ニ上リタリ」[55]と好調な販売を伝えていた．実際，9～11月の売約は合計13件，判明した数量は合計6.1万トンに達し，同表の年間合計20件，9.5万トンに対してともに60％をはるかに超えていた．ここで，以上の売約の特徴を整理しておこう．

　第1は，長期・大口売約であったことである．引渡期間の判明している10件のうち，半年未満が1件，半年～1年未満4件，1年以上5件となっていた．そして，数量の判明している売約では1件平均0.9万トンであった．この長期・大口売約は，前記の「年度更新」とみてよいであろう．三菱は，長期・大口売約の更新という形で，安定した販路を築こうとしていたのである．なお，売約先に栄泰号の名が繰り返し見受けられるが，これも「年度更新」であろう．

　第2は，炭種の判明している売約8件では，塊炭1件，切込炭5件，塊・切1件，粉炭1件であって，売約段階では粉炭が少なく，塊炭・切込炭中心の売約であったことである．その事情として，売約先には招商局やP.＆O.をはじめとする大手海運会社が多く，そのため優良汽船焚料炭需要が多かったことが指摘できよう．ただし，これは後述するように，1911年の実際の売渡炭種とは異なっていた．

　次に，12～2月に移ろう．

　当該期に計4件，数量で3万トンの売約があった．引渡期間1年が3件，10ヵ月が1件で，数量の判明しているもののうち1件は2万トン，もう1件が1万トンであり，基本的に長期・大口の売約であった．これらも，「年度更新」とみてよいであろう．

　最後に，3～5月をみておきたい．

　3月は売約がなく，4月には2ヵ年の長期契約が1件更新された．5月には「毎年当時期ニ於ケルト同一ノ沈静状態ヲ現出」[56]と記されるように，閑散期に入った．ただし，5月の売約には特記すべきものがあった．それは，浙江鉄道向け

鉄道用炭の売約である．当時，上海を起点として鉄道の建設，延長が進められており，鉄道用炭の需要拡大が期待されていた．三菱には，鉄道用炭に適した優良塊炭があり，当該売約は鉄道向け販路を切り開く1つのステップとなるべきものであった．

表3-12は，三菱上海支店石炭受払表（1911年6月～12年5月）である．

同表には，前もって注意を払うべき点がある．1つは，同表には上海支店販売分のみが表示されていることである．長崎支店販売分は表示されていない．もう1つは，引渡高は売捌高と同じ意味で使用されていることである．

ここでは，最初に同表にみられる重要点を3点指摘したうえで，前掲表3-11と同様に4期に時期区分して，引渡高について簡単に整理しておきたい．

重要点の第1点は，輸入高合計12.2万トン，引渡高合計11.7万トン，その差は0.5万トンであり，各月平均貯炭高は1.0万トンであったことである．三菱は，引渡高と貯炭高を目安として輸入高を調整していたものと思われる．また，前掲表3-11で示した約定炭合計は9.5万トンであったから，単純に引渡高と比較すれば，約定炭は引渡高に対し80％を超えている．両者の期間が対応していないことを度外視すれば，三菱は基本的に約定炭の形で販売し，その残りを臨時売炭として販売していたことがここからも確認できよう．

第2点は，輸入高と引渡高を月ごとに比較すると前者が後者を超えたのは，6～8月，11月，12月，2月の6ヵ月のことであった．6～8月については前述したように，運賃の安くなる夏季を利用して多めに輸入していたのである．その結果，8月に貯炭高が1.3万トン近くまで増加し，9月には「而シテ前月末ノ貯炭増加ニ鑑ミ受入高ヲ加減」[57]することとなり，輸入高を大きく削減したのである．これは10月も同様であった．上海支店には貯炭場がなかったので，安易に貯炭を増加できなかったのである．

第3点は，引渡高合計平均に占める3炭種の割合についてである．同表によれば，塊炭35.4％，切込炭40.5％，そして粉炭24.1％であった．基本的に塊炭は遠洋航路の汽船焚料炭または鉄道用炭，切込炭は一般の汽船焚料炭または工場用炭，粉炭は工場用炭であった．三菱上海支店での粉炭の約定事例では，鯰

第3章 三菱合資会社上海支店の事業展開

表3-12 三菱上海支店石炭受払表（1911年6月～12年5月） 単位：トン

	塊　炭			切込炭		
	受入高	引渡高	月末貯炭	受入高	引渡高	月末貯炭
1911年6月						
7	2,879	2,222	3,912	3,167	2,657	2,740
8	2,932	2,101	4,743	5,684	5,819	2,604
9	3,253	2,711	5,285	1,533	2,817	1,321
10	22	3,188	2,119	4,016	2,596	2,741
11	7,159	3,319	5,958	2,346	3,905	1,182
12	2,084	2,206	5,835	4,167	3,625	1,724
1912年1月	2,106	3,875	4,066	5,448	4,288	2,883
2	5,777	2,321	7,522	4,049	3,745	3,187
3	2,961	4,363	6,122	4,518	5,151	2,554
4	3,498	4,431	5,189	4,428	4,549	2,433
5	7,171	7,238	5,122	3,420	4,213	1,629
合計	39,842	37,975	55,870	42,776	43,365	24,998
平均	3,622	3,452	5,079	3,889	3,942	2,273
	粉　炭			合　計		
	受入高	引渡高	月末貯炭	受入高	引渡高	月末貯炭
1911年6月				11,705	9,438	7,464
7	3,375	2,000	3,355	9,421	6,879	10,006
8	3,607	1,646	5,316	12,222	9,566	12,663
9	1,217	2,561	3,972	6,002	8,088	10,577
10	832	2,329	2,475	4,871	8,113	7,335
11	2,506	2,994	1,988	12,009	10,218	9,126
12	2,218	2,269	1,936	8,468	8,100	9,495
1912年1月	3,195	2,883	2,248	10,749	11,046	9,197
2	2,878	1,486	3,641	12,704	7,551	14,350
3	3,490	2,256	4,875	10,970	11,769	13,591
4	3,162	3,250	4,787	11,088	12,230	11,408
5	1,049	2,113	3,721	11,638	13,564	10,481
合計	27,529	25,787	38,314	121,847	116,562	125,693
平均	2,503	2,344	3,483	10,154	9,714	10,474

（注）　受入高は輸入高，引渡高は売捌高（売渡高）の意．
（出典）　『記事月報（上海）』第1～12号，より作成．

田炭が販売されていた．これは筑豊1等炭に属する優良炭であって，価格も高く，需要先は大型蒸気機関を装備する大工場であったと想定される．それはともかくとして，上海支店の売炭の4分の1が粉炭＝工場用とみなしてよいであろう．しかも，切込炭も工場用に販売されていたことを考慮すれば，やはり工場向け売炭割合が高まっていたことが知られる．

表3-13は，三菱筑豊炭の炭種別上海・香港・内国販売高表である．

同表によれば，1905年，06年において，粉炭割合は順に上海32.7%，47.8%，香港25.0%，31.0%，そして内国30.4%，22.3%であった．上海の粉炭割合は，いずれの年度においても香港，内国を上回っている．この事例から知られるように，上海の工場向石炭需要は香港，内国に比して高い割合となっていた．

なお，同表について付言しておきたいことがある．香港では塊炭販売の割合が，内国では切込炭販売の割合が，残りの2炭種に対して高いことである．これは，香港では遠洋航路，内国では沿岸航路の汽船焚料炭の需要が多かったこ

表3-13　三菱筑豊炭上海・香港・内国販売高表　　　　　　　　単位：千トン

地域	炭種	1905年	1906年
上海	塊炭	23 (44.2)	21 (45.7)
	粉炭	17 (32.7)	22 (47.8)
	切込炭	12 (23.1)	3 (6.5)
	計	52 (100)	46 (100)
香港	塊炭	17 (39.5)	16 (55.2)
	粉炭	11 (25.6)	9 (31.0)
	切込炭	15 (34.9)	4 (13.8)
	計	43 (100)	29 (100)
内国	塊炭	87 (19.3)	85 (21.6)
	粉炭	137 (30.4)	88 (22.3)
	切込炭	227 (50.3)	221 (56.1)
	計	451 (100)	394 (100)

（注）　1．三菱筑豊炭のみで，社外炭を含まず．
　　　2．他の炭種を含まず．
（出典）　畠山秀樹「三菱合資会社設立後の筑豊炭販売」（『三菱史料館論集』第10号，2009年）182～193頁，より作成．

とを反映するものではなかろうか．炭種別販売高割合には，地域の産業構造も映し出されていたのである．

では，引渡高についてみていこう．

まず，6～8月では，6月は9千トン台で月平均程度であったが，翌7月は同表を通じて底となる6,879トンにまで大きく減少した．この点について，『記事月報（上海）』第2号は，次のように記している[58]．

「是レ当月中彼阿汽船積取高及ビ清商トノ契約口渡高ノ僅少ナリシト木屋瀬切込炭百拾噸，岸岳塊炭弐百噸ノ見切売以外ニ大口臨時売炭全ク之レナカリシニ因ルモノトス」

「彼阿汽船」とはP.＆O.汽船会社（Peninsular and Oriental Steam Nvigation Co.）のことであるが，このような販売不振は，「炎暑ノ季節」の石炭需要の減退期にあたっていたためである．しかし，8月は9千トン台を回復した．これは，「本月中支那航海会社約定炭二千三百餘噸ノ供給ト，岸岳塊炭唐津二等塊炭ノ見切売アリタルトニ因ル」[59]と記されるように，大口の約定炭渡しに加えて，「見切売」＝現物売炭があったからとされる．2ヵ月続いて「見切売」が現れたところに当時の販売不振の程度を察することができる．ただし，「見切売」はすべて社外炭であることに注意する必要がある．中堅以下の炭鉱は，販売不振時に長く持ち堪えることができないが，三菱炭は価格回復まで売り控えることが可能であったといえよう．

次に，9～11月をみておこう．9月，10月は8千トン台で推移した．10月には辛亥革命が勃発し，経済的にも大きな波乱を被った時期にあたるが，上海支店は「当方石炭販売ハ何等騒乱ノ悪影響ヲ蒙ラザルモノト云フベシ」[60]と報告していた．そして，同月は「汽船焚料炭ノ供給著シク増加シ彼阿汽船ヲ除キ九隻ニ対シ千六百五十噸ノ供給ヲ為シ近来稀有ノ多額」[61]となった．貨物船に加えて，軍用炭需要が増加したものと思われる．そして，翌11月には10,217トンと同表ではじめて1万トンを突破して，「近来稀有ノ好況」[62]と記された．な

お，先回りしていえば，同月以降，同表では翌12月と翌年2月を除いて引渡高は1万トンを超える高水準が続くこととなった．そこで，その事情について辛亥革命に着目して，以下少し考えておきたい．

辛亥革命では，武昌・漢口を中心に激しい戦闘が続いたが，武昌・漢口，そして長江流域一帯に石炭を供給していたのが萍郷炭（ピンシャン炭）であった．ところが，萍郷炭の産出地は漢口の上流域にあたり，戦闘によって上記地域への萍郷炭の供給は遮断される形となった．そのために，従来上海に輸入されていた石炭が，萍郷炭に代替する形で長江流域に販路を広げたと想定してよいのではなかろうか．また，長江航路の汽船は，従来漢口で廉価な萍郷炭を積み取ることが多かったが，上海を積取地に変更したと考えられる．そして，三菱の石炭は良質の塊炭や切込炭が多かったので，汽船焚料炭として適しており，有利に売炭を拡大できたのではなかろうか．「汽船焚料炭ノ供給著シク増加」した事情として，以上のようなことを想定してよいように思われる．

では，次に12～2月に移る．

12月は，8千トン台に落ち込んだが，これは「前月活躍ノ反動」[63]と「彼阿渡炭ノ割合ニ少ナカリシニ因ル」[64]と記されている．しかし，翌1月は，11,046トンと再び1万トンを超えた．『記事月報（上海）』第8号は，この点について次のように記している[65]．

「彼阿等ノ約定炭以外臨時入港汽船焚料炭及ビ家用炭等ノ臨時売炭約二千頓ノ多額ニ上リタルニヨル」

ここで「臨時入港汽船」の多くは，軍艦あるいは長江航路の汽船であって，先述したような事情で上海において石炭を積み取っていたと想定可能であろう．家用炭は，数量としては多くはないであろうから，臨時売炭の大部分は臨時入港汽船の需要とみなすことができる．

2月は，7,551トンと前年7月に次ぐ低水準となった．これは旧正月の時期にあたり，中国では「一般ニ休業ノ姿」[66]となったからである．

第3章　三菱合資会社上海支店の事業展開

　最後に，3〜5月をみておこう．

　3〜5月の引渡高は，各月とも1万トンを大幅に超え，かつてない高水準で推移した．その事情として，『記事月報（上海）』第11号，第12号は，共通して「汽船焚料炭供給ノ増加」67)を主因として指摘したのである．そして4月には，「近来稀ニ見ル数字」68)とし，5月には，次のように三菱上海輸入炭の増加を記している69)．

　　「仮令三井洋行ノ四万餘頓ニ及バザルコト遠キモ取扱高トシテハ当地ノ第二位ヲ占メ上海輸入炭ノ二割二分五厘トス」

　前年の1911年7月において，上海輸入炭合計は110,400トン，そのうち三井36,284トン（32.9%），開平鉱務局（開平炭）27,016トン（24.5%），三菱13,104トン（11.9%）の順であった．その後1912年5月には，上海輸入炭合計は104,821トン，そのうち三井41,512トン（39.6%），三菱23,620トン（22.5%），開平鉱務局18,335トン（17.5%）の順となった．三菱は開平鉱務局を抜いて，三井の60%に近い数量にまで増加していた．三菱炭の上海輸入の以上のような急速な増加の事情は，史料的に審らかではないが，とりあえず以下のようなことが想定できよう．

　まず第1に，急増していた汽船焚料炭に対して，前述したように三菱はそれに適合的な上級炭から中級炭まで幅広く取り扱っており，そのため販路の拡大を順調に進めることができたのではなかろうか．三菱の傘下には，汽船焚料炭としてとりわけ評価の高い鯰田炭，金田炭，相知炭，芳谷炭などがあった．

　第2に，汽船焚料炭として，塊炭よりも廉価な切込炭に対する需要が多かったが，三菱では鯰田炭坑にみられるように，切込炭においても選炭を行って，品質の改善を進めていたことが指摘できよう70)．もともと，切込炭とは切り込んだままの石炭を意味したが，三菱では精選を行って差別化を図っていたのである．

　第3に，三菱の筑豊諸坑では，当該期自家発電を軸とした動力電化，坑外運搬設備の近代化，そして大型選炭機の導入等，生産力拡大・品質改善・コスト削減投資が行われ，競争力を高めていたことが指摘できよう71)．

第2節　上海支店の直営事業

　以上のように，三菱が幅広く炭種の品揃えを行い，供給力を強化し，品質改善とコスト削減を進めていたことが，当該期の需要急増に対応して，上海における三菱炭のシェア拡大に結び付くこととなったと想定して差し支えないように思われる．

　なお，三菱は社汽船を所有しており，辛亥革命のような政治情勢の緊迫した時であっても，計画的に積送が可能であったことは，他の石炭商に比し，有利に作用していたかもしれない．

2．売銅事業

　明治期において銅は石炭に次ぐ重要輸出品であって，販路の大半を海外輸出に依存していた．しかも，三菱は産銅大手5社の1角を占めており，もともと三菱の国内・海外の支店は石炭や銅の販売部門として設けられたものであった．当該期に売銅に関与した海外支店としては，漢口と上海があった．

　そこで，ここではまず日本の銅輸出について簡単にみておくこととしたい．

　表3-14は，日本の銅輸出地域一覧表である．

　同表によれば，1902～11年に至る10年間の合計において，上位3位を取り上げると香港23.2％，中国21.0％，英国17.3％の順となり，以上を合わせると60％を超えていた．中国は，日本の銅輸出にとって，最重要地域の1つであったことが知られる．しかしながら，中国の割合をクロノロジカルに追ってみると，1904～07年では，順に63.1％，82.9％，16.0％，32.6％で推移していたのに対し，09年，10年では1.2％，1.8％にまで極端に低下した．激しい変動が特徴となっていた．そこで，その事情について簡単に取りまとめておきたい[72]．

　そもそも，当該期中国の銅需要は，基本的に工業化，電化を基礎とするものではなく，主として貨幣鋳造用原料として輸入されたものであった．そのため，輸入量は政府の貨幣政策と財政状態に大きく依存するものであった．中国輸出の割合が大きく変動したのは，以上のような事情にあった．しかしながら，その輸入量はしばしば巨額なものとなり，そのため「東洋相場」と称される，ロンドンを上回る相場をときに現出せしめた．極東に立地する日本産銅業にとっ

第3章　三菱合資会社上海支店の事業展開

表3-14　日本の銅輸出地域一覧表　　　　　　　　　　　　　　単位：トン，（　）内は％

年	中国	香港	アメリカ	英領印度	英国	合計
1902	3,476 (16.8)	6,078 (29.4)	561 (2.7)	325 (1.6)	2,534 (12.3)	20,654 (100)
03	6323 (22.9)	10,863 (39.3)	509 (1.8)	826 (3.0)	3,321 (12.0)	27,615 (100)
04	13,224 (63.1)	4,869 (23.2)		670 (3.2)	1,088 (5.2)	20,942 (100)
05	16,923 (82.9)	2,115 (10.4)		52 (0.3)	600 (2.9)	20,424 (100)
06	5,442 (16.0)	8,787 (25.8)		78 (0.2)	6,980 (20.5)	34,002 (100)
07	10,469 (32.6)	5,150 (16.1)	3,854 (12.0)	293 (0.9)	5,034 (15.7)	32,070 (100)
08	2,440 (6.8)	7,611 (21.1)	5,618 (15.6)	2,446 (6.8)	10,299 (28.6)	36,047 (100)
09	432 (1.2)	7,438 (20.6)	9,808 (27.2)	1,924 (5.3)	9,965 (27.6)	36,072 (100)
1910	633 (1.8)	7,468 (21.0)	8,989 (25.2)	2,749 (7.7)	7,644 (21.5)	35,630 (100)
11	3,115 (9.1)	8,693 (25.3)	8,409 (24.5)	1,438 (4.2)	4,011 (11.7)	34,382 (100)
合計	62,477 (21.0)	69,072 (23.2)	37,748 (12.7)	10,801 (3.6)	51,476 (17.3)	297,838 (100)

（注）　合計は，本表に計上していない地域も含めている．
（出典）　畠山秀樹『近代日本の巨大鉱業経営』多賀出版，2000年，316〜317頁，より作成．

て，中国は時期によっては特殊に重要な位置を占めたのである．

　次に，三菱の銅販売を概観しておきたい．

　三菱の銅元扱店は神戸支店であり，他の支店は扱店である．神戸支店で販売する銅の大部分は三菱大阪製煉所製の電気銅であったが，荒川鉱山産の一部は銀の含有率が低かったので，電気精錬を行わずに，荒川銅の名称で販売されていた．したがって，神戸支店ではこれら2種類の銅が販売されていた．海外輸出は，「輸出向売捌ノ重ナル顧客ハ当地外国商館ナリト雖モ倫敦ストックトン商会ヲ経テ欧州ニ売却」[73)]と記されるように，神戸の外国商館向けとロンドンの販売代理店であるストックトン商会向けの2つのルートがあった．また，国内向け販売では，需要家と直接取引する場合と，大阪の銅商に販売する場合があった．大阪銅商は，中国などへも売り込んでいた．

　では，上海支店の銅販売を取り上げよう．実は，現在残されている史料の限りではあるが，上海支店の銅販売を示す史料は以下の3点しか残されていない．

(1)『年報（神戸）』1907年度

　表3-15は，1907年度三菱神戸支店電気銅中国向銅売捌高一覧表である．

同表によれば，同年度の電気銅売捌高合計は5,794トン，そのうち中国向けは404トン（7.0％）であった．うち上海支店の取扱高は，わずかに30トンで，他はすべて河南・湖北の銅元局渡しであった．なお，『年報（神戸）』(1907年度)には大阪銅商に販売した荒川銅が中国向け造幣用であり，「荒川銅約一ヶ月ノ生産高ヲ売渡シタ」[74]とある．そして，同年度荒川銅売捌高合計793トン，うち日本商向けは河辺商店21トン，横山商店20トンが記録されており，他は外国商館向けであったので，河辺・横山両商店販売分が，中国に輸出されたと推測されよう．ただし，三菱は神戸の外国商館に大量の電気銅を売り渡していたので，そのうちには中国で販売されたものが含まれている可能性はある．

(2) 上海支店「営業勘定表」

後掲表3-24によれば，1908年度から1911年度に至る4ヵ年度（1907年10月〜11年12月）の上海支店営業勘定表において，1908年度にのみ「売銅手数料」勘定670両が計上されている．したがって，以上の他の年度には銅販売はなかったと考えてよいであろう．

(3)『記事月報（上海）』第9号，第10号

同『記事月報（上海）』によれば，1912年2月に三菱上海支店は江西省銅元局

表3-15　1907年度三菱神戸支店中国向電気銅売捌高一覧表

単位：トン

売渡先	数量	備　考
天津小栗洋行	181	河南銅元局渡
湖北銅元局	121	三菱漢口出張所扱
天津吉田洋行	72	河南銅元局渡
唐晋記	30	三菱上海支店扱
小計	404	
電気銅合計	5,794	

(注)　1. 天津吉田洋行は天津小栗洋行の後継．
　　　2. 唐晋記については不詳．
　　　3. 電気銅合計は，三菱神戸支店電気銅売捌高合計．
(出典)　『年報（神戸）』(1907年度)，22〜24頁，より作成．

用として電気銅50トンを売約し，同月中に20トン，翌3月残り20トンを引き渡した[75].

以上から知られるように，三菱の売銅は，神戸支店が同地の外国商館，ロンドンのストックトン商会，および大阪銅商との間で行う取引が大宗を占めていた．三菱漢口支店も銅販売にあたっており，手数料金額としては上海支店を上回っていたが，大きな金額ではなかった．三菱の漢口・上海両支店ともに，銅販売では補助的役割に限定されていたようにみえる．

3. 売紙事業

中国は歴史的に紙の文化を有し，古来紙の需要は膨大であった．そのため，ヨーロッパより洋紙が輸入されると，その数量は急速に増大した．

表3-16は，中国輸入紙推移一覧表である．

同表によれば，中国輸入紙金額は1903年に279万両であったのが，05年に306万両に増加し，06年に406万両で同表のピークに達した．07年には328万両に急減したが，その後09年には388万両まで回復をみせた．そのなかで，日本の割合は1903年に24.6％であったが，05年には40.2％で同表のピークに達し，翌06年も38.9％と高水準を示した．しかし，その後急速に低下し，09年には24.7％と03年の水準にまで落ち込んでいた．日本に代わって輸出を伸ばしたのはドイツであった．同表では，ドイツは1906年の7.6％から09年に12.1％に増大していた．英国は，1906～08年では9％前後であったが，09年に13.2％に増大した．オーストリアは，1906年の8.9％から09年には2.6％にまで低下した．ただし，オーストリアについては，後述するように，これとは違った評価が報告されており，遺漏分があると想定される．

ここで日露戦後の中国輸入紙の状況について，1911年6月の上海商務官報告「清国ニ於ケル紙」[76] (以下「報告」と略) を利用してみておくこととしたい．

「報告」によれば，英国製品は「皆品質優等 (略) 未タ本邦製紙業者ノ及バサル所」[77]であり，価格も不廉であったから，日本製品とは競合しなかったと考

第2節　上海支店の直営事業

表3-16　中国輸入紙推移一覧表　　　　　　　　　　　　単位：千両，（　）内は％

年	日本	英国	独国	墺国	その他	合計
1903	688 (24.6)					2,794 (100)
04	1,043 (35.4)					2,947 (100)
05	1,230 (40.2)					3,056 (100)
06	1,582 (38.9)	358 (8.8)	309 (7.6)	360 (8.9)	1,454 (35.8)	4,063 (100)
07	1,099 (33.6)	313 (9.6)	331 (10.1)	226 (6.9)	1,306 (39.9)	3,275 (100)
08	947 (26.0)	324 (8.9)	451 (12.4)	202 (5.6)	1,713 (47.1)	3,637 (100)
09	956 (24.7)	511 (13.2)	469 (12.1)	102 (2.6)	1,840 (47.4)	3,878 (100)

（注）　1．香港経由分は不明．
　　　 2．英国，独国，墺国は上海輸入分．
（出典）『通商彙纂』第162巻，112〜115頁，より作成．

えてよい．しかし，「独墺ヨリ輸入スルモノハ（略）価格ノ低廉ナルヲ主トシ」[78]，日本製品より安価であったため，日本品は「品質ノ如何ハ措テ外国品ト競争ヲナスコト能ハサルナリ」[79]とされた．「報告」は，日本紙について次のように記している[80]．

　「本邦紙ハ数年前天津，満洲ノ地ニ於テ販路ヲ拡張シ更ラニ中清地方ニ及ヒタルモ近時ニ至リテ低廉ナル墺，独紙ノ輸入盛ニ上海幷ニ長江一帯ノ地ニ於テハ漸次墺，独紙ハ，市場独占ノ観ヲ呈シ更ラニ本拠地タル北清市場モ墺，独紙ノ侵入ヲ見ルニ至リタリ」

　日本紙は，ピーク期から急速に地位を下げており，「報告」は事態を憂慮して日本紙の競争力強化を訴えていた[81]．三菱は，以上のような状況のなかで，中国市場への進出を開始したのである．

　三菱製紙所は，同社副支配人三宅川百太郎を1904年春，上海・漢口に派遣して調査のうえ，「上海三菱代理店ヘ洋紙の売捌きを依頼」[82]した．その後，06年4月三菱合資会社直轄の上海支店と漢口出張所が設けられると，同年11月「上海支店ニ於ケル三菱製紙所製品販売手数料ヲ総販売価格ノ三分」[83]と定め，両支店において洋紙販売を行った．しかしながら，両支店ともに販売は不

第3章　三菱合資会社上海支店の事業展開

表3-17　三菱製紙所製品中国輸出高一覧表　　　　　単位：ポンド

年	三菱上海支店	三菱漢口支店	他中国	合計
1905	115	19		134
06	275	1	88	364
07	152		319	471
08	64	11	239	314
09	6		334	340
1910	20		388	408
11	79		389	468
12	108		502	610

（注）　1905年三菱上海支店は三菱上海代理店，同年は積送高．
（出典）　三菱製紙㈱社史委員会編『三菱製紙六十年史』1962年，126～127頁，より作成．

振を続けた．

　表3-17は，三菱製紙所製品中国輸出高一覧表である．

　同表によれば，上海において輸出高は1906年をピークに減少し，11年に少し回復したが，きわめて低調であった．一方，漢口では09年以降輸出高の記録がない．その事情については，前述したように『年報（漢口）』(1907年度）に「紙質厚キニ過ギ随テ価格割高トナリ容易ニ捌ケズ」[84]と報じられているところから察することができよう．また，上海支店も11年の『記事月報（上海）』第1号において，次のように記している[85]．

　　「特ニ三菱製紙所ノ製紙ハ価格等ノ点ニ於テ当地ニテハ恰好ノ売口少ク将来販
　　路拡張ノ見込モナキモノノ如シ」

販売開始から6年，未だ将来の展望を持ち得なかったのである．
　表3-18は，三菱上海支店洋紙売捌高表（1911年6月〜12年5月）である．
　同表によれば，三菱の洋紙の需要先はほぼ2つに限られていた．1つは，「紙巻煙草吸口用紙」向けである．しかし，この販売は1911年10月で終わっている．それは，「近時当地ニ於ケル清人間外煙排斥運動ノ結果該用紙ノ需要漸次減

表3-18　三菱上海支店洋紙売捌高表（1911年6月～12年5月）

単位：ポンド，（　）内は％

需要先	数量	備　考
紙巻煙草吸口用紙	6,716　(5.2)	売捌高は6～10月
チャイナ・プレス用	115,728　(90.3)	チャイナ・プレスは9月以降
臨時売	2,744　(2.1)	餘倫紙号売捌
不詳	2,948　(2.3)	
合　計	128,136　(100)	

（注）　1. 6月売捌高は，2,948ポンド，価格271円，7月同2,496ポンド，価格230円，8月同2,912ポンド，価格268円．
　　　　2. 餘倫紙号販売は，チャイナ・プレス用に苦情が生じ，臨時売．
（出典）『記事月報（上海）』第1～12号，より作成．

退」[86]のためであった．もう1つは，新聞用紙であった．11年8月チャイナ・プレスとの契約がまとまり，翌9月から供給が始まった．上海支店はこの点について，「従来ニ比シ多少ノ増加ヲ見タレドモ，未ダ著シキ発展ト称スルニ至ラズ」[87]と記しているが，チャイナ・プレス1社に依存する限り大きな伸びは見込めなかった．

第3節　上海菱華公司の開設と雑貨取引

1．上海菱華公司の開設

　上海菱華公司は1910年6月1日に開設され，12年5月1日に廃止された（都合により実際6月1日廃止）．存続期間は，わずか2年間であった．同公司の開設事情は史料的に審らかではないが，先行した漢口菱華公司と比較しつつ，少し考えておきたい．
　漢口菱華公司は1908年7月1日に開設され，当初麒麟麦酒会社製品と棉花を取り扱った．漢口菱華公司において雑貨取引に進出した事情としては，冬季の長江減水期に大型汽船の遡江ができなくなり，鉄鉱石や石炭などの積荷の受渡

第3章 三菱合資会社上海支店の事業展開

しができず，業務閑散となるためとされた．しかし，上海では同じ理由は成り立たない．なにか別の理由が必要となろう．そうすると，一つとして新規収益源が模索され，漢口菱華公司開設に倣ったのではないかと考えられる．ただし，漢口菱華公司は赤字が続いていたので，そのまま模倣することはできなかったであろう．もう一つは，石炭売約時期の片よりである．前述したように，上海支店では，当該年9月〜翌年1月にかけて翌年度の長期売約を集中的に行っていた．これ以外の時期は石炭の受渡しが中心となっており，時間的に余裕が生じていたのである．漢口支店と同様に，この一種の空き時間を利用して社外品雑貨取引に参入しようと考えたのではなかろうか．ただし，上海菱華公司では，当初棉花，綿糸，綿布のいわゆる綿3品を取り扱っており，漢口と上海での立地条件の違いが取扱商品の違いに繋がったと考えられる．

では，上海菱華公司の事業内容をみていこう．

取扱商品は創業当初，前述したように綿3品であった．しかし，綿布については，1911年6月以降取扱いの記録がないので，それ以降は棉花と綿糸の取扱いに限られていたと考えられる．なお，1910年6月〜11年6月に至る13ヵ月間の取扱高合計は，棉花13,788担，綿糸1,140俵，綿布3,000反であって，三菱が扱うにしてはささやかな数量であったといえよう[88]．

ところで，棉花と綿糸の取扱形態には基本的な相違があった．『記事月報（菱華公司）』第1号には，綿糸の取扱いについて，次のように記されている[89]．

「綿糸綿布ノ営業ハ客人ノ注文ニヨリ大阪ノ取引先ヘ注文スル所謂仲立仕事ヲ為シ居ル事ナレバ相場ノ出合フ事甚ダ少ナク勢，商内高ノ上ラザル次第」

ここでは，綿糸・綿布については，「仲立」業，いいかえると仲介業を行っており，取扱高が増加しない次第と述べている．しかし，リスクはなく，取扱高に応じてコミッションを入手できる．

一方，棉花では，有利と判断したときに購入して，機会を見計らって日本向け売約を行っていた．在庫を売りに出す分，大きな利益が期待できる代わりに，

第3節　上海菱華公司の開設と雑貨取引

リスクを伴っていた．前述したように，漢口菱華公司では「先物買付ノ契約ヲナシ（略）不尠損害ヲ蒙リ」[90]，1910年度，11年度の損益勘定表の棉花勘定では大きな損失を計上したのである．現物売買であっても，先物売買であっても，コミッション・マーチャントでない限りリスクを伴った．

以下簡単に，上海菱華公司の棉花取引，綿糸取引を順にみておきたい．

2．棉花取引

表3-19は，上海菱華公司棉花売捌高一覧表である．

ここでは，まず同表の重要点をまとめたうえで，同表を参考としつつ，同公司の棉花販売について月を追ってみていくこととしたい．

重要点として第1に，1911年の売捌高は6〜12月分しか判明しないが，合計8,263担であり，それは同じ期間における上海から日本への棉花輸出高合計148,120担の5.6％にあたることである．同年の売捌高では，6月，7月は前年秋に買い付けた持越棉を売り捌いたものであり，11月，12月は同年秋の新棉を買い付けて売り捌いたものである．同年の棉花売捌高では，12月だけで5,775担と合計の69.9％を占めた．同公司は，機会を見計らって集中的に棉花を売り捌いたのである．

第2に，1912年の売捌高は合計3,051担で，同年における上海から日本への棉花輸出高合計435,880担の0.7％にあたることである．数量，割合ともに，前年比大幅に低下していた．ここに，上海菱華公司と同公司の事業を引き継いだ上海支店の棉花取引に対する意欲が浮き彫りにされている．同年の棉花売捌高についていえば，1月は前年12月の売約の残りを積み出したものであり，9月，10月，11月の3ヵ月は同年秋の新棉を買い付けて売り捌いたものである．そして，11月は1,925担と同年合計の63.1％を占めた．前年同様，上海支店の棉花売捌きには集中的取引という点に特徴があったのである．棉花という国際的な投機商品に対して，上海支店は価格変動を利用すべく価格下落時に集中的に買い付け，大阪で売り捌いていたことが知られる．なお，ここでさらに注意すべきことは，記録のうえではこの1912年11月の売捌きが上海支店における最

表3-19 　上海菱華公司棉花売捌高一覧表　　　　　　　　単位：担

年月	上海菱華公司	上海より日本への輸出高
1911.6	907	14,389
7	811	19,019
8		9,788
9		3,248
10		20,428
11	770	25,237
12	5,775	56,011
合計	8,263 (5.6%)	148,210 (100)
1912.1	385	43,034
2		38,962
3		16,607
4		34,271
5		33,808
6		18,645
7		12,194
8		9,268
9	356	9,345
10	385	35,105
11	1,925	76,211
12		108,430
合計	3,051 (0.7%)	435,880 (100)

(注)　1. 上海菱華公司は1912年6月1日実際廃止，以後は上海支店．
　　　2. 棉花中袋1.11担，鉄巻3.85担で換算．
　　　3. 合計欄（　）は，三菱の日本への輸出高に占める割合（％）．
　　　4. 1911年12月の売上先は，江商300俵，岩田保太郎商店800俵，三重雑貨商会500俵．
(出典)　『記事月報（菱華公司）』第1～第19号，より作成．

後の棉花取引となったことである．

　では，月を追って棉花取引をみていくこととしたい．

　『記事月報（菱華公司）』第1号は，1911年6月の営業を次のように記している[91]．

　　「昨今端境期ニ近ヅキ在荷減少ノ結果支那紡績ノ買気現ハレ当公司手持品ノ如キモ沸々売却シ残余モ不遠予期ノ値段ニテ売却シ得ル見込ナリ」

第3節　上海菱華公司の開設と雑貨取引

　以上の記述から判明することは，昨秋買い付けた棉花が日本向けに販売できずに年を超えて在庫として残っており，上海の紡績会社向けに販売していたことである．本来「当方ハ当地紡績ヘ原棉ノ供給ハ目的トセズ目下ノ処輸出専門」[92]と記されているように，上海菱華公司は上海で棉花を買い付けて日本に輸出していたが，それに齟齬が生じ，やむを得ず上海で販売していたのである．表3-19の1911年6月の売捌高は上海での販売ということになろう．翌7月は，『記事月報（菱華公司）』第2号に次のように記されている[93]．

　　「支那棉花ハ七月ニ入リ益品微レノ状態ヲ呈シ，従テ値段モ漸次昂騰シ，手持
　　棉花（略）全部売却シ，一時期予期セラレシ損害モ大ニ軽減シ得タリ」

　上海菱華公司は，7月にようやく手持棉花を一掃し，予想された損害を軽減することができた．なお，後掲表3-30に示すように，1911年度上海菱華公司損益勘定表（1910年10月～11年12月）における棉花取引では1,652両の黒字を計上していたので，1911年秋の新棉取引で挽回したのである．しかし，ここで驚くべきは，投げ売りせずに長期にわたって持ち堪えた三菱の資本力であろう．
　8月に入ると，『記事月報（菱華公司）』第3号は，「古棉在庫払底シ（略）本邦市場ニテ通州新棉十月及ビ十一月渡（略）見込売行ハレタレドモ，当分ハ慎重ノ態度ヲ取リ斯ル商売ハ見合ハシ居レリ」[94]と記していた．9月も同様であった．上海菱華公司は「見込売」を避けていたのであるが，その背景として，漢口菱華公司における先物取引の失敗を指摘できよう．
　漢口菱華公司では，前述したように1910年の棉花「先物買付」で大きな損害を被ったが，同公司は損益勘定表上の棉花取引勘定では1910年度3,190両，11年度2,853両の損失を計上していた．後発の上海菱華公司が，前車の轍を踏まぬように「慎重ノ態度」をとったと考えられるのである．
　ところで，その結果として，上海菱華公司は大きな損失を回避することができた．翌10月辛亥革命が勃発，経済に大きな動揺が走り，新棉の時季を迎えたにもかかわらず「今回騒乱ノ結果荷物ノ出回リ少ナク契約履行出来ザル」[95]

133

業者が生まれていた．しかし，「当方ハ幸ニ毫モ機売ナケレバ是等ノ渦中ニ投ズルヲ免カレ得タリ」[96]と記されている．ここで「機売」は「見込売」と同義で使われている．その後，11月，12月と新棉の値下がり時機を見計らって買付を行い，日本向けに輸出したのである．11月は「ジリジリ安」[97]の時に770担，12月は「俄然荷主ノ腰挫ケ」[98]時に6,160担（鉄巻1,600俵）を買い付けたのである．12月の売上先が判明しており，それぞれ鉄巻で江商合資会社300俵，岩田保太郎商店800俵，三重雑貨商会500俵であった．岩田商店とは漢口菱華公司が1908年9月から取引があり，前述したように江商とは11年11月に漢口，上海の両菱華公司が綿糸取引を行うこととなった．また，三重雑貨商会とは上海菱華公司開設時から，綿糸の委託販売を引き受けていた．

その後，1912年1～5月にかけて上海菱華公司は新規に棉花の買付を行わなかった．同公司には，12年1月に100俵の売捌高の記録があるが，これは前年12月の売約の残り分を積み出したものであった．そして，上海菱華公司を引き継いだ上海支店も棉花取引には消極的であった．結局，同支店は12年9月，10月，11月に若干の新棉取引を行っただけであった．9月は，「漢口支店委託棉三二四俵ハ多少損失ヲ忍ビ怡和紗廠ヘ売却セリ」[99]とされ，地売りで捌いたのである．10月，11月もともに「僅ニ」[100]と形容される数量であった．12月には「本月中当店ハ一俵ノ輸出ヲモ為ス事能ハザリキ」[101]と報告したのである．

前章においてふれたように『三菱社誌』(22)は，1913年に「棉花取引ハ昨年限一先ヅ之ヲ中止スルコトトシ本年度ニ於テハ只少量ノ持越棉ヲ処分セシニ止レリ」[102]と記している．上海支店に持越棉はなかったので，上海支店の棉花取引は前述したように12年11月が最後となった．なお，漢口支店には持越棉があり，13年中に在庫処分を行って，三菱は棉花取引から撤退したのである．

3．綿糸取引

上海菱華公司の綿糸取引は，棉花取引と基本的に異なっていた．前述したように，その綿糸取引は，上海で注文を受け，大阪で綿糸を買い付けて上海に積送するというものであった．したがって，もともとリスクを伴うものではなく，

第3節　上海菱華公司の開設と雑貨取引

手数料収入を目的とするものであった．ところが，辛亥革命の過程において，その性格は大きく変化していった．ここでは，その問題に焦点を当ててみていくこととしたい．

表3-20は，上海菱華公司綿糸販売高一覧表である．

同表によれば，売約高（約定高），売渡高（引渡高），在庫は，順に1911年7月不詳，135俵，53俵，8月335俵，154俵，224俵，9月350俵，264俵，102俵となっていた．1911年は9月までは順調に売約と売渡しが進んでいた．また，8月，9月には委託品売渡高27俵，63俵が記録されている．これは，大阪の三重雑貨商会販売委託綿糸であり，委託高全量を販売した．三重雑貨商会には棉花を販売していたので，上海菱華公司と同商会とは原料を輸出してその製品を輸入するという関係があった．なお，転売が9月に26俵ある．これについて，『記事月報（菱華公司）』第4号は，「大阪ニテ未積出分買方依頼ニヨリテ転売セシモノ」[103]と記している．事情は審らかではないが，上海の綿糸商に齟齬が生じ，大阪で転売したことが知られる．

10月も辛亥革命までは順調に売約が進み，325俵の売約があった．しかし，革命に伴い，約定先が引取を拒み，同月の売渡高は70俵と前月比激減し，在庫は264俵と前月の2.6倍に増加した．この点について『記事月報（菱華公司）』第5号の報告を，次に抄録しておきたい[104]．

「青天霹靂ノ如ク騒乱ノ起ルヤ当地市場ハ（略）凡テノ商取引ハ休止ノ姿トナリ（略）大阪三品定期市場ニ此ノ影響現ハレ，愈事態重大ト見ルヤ暴落ニ暴落ヲ重ネ（略）当地ノ市場ハ取引休止（略）而シ市場上述ノ形勢ナレバ，荷物到着スルモ受渡シ出来ズ，前月末ニ比シ引渡未済在庫数ノ増加セルハ止ムヲ得ザル処ニシテ，現今引取交渉中ニ属スルモノ二百六十四俵，積出シ見合方交渉中ノモノ四百五十俵，合計七百十四俵」

ここには，辛亥革命の上海，大阪両綿糸市場に及ぼした衝撃が活写されているが，上海菱華公司は，引取と積出見合方の「交渉中」であったことも報告さ

135

第3章　三菱合資会社上海支店の事業展開

表3-20　上海菱華公司綿糸販売高一覧表　　　　　　　　　　　　　　　　単位：俵

年月	売約高	売渡高	転売	漢口支店積送	委託品売渡高	在庫
1911.7	不詳	135				53
8	335	154			27	224
9	350	264	26		63	102
10	325	70				264
11	0	25				264
12	0	50	300			364
合計	1,010	698	326		90	
1912.1	100	85				369
2	450	264		150		105
3	300	167	20			238
4	1,890	356		80		259
5	100	508	50	100		333
合計	2,840	1,380	70	330	0	

（注）　1．委託品は，大阪三重雑貨商会販売委託の綿糸．
　　　　2．転売の事情は，次のとおりである．1911年9月26俵は，「大阪ニテ未積出分買方依頼ニヨリテ転売」（『記事月報（菱華公司）』第4号，72頁）．12月300俵は，「約定主ハ引取得ズ」（『記事月報（菱華公司）』第7号，72頁）という事情で，内地転売225俵，上海転売75俵．1912年3月20俵は，上海転売．5月50俵は上海で買戻転売．
　　　　3．在庫の内訳は，次のとおりである．1911年11月264俵は，上海239俵，神戸25俵．12月364俵は，上海164俵，神戸200俵．1912年1月369俵は，上海219俵，神戸150俵．他は内訳不詳．
（出典）『記事月報（菱華公司）』第2～第12号，より作成．

れている．しかし，大阪で綿糸の暴落が続いている限り，引取は困難であったと思われる．翌11月は売約が成立せず，売渡高はわずか25俵にとどまった．大阪での買付分は上海積送を断念し，神戸在庫とすることを決定した．『記事月報（菱華公司）』第6号は，11月について次のように記している[105]．

　　「尚本月積約定四百俵ハ当地ヘ回送シ来ルモ受渡ノ見込立タザルニヨリ月末ニ至リ紡績ヨリ受取リ神戸ニテ庫入レノコトニ決定セリ之レ市場ノ如何ニヨリ内地ニテ転売ノ便アレバナリ」

第3節　上海菱華公司の開設と雑貨取引

内地における転売を視野に入れ，神戸在庫の方針を決定したのである．11月の在庫は，神戸25俵，上海239俵，計264俵であった．そして，このような緊急事態の最中に，前章において述べたように，三菱は棉花・綿糸の取引相手方を半田棉行から大阪江商合資会社へ変更したのである．『三菱社誌』(21) の1911年11月25日付の記事を，次に再度掲げておきたい[106]．

「従来菱華公司半田棉行ノ委嘱ヲ受ケ支那ニ於ケル棉花綿糸ノ取扱業務継続中ナルモ，支店業務拡張ヲ機トシ，半田棉行トノ契約ハ本年棉花時季ヲ限リ之ヲ解除シ，大阪江商合資会社ト綿糸売買取引又ハ委託販売ヲ開始ノコトニ決ス」

漢口支店については前章を参照していただくとして[107]，ここでは，上海菱華公司・上海支店に関して検討しよう．
第1に，棉花取引については，半田棉行との取引が1911年秋＝「本年棉花時季」に解除された後も，規模を縮小して続けられたことである．前述したように，上海支店の棉花取引は12年11月が最後となった．
第2に，綿糸取引については，半田棉行との取引解除後も停止状態であったことである．そして，後述するように翌1912年2月以降ブームが訪れ，この時期から上海における綿糸輸入先は大阪江商であったと想定されることである．
以上，問題点の整理からは，辛亥革命に伴う混乱のなかで，棉花輸出や半田棉行との取引に展望が得られなくなる中で，上海支店としては大阪江商から綿糸を輸入することによって上海菱華公司の事業の継続を図った，との推測が成り立つであろう．上海菱華公司の取引商品は棉花と綿糸の2品となっており，すでに棉花は当時行き詰まっていた．さらに綿糸取引が停止すれば，上海菱華公司の存続は危機的状況に陥ることは明らかであった．上海支店は，この時点ではまだ綿糸取引に希望を繋いでいたのである．
しかしながら，12月も売約は成立せず，売渡高は50俵にとどまった．そして，神戸で225俵，上海で75俵，計300俵の在庫の転売を実施し，「契約数ノ約半数ヲ処分シタ」[108]のである．同月の在庫は，神戸200俵，上海164俵，計364

第3章　三菱合資会社上海支店の事業展開

俵であった．

　翌1912年1月に入っても不振が続き，売約，売渡高は低迷し，在庫水準は前月とほとんど変わらなかった．しかし，2月には月初めより「投機的先物買入レノ傾向」[109]が現れ，ブーム化していった．同月は，売約高450俵，売渡高264俵，漢口菱華公司積送150俵，という活況を示した．漢口菱華公司との取引について，「注目スベキ現象ニシテ向後相提携セバ相互ニ利スル処アラント信ズ」[110]と記されている．上海・漢口両菱華公司は，前述したように前年11月半田棉行との取引を解除し，大阪江商から綿糸輸入を行うことに決したのであるが，漢口菱華公司は実際には上海菱華公司から綿糸の供給を受けたのである．

　それはともかくとして，2月には上海在庫は105俵に減少し，神戸在庫を解消した．また同月には，上海で「現物」綿糸100俵を買い付けていた．「現物」買入の初見記事である．これがなければ，在庫は5俵と底をついていたことになる．3月も売約300俵，売渡高167俵と順調であり，在庫は238俵となった．そして，4月には「予想外ノ活況ヲ呈シ（略）本邦ヨリ約二万梱ノ巨額輸入セラレタルモ直チニ消化」[111]という未曾有のバブルが現出した．上海菱華公司もこれに乗って，1,890俵の空前の売約を行った．売渡高は356俵，漢口積送80俵を記録し，在庫は259俵であった．同月は，「当地ニテ買入数現物三〇俵，先物二五俵」[112]を手当てして，売渡高の確保を図った．『記事月報（菱華公司）』における，「先物」買入の初見記事である．

　5月は，前月の反動で売約高は100俵に減少したが，売渡高508俵，転売50俵，漢口積送100俵，売渡高合計は658俵に激増した．在庫は333俵と増加しており，「割安物思惑買持数二五〇俵」[113]と報告されている．在庫の75％が「思惑」で占められていた．上海菱華公司は，漢口菱華公司とともに1912年5月1日に廃止され，上海は都合により実際は6月1日の廃止とされたので，上海菱華公司は廃止過程において綿糸投機を拡大していたことになる．上海菱華公司が実際6月1日廃止と，漢口に比し1ヵ月の遅れが生じた事情としては，以上述べてきたことから知られるように，綿糸取引が繁忙を極めていたからと推測されよう．

第3節　上海菱華公司の開設と雑貨取引

想定外の状況が生まれていたのである．

　ところで，上海菱華公司実際廃止の6月1日，三菱上海支店は棉花・綿糸取引の存続を意図したかのような決定を行った．『三菱社誌』(22)は，同日付の記事において次のように記している[114]．

　　「漢口上海両支店ニ於ケル菱華公司取扱棉花綿糸ニ関スル業務ノ進捗ヲ計ル為
　　　上海支店傭使一名ヲ大阪支店ニ駐在セシム」

　大阪支店に派遣された人員は1名にすぎなかったので，業務の拡大を積極的に図ったとは解しにくい．そこで，事実を追ってみていこう．
　棉花取引についていえば，前述したように上海支店は1912年11月が最後であった．また，漢口支店では12年で新規取引を中止し，翌13年は在庫処分を行って棉花取引から撤退した．
　一方，綿糸取引は上海支店と，同支店から綿糸の積送を受けて漢口支店においても続けられた．
　表3-21は，三菱上海支店綿糸売捌高表である．
　同表によれば，綿糸取引は1914年で廃止されており，『三菱社誌』(23)は，同年度の上海支店の綿糸取引について，「本年度ニ入リ綿糸ノ新規ノ取引ヲ見合セ手持品ノ整理ニ務メ（略）営業科目ハ殆ド石炭一本ノ観」[115]と記している．三菱合資会社の1914年度『年報』には「五月ニ至リ悉皆処分」[116]とあり，新規の綿糸取引は1913年で停止し，翌14年1〜5月にかけて上海支店は漢口支店に在庫を積送して販売し，5月には在庫処分を終えたのである．また，上海支店大阪出張員詰所も14年4月末に廃止された．綿糸取引は，13年で新規取引を停止し，翌14年に在庫処分を行って撤退したのである．
　次に，この間における上海支店の綿糸取引の損益を簡単にみておこう．1913年度は，「綿糸ノ損失ハ綿糸取扱支出利息ヲ合シテ」[117]101,499両，上海支店純損失は162,352両であった．翌14年度も綿糸売揚損失25,768両，上海支店純損失は82,143両であった[118]．上海支店は，綿糸取引の損失がなくとも赤字決算

第3章 三菱合資会社上海支店の事業展開

表3-21 三菱上海支店綿糸売捌高表

1912年	6,245梱
13	11,195
14	4,055

(注) 1. 1913年で綿糸新規取引中止.
2. 1914年では在庫処分のみ.
3. 1914年漢口積送2,326梱.
(出典) 三菱合資会社『年報』(1912～14年度),営業,より作成

であったが,綿糸の損失がそれをさらに大きく膨らませていたのである.上海支店は,1912年2～4月における綿糸バブルに乗じて綿糸取引を続行したが,13年度に大損失を被って,結局撤退に追い込まれたのである.上海支店の大阪支店駐在員は,結果的にみれば,棉花・綿糸業務の整理にあたったといえよう.

第4節 上海支店の経営収支

1. 貸借対照表の構成

表3-22は,三菱上海支店貸借対照表貸方(負債義務ニ属スル分)一覧表である.主要な勘定について,整理しつつ順にみていくこととする.

「本社」,「本社鉱業部」,「固定資金」の3勘定は,名称は変化しているが,基本的に同じ性格の勘定であり,第2章で述べたように固定資産残高合計を示す勘定である(以下「本社勘定」と略).計上金額は1907年度の11.2万両をピークとして漸減し,11年度には10.4万両となった.当該期間における減少額0.8万両は,基本的に本社が回収したことになるが,譲渡や滅失も含まれている可能性がある.

「本社当座」,「本社鉱業部当座」,「本社営業部取引」の3勘定は,名称は変化しているが,基本的に同じ性格の勘定である(以下「本社当座勘定」と略).当該

第4節　上海支店の経営収支

表3-22　三菱上海支店貸借対照表貸方（負債義務ニ属スル分）一覧表　　単位：両

勘定科目	1907年度	1908年度	1909年度	1910年度	1911年度
本社	111,701	109,140	107,650		
本社当座	75,364	57,178	65,261		
本社鉱業部				106,092	
本社鉱業部当座				39,690	
固定資金					104,444
本社営業部取引					189,774
備使人扶助基金	13	32			
備使人退隠基金				22	155
備使人疾病共済基金				1	
仮預金			1,500	1,111	4,055
勤倹預金			3,680		689
未払金					850
合計	187,078	166,350	178,690	146,917	299,917

（注）　三菱上海支店の事業年度は以下のとおりである．1907年度：1917年6月1日〜同年9月30日．1908, 09, 10年度：前年10月1日〜当該年9月30日．1911年度：1910年10月1日〜11年12月31日．
（出典）　『支店勘定書』Ⅲ，Ⅳ，より作成．

勘定は相殺勘定であって純額表示であるため，貸方に計上されている場合には上海支店の本社当座借越残高を示すことになる．同表では，1907〜11年度にわたってすべて貸方計上であることから，上海支店は本社当座借越が続いていたことが知られる．計上金額をみると，07年度に7.5万両，その後変動はあるが，10年度に4.0万両に低下した．しかし，翌11年度には19.0万両と前年度比4.8倍，15万両の激増を示した．この点については，次に貸借対照表借方の勘定を検討する際に，あらためて分析を行うこととしたい．

「仮預金」勘定については，前述したように上海支店の1911年度「財産目録」に「売炭契約ニ係ル手附金外」[119]との注記がある．したがって，仮預金勘定とは基本的に，売炭契約に伴う手附金＝保証金であった．三菱の約定売炭は，通常長期にわたる引渡しが多く，それだけリスクも高まるのでこのような手附金を受け取っていたものであろう．三菱の堅実経営の姿勢が看取される．ただし，手附金の多寡は売約に大きく影響するので，それについてはある程度柔軟に対

応したものと思われる．1909年度にはじめて1,500両が計上され，11年度には4,005両に大きく増加した．その背景には金融危機や辛亥革命があった．1910年9月には後述するように「買弁炭代融通」事件が起きており，仮預金を増額したとの解釈も可能である．漢口支店も11年度は仮預金を増額しており，同様の背景があったと考えられる．

「未払金」勘定には，同じ「財産目録」に「電報料外」[120]との注記がある．決算期日と支払期日との関係から未払金が発生するが，上海支店では電報料が主要な費目であった．

表3-23は，三菱上海支店貸借対照表借方（財産権利ニ属スル分）一覧表である．
主要な勘定について，整理しつつ順にみていくこととする．

「地所」，「家屋」，「小蒸気船」，および「備品」の4勘定は固定資産勘定に属している．以上4勘定合計は固定資産小計として示されているが，それは前掲表3-22の本社勘定の金額に基本的に一致している．

まず，地所，家屋勘定からみておこう．上海支店は開設時借家住まいであったが，1907年8月支店用地所，家屋（家屋と倉庫）を購入して改修のうえ翌9月ここに移転した．上海支店の1907年度「貸借対照表」，および08年度「財産目録」によれば，内容は次のごとくである．地所は，英租界内にあって購入高96,250両（約192坪），家屋は購入代と改修費合わせて6,634両，以上合計102,884両であった[121]．この不動産支出金額を，参考として三菱漢口支店と比較しておこう．漢口支店では，地所151,609両，家屋4棟141,483両，合計293,092両であった．金額だけの単純比較ではあるが，漢口支店が上海支店を不動産支出において2.8倍も上回っていた．すでにふれたように，07年度における三菱門司支店売炭高は上海11.1万トンに対して，漢口1.7万トンであった．三菱合資本社は，両支店の売炭高とはかけ離れた形で，漢口支店に多額の不動産支出を認許していたことになる．その意味するところは，前述したように漢口支店の社外品雑貨取引進出に対する期待の大きさであったと解釈できるであろう[122]．

なお，地所は同表では購入高が毎年度そのまま計上されるが，家屋は毎年度20%の消却が実行されている（1907年度は1ヵ月分）．三菱の木造家屋の規定上

第4節　上海支店の経営収支

表3-23　三菱上海支店貸借対照表借方（財産権利ニ属スル分）一覧表　　　　単位：両

勘定科目	1907年度	1908年度	1909年度	1910年度	1911年度
地所	96,250	96,250	96,250	96,250	96,250
家屋	6,524	5,219	4,175	3,340	2,505
小蒸気船	8,523	7,671	7,224	6,502	5,689
備品	689				
固定資産小計	111,985	109,140	107,650	106,092	104,444
石炭掛代金	35,768	3,745	26,605	16,965	
売掛代金					7,219
仮払金	441	101	1,754	597	2,708
未収入金					2,983
菱華公司				1,691	54,788
正金	750	1,610	1,039	510	1,949
香上銀行当座	29,422	23,122	30,731	5,786	4,881
正金銀行当座	3,585	6,949	2,747	835	29,275
台湾銀行					21,688
受取手形					32,206
本社預ケ金					401
純損失	5,127	21,685	8,165	14,440	37,375
合計	187,078	166,350	178,690	146,917	299,917

(注)　1. 1907年度地所・改修費を含む家屋購入代は次のとおりである．地所96,250両，家屋6,634両，合計102,884両．同年家屋消却高111両，家屋残高6,524両．
　　　2. 菱華公司は貸金．
　　　3. 1911年度未収入金は，大冶セメント手数料（漢口支店分含む）．
(出典)　表3-22に同じ．

の標準消却率は7％であったから，厳しく消却を行っていたことになる．おそらく，中古建物であったため，将来の新築を考慮して消却を急いだものであろう．

小蒸気船は1907年度に新造されたもので，取得代価は付属品合わせて8,817両であった．小蒸気船は主として本船との石炭の揚げ降ろしや引渡しを行うものであるから，売炭自営のために不可欠の投資であった．消却率は毎年度10％であった（07年度は4ヵ月分）．小蒸気船については標準消却率が適用されていた．

備品の内容は，支店用馬車1台と金庫1個であった[123]．前者の購入代価は

550両,後者は162両,消却率は順に20%(07年度は2ヵ月分),10%(同4ヵ月分)であった.備品の規定上の標準消却率が15%であったから,馬車も金庫も標準消却率は適用されなかったことになる.事情は不詳であるが,備品勘定は1908年度以降計上がない.全額消却したのか,譲渡したのか不明である.

以上,固定資産4勘定をみてきたのであるが,ここから重要点を整理しておきたい.

第1点は,固定資産はすべて1907年6月以降の新規購入となっていることである.同年6月に上海支店の会計が独立したが,店舗設備の整備はそれ以降進められたことになる.

第2点は,消却率が小蒸気船・金庫を除いて20%と高率で実施されたことである.しかし,1908年度以降特に固定資産投資もなかったことから,固定資産小計は減少を続けた.この推移から三菱合資本社は,上海支店に対して特に積極的な設備拡大策はとっていなかったと考えてよい.

次に,流動資産勘定に移ろう.

「石炭掛代金」勘定は,1911年度に「売掛代金」勘定と改められた.これは,前述したように1911年11月の「営業部各場所元帳勘定科目」の変更に従ったものである[124].上海支店の11年度「財産目録」には,売掛代金勘定について「石炭代明細別紙」と注記されており,上海支店においてその内容は石炭掛代金であったことが知られる.同勘定の推移についてふれておくと,1907〜11年度において,順に3.6万両,0.4万両,2.7万両,1.7万両,0.7万両と変動が激しく,残高は08年度を除いて家屋勘定をはるかに上回るほど大きくなっている.後述するところであるが,10年9月に上海支店で「買弁炭代融通」事件が発生しており,その背景にこのような多額の石炭掛代金の存在があったと考えられる.翌11年度には前年度比1万両という大幅な減少がみられたが,あるいは事件を契機に売掛代金の管理を厳しくしたのかもしれない.

「未収入金」勘定は,1911年度のみに計上がみられる.上海支店の同年度「財産目録」には,「水泥廠セメント手数料(漢口支店ノ分ヲ含ム)」[125]との説明がある.水泥廠というのは,「湖北水泥廠」(大冶セメント会社)と解せるが,三菱は1910

年，11年に同社と巨額の借款契約を結び，第2次借款契約に際しは，同社セメントの一手販売権を獲得した[126]．当該勘定は，このセメント販売手数料の未収入金である．大冶セメント会社は，辛亥革命の影響で経営難に陥っていたので，回収は困難になっていた．以上の事実より，上海支店の直営事業として短期間ではあったが，大冶セメントの販売が行われたことが判明する．

「菱華公司」勘定は，上海支店から上海菱華公司に対する「貸金」[127]を示すものである．当該勘定は後述するところであるが，同公司貸借対照表借方の「上海支店ヨリ借入金」勘定が対応している．その関係は，三菱合資会社本社の貸借対照表借方の「上海支店当座勘定」と，上海支店貸借対照表貸方の「本社当座勘定」との関係に相似である．勘定残高をみると，1910年度の0.2万両から翌11年度に5.5万両という瞠目すべき増加となった．この金額は，同年度上海支店固定資産小計の半ばを超えるほどの大きさであり，この問題は後に上海菱華公司の貸借対照表を検討する際に，あらためて取り上げることとする．

次に，「銀行当座」勘定についてみておくこととしたい．上海支店の取引銀行には，香上銀行（香港上海銀行…筆者注），正金銀行（横浜正金銀行…筆者注），および台湾銀行の3行があった．1907～10年度においては，取引は香上銀行と正金銀行の2行であって，同勘定合計は1909年度までは3万両前後で推移していたが，主たる残高は香上銀行にあった．その後，10年度では，両行合計の残高が0.7万両と前年度比2.7万両の急減となった．そして，11年度は一変して，台湾銀行が新たな取引先として加わり，3行残高合計は5.6万両と前年度比4.9万両の激増を示した．ただし，3行の内訳は，香上銀行0.5万両，正金銀行2.9万両，台湾銀行2.2万両，となる．上海支店は，主要な取引銀行について，従来主力取引先であった香上銀行の割合を大きく低め，一方で正金，台銀の割合を激増させたのである．香上銀行からの資金引き揚げの事情としては，1910年の上海の恐慌のために同行が深刻な打撃を受けていたことが考えられる[128]．

「受取手形」勘定は1911年度にのみ計上されている．したがって，通常三菱の売炭は現金決済の形をとっていたことが看取される．その内訳は，「荘票」6,847両，「Batavia送炭」25,359両，計32,206両となっていた．バタビヤ送炭受

第3章　三菱合資会社上海支店の事業展開

取手形は，先にふれた1911年8月の0.4万トン売炭と想定される．また，荘票を受け取った事情は史料的に明らかでないが，買弁の不祥事が起きたばかりであって，売掛代金の形より，荘票を選択していたのかもしれない．

「純損失」勘定は，1907年度から11年度に至るまで毎年度計上されており，上海支店の経営は不振を続けていた．とりわけ11年度にそれは3.7万両と前年度比2.3万両の増加を示し，同期間におけるピークに達した．この問題については，後に取り上げる．

以上，主要な勘定をみてきたが，前述した1911年度本社当座勘定15万両増加の主な理由としては，上海菱華公司5.3万両，銀行当座4.9万両，受取手形3.2万両，純損失2.3万両，以上合計15.7万両の前年度比増加に対応するものであったことが知られる．

2. 営業勘定表

三菱合資会社傘下各場所の損益計算の決算過程は，前述したように営業勘定表段階と損益勘定表段階の2段階から構成されており[129]，それは上海支店においても同様であった．ここでは，両表を順にみていくこととしたい．

表3-24は，三菱上海支店営業勘定表貸方一覧表である．

同表によれば，上海支店の貸方勘定（収益勘定）は7勘定からなるが，1908～11年度の4ヵ年度合計では81,459両となる．その内訳は売炭手数料63,357両（77.8%），交換利益7,157両（8.8%），雑収入3,532両（4.3%），船舶取扱手数料3,252両（4.0%），利子3,039両（3.7%），売銅手数料670両（0.8%），売紙手数料451両（0.6%）の順となる．

第1位の売炭手数料は，上海支店が売炭代理店の営業の継承を目的として開設されたものであり，最重要勘定であった．それだけに圧倒的な割合を占めていたが，1908年度の92.6%が11年度には66.2%に低下していた．これは，上海支店における他事業の成長によってもたらされたのであろうか．第2位以下の勘定を順にみていこう．

第2位の交換利益は為替利益であって，1909～11年度において大きな利益を

第4節　上海支店の経営収支

表3-24　三菱上海支店営業勘定表貸方一覧表　　　　　　　単位：両，（　）内は％

勘定科目	1908年度	1909年度	1910年度	1911年度	合計
売炭手数料	21,583 (92.6)	14,365 (82.1)	11,425 (69.3)	15,984 (66.2)	63,357 (77.8)
船舶取扱手数料		1,164 (6.7)	825 (5.0)	1,263 (5.2)	3,252 (4.0)
売銅手数料	670 (2.9)				670 (0.8)
売紙手数料	101 (0.4)	14 (0.1)	87 (0.5)	249 (1.0)	451 (0.6)
利子	872 (3.7)	652 (3.7)	553 (3.4)	962 (4.0)	3,039 (3.7)
雑収入	84 (0.4)	193 (1.1)	179 (1.1)	3,076 (12.7)	3,532 (4.3)
交換利益		1,111 (6.3)	3,418 (20.7)	2,629 (10.9)	7,158 (8.8)
収益合計	23,310 (100)	17,499 (100)	16,487 (100)	24,163 (100)	81,459 (100)

（出典）『支店勘定書』IV，より作成．

計上していた．しかし後述するように，実は08年度にこの合計利益をはるかに上回る損失が発生していた．

　第3位は雑収入であった．内容は不詳であるが，1911年度に激増したので，前記大冶セメント会社関係の取引手数料が計上されたのではなかろうか．そうであるとすれば，それは臨時的利益であって，1908～10年度の割合が平均的なものといえよう．

　第4位は船舶取扱手数料である．同勘定は1909～11年度に計上されているが，当該期間に限れば5～6％を占めている．同勘定の内容は不詳であるが，もし新しい収益源であれば，経営多角化を進めたものとして評価できるが，はたしてそのように解してよいであろうか．そこで，少し立ち入って検討を試みたい．

　船舶取扱手数料なる名称の勘定は，三菱合資傘下支店中，上海支店においてのみ計上される勘定である．類似の勘定としては，門司支店の社汽船取扱手数料勘定を挙げることができる．これは，1905年3月に門司支店に徴収が認められたもので，社汽船（社有汽船）に対し収入運賃の1％と定められた[130]．門司支店にこのような手数料の徴収が認められた事情としては，次のように考えられる．

　当該期三菱は，社汽船を九州～大陸間の輸送に投入していた．門司支店は，社汽船の貨物の揚げ降しだけではなく，社汽船需要品の供給にあたり，さらに

第3章 三菱合資会社上海支店の事業展開

社汽船の全般的管理機能も担っていたのである．門司支店は，以上の作業に対して相当のコストを負担していたので，三菱合資本社も社汽船取扱手数料の徴収を認めたものである．

一方，上海支店においても程度の差はあれ，同様の状態にあったと想定される．九州〜大陸間を往復する社汽船は，香港，漢口を経て上海に寄港していた．したがって，上海支店は社汽船の大陸側における拠点であった．そこで，三菱合資本社は門司支店同様の取扱手数料の徴収を認めたものではなかろうか．では，「船舶」とはそもそも「社汽船」と相違するものなのであろうか．三菱では，「船舶トハ総噸数五百噸以上ノ当部（三菱合資会社鉱業部…筆者注）所属ノ社有汽船ヲ云フ」[131]と規定されていた．この規定に従えば，「船舶」とは大陸航路の「社汽船」と同義となる．なぜならば，500トン以上の船舶は外洋汽船として大陸航路に投入されたからである．したがって，船舶取扱手数料は社汽船取扱手数料と同じ性格をもつものと考えられるが，あえて名称を変えていたので，手数料率に違いがあったか，あるいは取扱支店を明示するものであったのかもしれない．以上のようにみてくると，船舶取扱手数料は内部で利益を付け替えたものにすぎず，経営多角化部門の新規収益とは評価できない．

第5位は利子勘定である．しかしながら，前掲表3-23に貸金勘定は存在しないので，銀行当座預金の利子ではなかろうか．

第6位，第7位は売銅手数料と売紙手数料であるが，ともに収益合計の1％にも達せず，上海支店は販路の開拓に苦戦していたことが知られる．

以上，7勘定の検討からは，上海支店の直営事業とよべるものは売炭，売銅，売紙の3事業に限られており，売炭手数料割合の低下は他の直営事業の成長によるものではなかったといえる．

表3-25は，三菱上海支店営業費一覧表である．

同表の重要点を，次に整理しておこう．

まず，1908〜11年度の4ヵ年度合計を取り上げよう．営業費合計は133,692両，そのうち主要な勘定は，雇人費を含む給料及手当46,441両（34.8％），旅費21,534両（16.1％），交換損失17,491両（13.1％），社費13,446両（10.1％），交際費

第4節　上海支店の経営収支

表3-25　三菱上海支店営業費一覧表　　　　　　　　　　　　　単位：両，（　）内は%

勘定科目	1908年度	1909年度	1910年度	1911年度	合計
給料及手当	4,135　(9.7)	4,596　(19.3)	11,609　(41.9)	17,038　(43.3)	37,378　(28.0)
雇人費	2,546　(5.9)	2,438　(10.2)	2,345　(8.5)	1,734　(4.4)	9,063　(6.8)
旅費	8,876　(20.7)	8,962　(37.6)	1,930　(7.0)	1,766　(4.5)	21,534　(16.1)
基金補助	10　(0.0)	9　(0.0)	22　(0.1)	249　(0.6)	290　(0.2)
地所・家屋	948　(2.2)	993　(4.2)	1,295　(4.7)	1,013　(2.6)	4,249　(3.2)
小蒸気船	1,744　(4.1)	1,027　(4.3)	2,377　(8.6)	3,034　(7.7)	8,182　(6.1)
社費	3,107　(7.3)	2,483　(10.4)	2,728　(9.9)	5,128　(13.0)	13,446　(10.1)
交際費	2,373　(5.5)	1,069　(4.5)	3,537　(12.8)	5,424　(13.8)	12,403　(9.3)
通信費	1,200　(2.8)	1,461　(6.1)	1,478　(5.3)	3,487　(8.9)	7,626　(5.7)
雑費	406　(0.9)	779　(3.3)	367　(1.3)	477　(1.2)	2,029　(1.5)
交換損失	17,491　(40.8)				17,491　(13.1)
営業費合計	42,838　(100)	23,817　(100)	27,686　(100)	39,351　(100)	133,692　(100)
営業損失	19,527	6,319	11,199	15,188	52,233

（注）　営業損失＝営業利益合計－営業費．
（出典）　表3-24に同じ．

12,403両（9.3%），小蒸気船8,182両（6.1%），通信費7,626両（5.7%）の順となる．売炭営業を基軸とする上海支店において，人件費・旅費・交際費・通信費合計は65.9%を占めた．営業活動中心の支店として以上4費目が中心となるのは当然であろう．ただし，給料及手当は，1908年度から11年度にかけて激増しており，また交換損失は08年度にのみ巨額の損失が計上されていた．以上の2点については，少し付言しておきたい．

　給料及手当は，1908～11年度において，順に4,135両（9.7%），4,596両（19.3%），11,609両（41.9%），17,038両（43.3%）で推移していた．1910年度，11年度に金額，割合ともに急増しており，両年度における営業費増加の最大の要因を形成したのである．『三菱社誌』(21)によれば，上海支店における「本社及各場所使用人」の人員は，同じ年度順に，5人，6人，7人，7人であり，「給料支給高」も5.5千～5.7千円で推移していて，大きな変化はなかった[132]．この意味の解釈は難問である．前記「本社及各場所使用人」として把握できない現地採用の人員が1910年度，11年度において増加したこと以外には考えにくい．10年6月に上

海菱華公司が開設されており，同公司にも人件費が計上されていたが，上海支店においても同公司開設に関連して増員を行っていたのかもしれない．

次は交換損失である．これは1908年度にのみ計上されたものであるが，それは17,491両に達し，同年度営業費の40.8%を占め，同年度営業損失を大きく膨らませていた．同年度には三菱漢口出張所も交換損失3.2万両を計上したのである．これは，前章においてふれたように，1907年10～12月における短期間の未曾有の銀貨下落・変動によって生じたものと推測される[133]．このため，上海支店の交換損益は，1909～11年度合計7,158両の黒字であったにもかかわらず，1908～11年度通算では赤字10,333両を計上することとなった．あらためて為替リスクの高さを指摘できる．

3．損益勘定表

表3-26は，三菱上海支店損益勘定表一覧表である．

同表にみられる重要点を整理しておこう．

まず第1に，貸方は1907～11年度連続で純損失を計上し，5ヵ年度合計では86,792両にも上ったことである．貸方には，営業外収益勘定が計上されていないことに注意する必要がある．純損失については，放任されていたようにみえる．

第2に，借方合計の5ヵ年度合計86,792両の主な内訳は，当期営業損失56,932両(65.6%)，菱華公司損失16,887両(19.5%)，消却高計7,638両(8.8%)，石炭代金取立不能分4,959両(5.7%)の順となっていることである．純損失は，連年の営業損失に加え，上海菱華公司の損失のためにさらに大きく膨らんでいたことが知られる．同公司の問題については，後にあらためて取り扱う．

第3に，堅実経営の三菱において1911年度に「石炭代金取立不能分」が発生したことである．ここでその事情について，簡単にまとめておきたい．これは，同表に注記したように，買弁に対するもので，『三菱社誌』(21)は1910年9月30日付「上海支店買弁，炭代融通ニ付解傭」と題して概要を伝えているので，次に抄録を掲げておく[134]．

第4節 上海支店の経営収支

表3-26 三菱上海支店損益勘定表一覧表
単位：両，（ ）内は％

	勘定科目	1907年度	1908年度	1909年度	1910年度	1911年度	合計
借方	消却高計	428	2,157	1,847	1,558	1,648	7,638（8.8）
	当期営業損失	4,699	19,527	6,319	11,199	15,188	56,932（65.6）
	菱華公司損失				1,683	15,204	16,887（19.5）
	臨時損失					378	378（0.4）
	石炭代金取立不能分					4,959	4,959（5.7）
	借方合計	5,127	21,685	8,165	14,440	37,375	86,792（100）
貸方	純損失	5,127	21,685	8,165	14,440	37,375	86,792（100）
	貸方合計	5,127	21,685	8,165	14,440	37,375	86,792（100）

（注） 1911年度石炭代金取立不能分4,959両は，買弁売渡石炭代金．
（出典） 表3-22に同じ．

「上海支店開設以前『トリップ』代理店時代ヨリ十餘年間継続勤務ノ上海支店買弁（略）従来取引状態確実ナルノ故ヲ以テ銀壹萬五千両餘ノ信用ヲ付与（略）偶八月末榮昌復約定炭代ノ内銀参千両及裕源紡績渡炭代ノ内銀貳千六百餘両ヲ他ニ融通シ，期日ニ至ルモ納入ニ及バズ（略）恰モ曩ニ七月末漢口ニ於ケル二三支那銀行ノ破産ニ起因スル金融市場逼迫ノ餘波ヲ受ケ，支店買弁ニアリテモ遂ニ自己融通ノ金額ニ對シ填補スルノ方策ニ尽キ（略）已ムナク解傭処分ヲ行ヒ，漸次費消金ヲ回収スルコトトシ，将来取引上買弁使用ノ存否ニ関シテハ其得失ヲ精査研覈ノ後決行スルコトトス」

以上より，当該事件の概略を知ることができる．それは，前述した1910年の上海の恐慌を契機とするものであるが，問題の背景として約1万5千両の信用を買弁に付与していたこと，および前掲表3-23のところで述べたように，多額の石炭掛代金の存在を認めていたことが指摘できる．そして，上海支店ではこの事件を契機として買弁使用の存否について検討に入ったのである．ただし，その結果は不詳である．なお，漢口支店においては，三宅川百太郎の指導下で08年11月に買弁廃止を決定していた[135]．三宅川はこのような問題を未然に防いでいたといえる．前掲表3-1によれば，上海支店の当時の支店長は三谷

151

第3章　三菱合資会社上海支店の事業展開

一二（のち三菱商事取締役）であって，事件によって三谷が処分を受けた記録は見当たらない．当該期漢口支店よりはるかに大量の石炭を取り扱っていた上海支店では，買弁依存もやむを得ないとされていたのかもしれない．

第5節　上海菱華公司の経営収支

　上海菱華公司は存続期間が2年と短く，しかも残されている決算史料は1911年度のみである．しかし，同年度の事業年度は，1910年10月から11年12月の15ヵ月であるから，上海菱華公司の存続期間の重要時期はカバーしていたことになる．従来，同公司の経営収支は全く未解明のままにおかれてきたので，1会計年度であっても，それを分析し，経営内容を明らかにしておくことは重要である．そこから，同公司の事業活動や廃止の事情についても解明する手掛かりが得られるであろう．

1．資産負債表の構成

　表3-27は，1911年度上海菱華公司資産負債表である．
　まず，貸方からみていこう．
　「上海支店ヨリ借入金」勘定は，文字どおり上海支店からの借入資金である．上海菱華公司には資本金勘定が設定されていなかったので，同公司の必要資金は上海支店から当該勘定を通じてのみ供給されていたことが判明する．さらに付言すれば，同表の借方には固定資産勘定が計上されていないので，当該勘定は同公司の流動資産勘定をまかなっていたこととなる．したがって，当該勘定は上海支店の貸借対照表貸方の本社当座勘定と同じ性格の勘定となる．ところで，1911年度同勘定残高は54,788両（貸方合計の78.7％）に達していた．それは，同年度の上海支店の本社当座勘定の約30％に相当する．いいかえれば，三菱合資本社がその資金を負担していたのである．三菱合資本社が，同公司の存廃に関与せざるを得ない事情であった．

　「支払手形」勘定の内容は史料的に不詳である．しかし，当該期の上海菱華

第5節　上海菱華公司の経営収支

表3-27　1911年度上海菱華公司資産負債表

単位：両，（　）内は％

借　方		貸　方	
綿糸	42,478 (61.0)	上海支店ヨリ借入金	54,788 (78.7)
未収入	27,138 (39.0)	支払手形	12,610 (18.1)
／		未払金	2,217 (3.2)
合計	69,616 (100)	合　計	69,616 (100)

(注)　1911年度上海菱華公司の事業年度：1910年10月1日～1911年12月31日．
(出典)　表3-24に同じ．

　公司の仕入品は，基本的に棉花と綿糸に限られていたので，いずれかである．棉花は現金買付が通常の形態と考えられるので，おそらく綿糸代金であろう．当時辛亥革命の影響で，綿糸の販売が休止状態にあって在庫が急増する一方，後述するように，販売代金の回収も滞っていたので，12,610両（同18.1％）もの支払手形を発行して急場をしのいだものではなかろうか．

　「未払金」勘定の内容は不詳である．上海支店では，前述したように，それは「電報料外」と注記があり，上海菱華公司においても事情に大きな相違はなかったであろう．

　次に，借方に移ろう．

　「綿糸」勘定は綿糸在庫の評価額を示すもので，42,478両（借方合計の61.0％）にも上った．前述したように，辛亥革命の影響で取引は休止状態にあり，当該年度末には綿糸在庫は数量で合計364俵（神戸200俵，上海164俵）に増加していた．

　「未収入」勘定は綿糸在庫増加と同じ事情から，綿糸販売代金の未回収額と断定してよいであろう．それは，27,138両（同39.0％）と，支払手形の2倍を上回っていた．

　以上，綿糸，未収入の2勘定には，辛亥革命に伴う経済混乱が強く反映されていたが，それが「上海支店ヨリ借入金」を大きく膨らませる結果となったのである．

2. 損益勘定表

表3-28は，1911年度上海菱華公司損益勘定表（a）である．

本表において注意を要することは，前述したように三菱の通常の損益計算の決算過程においては営業勘定表段階と損益勘定表段階の2段階から構成されているのに対し，上海菱華公司では損益勘定表のみの1段階決算となっていることである．そこで，ここでは本表を営業費一覧表と，修正した損益勘定表の2表に整理し直して検討することとしたい．

表3-29は，1911年度上海菱華公司営業費一覧表である．

本表は，表3-28の借方から2つの商品勘定（綿糸・雑貨）を除いたものとなっている．

まず，「給料並旅費」および「諸雇員給料」勘定は，旅費金額が判明しないが，基本的に人件費とみておくと，合わせて4,993両（合計の67.1%）である．それは，上海支店の人件費合計18,772両の26.6%にあたる．上海菱華公司には，上海支

表3-28　1911年度上海菱華公司損益勘定表（a）

単位：両

借　方		貸　方	
給料並旅費	4,215	棉花	1,652
諸雇員給料	778	織布	100
事務所費	290	委託品	145
基金補助	36	雑収入	115
交際費	845	損失金	15,204
通信費	1,091		
雑費	73		
什器	116		
綿糸	9,765		
雑貨	7		
合　計	17,216	合　計	17,216

（注）　損失金15,204両は，「上海支店へ振替」との注記がある．
（出典）　表3-24に同じ．

表3-29　1911年度上海菱華公司営業費一覧表

単位：両，（　）内は%

給料並旅費	4,215 (56.6)
諸雇員給料	778 (10.5)
事務所費	290 (3.9)
基金補助	36 (0.5)
交際費	845 (11.4)
通信費	1,091 (14.7)
雑費	73 (1.0)
什器	116 (1.6)
合　計	7,444 (100)

（出典）　表3-28．より作成．

店に勤務するような支店長や本社採用使用人のような高額給与受給者はほとんど配置されていず，基本は現地採用の現業員から構成されていたと考えられるので，在籍人員数は上海支店に比して見劣りしない規模であったのではないかと思われる．

交際費は845両（同11.4%）である．菱華公司が商事活動をしていたので，それに伴う費用である．上海支店のそれは9.3%であった．

通信費は1,091両（同14.7%）である．当該金額から判断すれば，前記未払金勘定850両中の未払通信費は，その一部であることが知られる．

以上営業費合計は，7,444両となる．しかしながら，営業費勘定に計上されていないが，見逃すことができない重要な問題がある．それは，家賃勘定が計上されていないことである．しかも，上海菱華公司は店舗を所有していなかったので，同公司は三菱上海支店に同居していたと断定してよい．なぜこれを問題にするのかというと，漢口菱華公司では，漢口支店とは別店舗で，借家住まいではあるが，空間的にも分離された形で開設されたからである．それは，独立経営と採算性の明確化への強い志向があったからであろう[136]．しかし，それから2年後に開設された上海菱華公司では，漢口菱華公司の連年の赤字経営を目撃していた．そのため，当初から経費削減を念頭において，家賃経費を節約するために上海支店に同居したものと考えられるのである．

表3-30　1911年度上海菱華公司損益勘定表（b）

単位：両

借　方		貸　方	
綿糸	9,765	棉花	1,652
雑貨	7	織布	100
営業費合計	7,444	委託品	145
		雑収入	115
		損失金	15,204
合計	17,216	合計	17,216

（出典）　表3-28．より作成．

第3章　三菱合資会社上海支店の事業展開

　表3-30は，1911年度上海菱華公司損益勘定表（b）である．
　本表は，表3-28と基本的に同じ構成であり，営業費合計を一括して表示したものとなっている．
　同表の重要点を，次に整理しておきたい．
　まず第1に，貸方には「棉花」，「織布」，「委託品」の3勘定が，借方には「綿糸」，「雑貨」の2勘定が計上されていることである．これは，その計上のあり方から知られるように，それら商品の販売高を示しているのではなく，各商品の売買損益の純額を表示していることである．つまり，それぞれの勘定が独立した集計勘定と考えられるのである．そうすると，上海菱華公司においては，棉花（1,652両），織布（100両），委託品（145両）の3勘定で合計1,897両の売買利益を計上したが，一方で綿糸（9,765両），雑貨（7両）の2勘定で合計9,772両の売買損失を計上してしまったのである．商品5勘定で差引7,875両という大きな損失となった．なお，同年度漢口菱華公司では，棉花勘定で2,583両の損失を計上したが，これに対し上海菱華公司では同じ棉花勘定で1,652両の黒字であった．棉花取引では，売買のタイミングによって損益が大きく分かれてしまうのである．
　第2は，同年度決算は，営業費合計を算入して，結局損失金（純損失）15,204両を計上したことである．開業初年度の純損失1,683両に続いて，2年度連続の赤字決算となった．これは，前掲表3-28の注記にあるように「上海支店へ振替」となった．前述したように，上海支店の純損失は同年度37,375両であったから，そのうち上海菱華公司が40.7％を占めたのである．上海菱華公司の経営は，開業2年目とはいえきわめて不振であった．一方，漢口菱華公司も同年度繰越損失を除いて8,084両の損失を計上しており，両公司の1911年度損失合計は23,288両もの巨額なものとなっていた．上海，漢口両支店においても，また三菱合資本社においても，その存廃が俎上に載せられていて不思議ではない決算であった．三菱合資本社は，翌1912年5月1日をもって上海，漢口の両菱華公司を廃止したのである．

第5節　上海菱華公司の経営収支

(注)
1) 『三菱社誌』(21), 868頁. 同書によれば, 1906年3月トリップについては, 1年間毎月50円の給与で上海支店助言役とし, 終身年金毎月200円を給すこととなった.
2) 本書, 第1章, 第3節, 参照.
3) 『三菱社誌』(21), 997～998頁.
4) 同, 1006頁.
5) 同, 905～906頁.
6) 山下直登「日本資本主義確立期における東アジア石炭市場と三井物産－上海市場を中心に－」, および和田一夫「コメント」(社会経済史学会編『エネルギーと経済発展』西日本文化協会, 1979年). なお, 山下直登「日本資本主義確立期における上海石炭市場の展開」(『エネルギー史研究ノート』第9号, 1977年). 以下, 上海石炭市場の叙述において, 山下両論文を参考とした. また, 以下の研究も参照した. 長野暹「幕末期～明治三〇年における石炭貿易」(秀村選三他共編『近代経済の歴史的基盤』ミネルヴァ書房, 1977年)／杉山伸也「幕末, 明治初期における石炭輸出の動向と上海石炭市場」(『社会経済史学』第43巻第6号, 1978年)／同「日本石炭業の発展とアジア石炭市場」(『季刊現代経済』第47号, 1982年)／塚瀬進「上海石炭市場をめぐる日中関係－1896～1931年」(『アジア研究』第35巻第4号, アジア経済研究所, 1989年).
7) 香港の数値は, 山下直登「日本帝国主義成立期の香港市場と三井物産」(『エネルギー史研究』第10号, 1979年), 15頁. 大阪府は, 今津健治「明治期における蒸気力と水力の利用について」(前掲『エネルギーと経済発展』) 第2表. なお, 日本石炭産業にとって海外3大市場は, 上海, 香港, シンガポールであって, 当時「東洋三大市場」と称された.
8) 上海領事館報告「上海三十一年中輸入石炭商況」(外務省編『通商彙纂』第46巻), 307頁. 以下, 1899年「石炭商況」と略. なお,『通商彙纂』からの引用については, 本書, 第2章の(注)12, 参照.
9) 10) 11) 12) 13) 1899年「石炭商況」, 312～314頁.
14) 15) 16) 同, 315～316頁.
17) 1906年8月上海領事館報告「海外各地ニ於ケル石炭需要供給状況－上海」(『通商彙纂』第105巻). 以下1906年「上海状況」と略.
18) 1909年9月上海総領事館報告「上海及附近ニ於ケル石炭需要供給ノ概略」(『通商彙纂』第139巻). 以下1909年「上海概略」と略.
19) 1909年「上海概略」, 385頁.
20) 同, 388頁.
21) 1906年「上海状況」, 127頁.
22) 同, 126頁.
23) 同, 127頁.
24) 1909年「上海概略」, 388頁.

第3章　三菱合資会社上海支店の事業展開

25)『記事月報(上海)』第3号, 73頁.
26) 同, 第1号, 85頁.
27) 28) 29) 1906年「上海状況」, 126頁. なお,「日本炭ハ輸入総額ノ九割」と表記しているが, 外国炭輸入額のうち日本炭の占める割合を指している.
30) 同, 127頁.
31) 32) 33) 34) 35) 36) 1909年「上海概略」, 389頁.
37) 高野江基太郎『増訂再版　日本炭礦誌』1911年, 第3編, 102頁. 各炭鉱の記述は同書を参考とした. 以下『日本炭礦誌』と略.
38)『記事月報(上海)』第1号, 84～85頁. なお,『記事月報(上海)』は毎号, 為替相場と海上運賃の資料を掲載している.
39) 1903年8月上海領事館報告「上海石炭商況」(『通商彙纂』第75巻), 3頁.
40) 1903年9月同 (『通商彙纂』第75巻), 261頁.
41) 前掲1903年8月同 (『通商彙纂』第75巻), 3頁.
42)『記事月報(上海)』第3号, 75頁.
43) 同, 第7号, 67頁.
44) 同, 第2号, 85頁. なお, 第3号にも同様の記事がある.
45)『日本炭礦誌』第1編, 66～72頁, 参照. ただし, 上海・香港とシンガポールの間には輸入量に大きな格差があった.
46) 畠山秀樹「三菱合資会社門司支店の経営発展」(九州大学『エネルギー史研究』第26号, 2011年), 8頁.
47)『記事月報(上海)』第1号, 79～81頁.
48) 同, 第2号, 83頁.
49) 同, 第3号, 71頁.
50) 51) 同, 第1号, 84頁.
52) 同, 第3号, 73頁.
53) 同, 第4号, 65頁.
54) 同, 第5号, 73頁.
55) 同, 第6号, 61頁.
56) 同, 第12号, 62頁.
57) 同, 第4号, 67頁.
58) 同, 第2号, 88頁.
59) 同, 第3号, 75頁.
60) 61) 同, 第5号, 74頁.
62) 同, 第6号, 63頁.
63) 同, 第7号, 66頁.
64) 同, 第7号, 67頁.

65) 同，第8号，57頁．
66) 同，第9号，58頁．
67) 同，第10号，62頁，同，第11号，64頁，同，第12号，64頁．
68) 同，第11号，64頁．
69) 同，12号，64頁．
70) 畠山秀樹「三菱合資会社設立後の鮎田炭坑」(『三菱史料館論集』第9号，2008年)，266頁．
71) 三菱傘下炭坑の事例としては，さしあたり第1章，(注) 1，参照．
72) 畠山秀樹『近代日本の巨大鉱業経営』多賀出版，2000年，314〜316頁．
73) 『年報（神戸）』(1907年度)，13頁．なお，三菱の銅元扱店については，前掲『近代日本の巨大鉱業経営』第7章，および前掲「創業期の三菱合資神戸支店」，参照．
74) 『年報（神戸）』(1907年度)，11〜12頁．
75) 『記事月報（上海）』第9号，61頁，同第10号，63頁．
76) 1911年6月上海商務官報告「清国ニ於ケル紙」(『通商彙纂』第162巻)．以下「報告」と略．
77) 「報告」，112頁．
78) 同，113頁．「報告」は，中国市場における各国紙の価格差について，次のように伝えている．「独逸有光連史ハ其正味値段ニ於テ本邦製片面ロールニ比シ一割ノ安値ニアリ」(115頁)．また，各種印刷用紙は，上海沖着値段で100ポンド当たり，外国紙6円70銭，日本紙8円25銭と伝えていた (116頁)．
79) 80) 81)「報告」，116頁．
82) 三菱製紙㈱社史委員会編『三菱製紙六十年史』1962年，126頁．
83) 『三菱社誌』(21)，908頁．
84) 『年報（漢口）』1907年度，9頁．
85) 『記事月報（上海）』第1号，85頁．
86) 同，第5号，75頁．
87) 同，第3号，76頁．
88) 89)『記事月報（菱華公司）』第1号，91頁．なお，以下参照．長沢康昭『三菱商事成立史の研究』日本経済評論社／高村直助『近代日本綿業と中国』東京大学出版会，1982年／加藤幸三郎「日本紡績業の綿糸布輸出と中国上海市場」(『専修経済学論集』第41巻第1号，2006年)．
90) 『記事月報（菱華公司）』第1号，90頁．
91) 同，第1号，91頁．
92) 同，第9号，64頁．
93) 同，第2号，94頁．
94) 同，第3号，81頁．
95) 同，第5号，78頁．
96) 同，第5号，79頁．

第3章　三菱合資会社上海支店の事業展開

97) 同，第6号，68頁．
98) 同，第7号，72頁．
99) 『記事月報（上海）』第16号，63頁．
100) 同，第17号，64頁，同，第18号，62頁．
101) 同，第19号，85頁．
102) 『三菱社誌』(22)，1925頁．
103) 『記事月報（菱華公司）』第4号，72頁．
104) 同，第5号，79頁．
105) 同，第6号，68頁．
106) 『三菱社誌』(21)，1376頁．
107) 本書，第2章第3節第4項，参照．
108) 『記事月報（菱華公司）』第7号，72頁．
109) 110) 同，第9号，64頁．
111) 112) 同，第11号，68頁．
113) 同，第12号，71頁．
114) 『三菱社誌』(22)，1473頁．
115) 同 (23)，2343頁．
116) 三菱合資会社『年報』(1914年度)，営業，22頁．
117) 『三菱社誌』(22)，1936頁．
118) 同 (23)，2344頁．
119) 120) 121) 『支店勘定書』Ⅳ．
122) 以上の漢口支店の記述は，本書，第2章第4節，参照．なお，両支店の資金需要高については本書，表2-19参照．
123) 『三菱社誌』(21)，984頁．
124) 同 (21)，1373〜1374頁．
125) 『支店勘定書』Ⅳ．
126) 前掲「三菱合資会社漢口店舗の事業展開」，78〜79頁，参照．
127) 1911年度上海支店「財産目録」(『支店勘定書』Ⅳ)．
128) 以上，香上，正金，台銀の間における資金の移動事情については史料的に明らかではない．背景として考えられることは，1910年では上海の恐慌（買弁炭代融通事件はこれに関連している），11年では辛亥革命である．前者については，1910年8月の上海領事館報告「上海経済界ノ恐慌顛末」(『通商彙纂』第151巻，以下「恐慌顛末」と略)，同1910年11月「上海経済界ノ恐慌顛末続報」(『通商彙纂』第152巻) において検討されている．後者については，外務省通商局報告「四十四年清国事変ノ経済界ニ及ホス影響」(『通商彙纂』第167巻) と題する連続した報告がある．ここでは，1910年の上海の恐慌について，「恐慌顛末」より概略を示しておきたい．

第5節　上海菱華公司の経営収支

「恐慌顛末」によれば，1910年8月「俄然当地支那銀行謙餘，正元，兆康ハ何レモ支払停止ヲ宣シ殆ト破産セントシ尚引続数ケ所破産ニ瀕スルモノアルニ至リ（略）殊ニ二三外国銀行ハ為ニ不尠損害ヲ蒙リ金融杜絶シ市面大恐慌」（同，369頁）と記されている．そして，「實ハ外国銀行中被害最モ多キハ香港上海銀行」（同，372頁）であった．三菱が，1910，11年度に香港上海銀行から正金，台銀に資金を移したのは，以上のような事情があったからではないかと考えられる．なお，1911年度の当座残高の激増の事情としては，同年辛亥革命以降，上海支店売炭高が急増していたことが想定される．また，受取手形も3.2万両に達していた．

129) 三菱の2段階の損益決算過程については，本書，第2章第4節第2項，参照．
130) 『三菱社誌』(20)，778頁．社汽船については，前掲「三菱合資会社門司支店の経営発展」第5節，参照．
131) 「三菱合資会社鉱業部船舶規定」(『例規大全』(二)，33)．
132) 『三菱社誌』(21)，各年度「本社及各場所使用人員数並給料支給高」より．
133) 当該期銀貨の下落・変動問題については，本書，第2章第4節漢口支店の経営収支，参照．なお，『通商彙纂』第115巻〜第120巻，参照．上海領事館報告「上海経済事情（四十年中）」(『通商彙纂』第120巻）は，この問題について検討を加えている．
134) 『三菱社誌』(21)，1255〜1256頁．引用文中における漢口の「金融市場逼迫」については，1910年11月の漢口領事館報告「漢口経済界の情態」(『通商彙纂』第155巻），参照．同報告によれば，「客月末日上海ニ於ケル源豊潤銀号破綻ノ餘波ハ直ニ當漢口ニ及ヒ本月一日源豊潤ト密接ノ関係アル協成号ノ破産トナリ次テ五六銭荘ノ破綻ヲ見ニ至リ（略）該清商ニ融通シタルモノハ何レモ非常ノ打撃ヲ被リ銭荘ノ倒産スルモノ相前後シテ続カントスルノ情態」(129頁）と報じられている．
135) 本書，第2章第1節，参照．
136) 本書，第2章第3節第1項，参照．なお，営業費の「事務所費」勘定中に家賃が含まれている可能性がある．この場合，家賃の金額があまりに低額となるので，むしろ同居して，家賃を名目上支払っていたと解するほうが合理的であろう．

第4章

三菱合資会社香港支店の事業展開

第1節　香港支店の整備過程

　香港支店の整備過程をまず人の体制からみておこう．
　表4-1は，三菱香港支店長一覧表である．
　同表によれば，6年10ヵ月の間に3人の支店長が任命された．1人平均の在任期間は2年3ヵ月であった．これは，門司支店などの国内支店とほぼ同様の期間となっており，また特定の支店長が長く在任してはいないので，支店としては通常の支店長配置・ローテーションのもとで整備されていったものと考えられる[1]．
　3人の支店長は，順に松木鼎三郎，大石廣吉，澁谷米太郎であった．3人は，前歴として共通に門司支店副長を経験しており，門司支店が海外要員養成の一つの拠点となっていたことが知られる．なお，松木は香港代理店助役から香港支店初代支店長への昇任であった．上海支店においても初代支店長は上海代理店助役から昇任しており，また漢口出張所では直轄前に出張所長を任命していた．東アジア海外直轄3支店開設にあたって，三菱合資本社はそれぞれの地域に精通した人物を主管者に任命していたことが知られる．
　大石は，1903年8月「実地修業ノ為一年間欧米滞在」[2]を命じられており，もともと海外要員として人材養成された人物であった．大石は，その後18年三

163

第4章 三菱合資会社香港支店の事業展開

表4-1 三菱香港支店長一覧表

氏名	在任期間	備考
松木鼎三郎	1906.4～08.4	・1908.4. 上海支店長　・1909.11. 門司支店長 ・1911.8. 神戸支店長　・1913.2. 本社在勤
大石廣吉	1908.4～11.4	・1911.4. 門司支店長　・1912.3. 本社営業部副長 ・1918.4. 三菱商事常務取締役
澁谷米太郎	1911.4～13.2	・1913.2. 神戸支店長　・1916.9. 本社営業部金属課長 ・1919.4. 三菱商事取締役　・1919.8. 同常務取締役

(注) 1. 松木鼎三郎は1900年5月門司支店副長，1903～05年神戸支店副長，その後香港代理店副長．
　　 2. 大石廣吉の在任期間の1911年4月は推定．前職は門司支店副長．
　　 3. 澁谷米太郎は1909年11月門司支店副長心得，1910年12月同副長．
(出典) 『三菱社誌』(21)～(26)，および三菱商事㈱編『三菱商事社史』(資料編) 1987年，34～35頁，より作成．

菱商事株式会社設立とともに常務取締役に，澁谷は翌19年取締役に就任した（のち常務取締役）．なお，元上海支店長三谷一二や元漢口支店長三宅川百太郎も同社取締役に就任していた．三宅川は，のち取締役会長に就くこととなった．三菱商事では，海外支店長経験者が次々と役員に就任していた．三菱商事の創業期に，海外支店で育成された人材が大きな支えとなっていたことがあらためて窺えよう．

ところで，前述したように，漢口，上海，香港の3支店では，1906年4月その会計勘定は三菱門司支店所属とされた[3]．その後，3支店の「会計独立」は07年4月漢口，同年6月上海，そして08年4月香港の順で進められた[4]．上海・香港両支店の開設が同時であったにもかかわらず，香港が遅れた事情について史料的には明らかではない．ただ，上海支店では従来の売炭代理人を1年間「助言役」に任命しており[5]，香港支店ではそのような記録が残っていない．したがって，香港では「助言役」の任命がなかったものと推測されるが，あるいはこのような差が，香港支店会計独立の遅れの一因となったかもしれない．

では，次に香港支店の設備・制度面の整備過程を取り上げたい．

香港支店は1906年6月，まず社有貯炭場の整備に着手したのであるが，『三

第1節　香港支店の整備過程

菱社誌』(21)はこの点について，次のように記している[6]．

「香港支店貯炭場従来借地ノモトニ当面ノ用ヲ充シ一時ヲ彌縫スルニ止リシモ，業務ノ将来ヲ顧慮シテ適当ノ地所ヲ所有シ，社有貯炭場ヲ設定スルコトニ決シ（略）九龍海岸第四拾七号地（略）譲受契約ヲ締結」

後述するように，1908年度香港支店「地所勘定明細表」には，社有貯炭場取得経費合計284,504ドルが計上されている[7]．また，香港支店は貯炭場が竣工すると，1908年1月門司支店より小蒸気船を15,250ドルで譲り受けた[8]．小蒸気船は，売炭自営に伴う石炭の揚げ降ろしや引渡しに不可欠であった．

ところで，香港支店自身は借家住まいであったにもかかわらず，支店開設から2ヵ月後には貯炭場は借地から社有に切り替えを進めたのである．その事情について，『年報（香港）』(1907年度)は次のように記している[9]．

「我社石炭ノ受渡ニ係ル一切ノ取扱ヲ九龍倉庫会社ノ手ヨリ放シ当支店直接ノ取扱トナスコトハ前年度ヨリノ計画ニシテ土地ノ買収事務員ノ増加倉庫会社トノ協定等着々其歩ヲ進メ今ヤ将ニ其業務ヲ開始セントスルニ際シ不幸大旋風ノ襲来ニ會シ我貯炭場ハ之レガ為メ大破ヲ被リ暫ク予定ノ計画ヲ中止セザルベカラサルノ悲運ニ遭遇（略）貯炭場修繕ニ関スル一定ノ方針ヲ立テ本社ノ認許ヲ得テ（略）工事ニ着手セリ（略）漸ク本年（1907年…筆者注）四月ニ至リ工事全般ノ竣成ヲ見タリ（略）五月一日ヨリ運炭事務所ノ開始ヲ為スヲ得タリ」

以上から明らかなように，香港支店は石炭受渡業務を当初九龍倉庫会社に委託していたのであるが，当該業務一切を「支店直接ノ取扱」，すなわち直轄化を図ったのである．そのために，社有貯炭場の取得が進められたのであり，また小蒸気船も必要となったのである．紆余曲折はあったが，1907年5月1日より「運炭事務所」は業務を開始した．そして，九龍倉庫会社貯炭分についてはそのまま同社の取扱いとし，新規輸入分より香港支店の受渡取扱いとなった．

その結果，同年7月1日より「運炭ニ関スル業務一切ヲ我直接ノ取扱ト為スヲ得タリ」[10]と記されている．では，多額の資金を要した石炭受渡業務直轄化の効果はどのように評価されていたのであろうか．『年報（香港）』(1907年度)によれば，次の3点に整理することができる．

まず第1点は，「其結果得意先トノ関係益円満」[11]，「荷役ノ敏速」[12]が実現したことである．従来は顧客との接触は約定時に限られていたと思われるが，直轄化によってそれは直接的かつ日常的なものとなり，得意先との関係が良好なものとなったのである．

第2点は，「我貯炭場ニ生シタル過剰炭」[13]の利益であった．同『年報』によれば，取扱い開始から同年度上半期末までに，10,201トンの陸出しより300トン以上の過剰炭があり，1年間4万トンの陸出しがあれば年間1,200トンの過剰炭が生まれるものと勘定していた[14]．1トン8ドルと仮定すれば，1万ドル近くの増収であった．それは従来受渡委託先の利益に取り込まれていたのである．

第3点は，門司積高と香港揚高とに差額が生じていたことである．同『年報』によれば，上記と同じ期間において，門司積高51,124トン，これに対して香港揚高51,363トン，「五ヵ月間ノ間ニ約二百四十屯ノ増量ヲ得タルコトハ前ニ述ベタル貯炭場ノ過剰炭ト相俟ツテ茲ニ特筆スルニ足ルモノト信ズ」[15]と記されている．単純計算で年間「増量」は576トン，前記貯炭場過剰炭1,200トンと合わせて年間1,776トンの増収が直轄化より生まれる勘定であった．

なお，貯炭場過剰炭，および門司積高と香港揚高との差額が発生する事情については判然としない．それは単純な計量ミスというよりは，炭鉱や港から石炭を積み出す際，欠損が生じないようにあらかじめ多めに積み込まれたためではないかと想像される．

以上で店舗設備の整備は一段落し，香港支店は借家住まいのままであったが，1908年4月同じ建物内で新事務所に移転しており，スペースの拡充をはかったものと思われる[16]．

ところで，漢口・上海両支店においては菱華公司を設立して雑貨取引に進出したのであるが，当該期香港支店においては売炭専業を続けた．なぜ，香港支

店だけが雑貨取引に進出しなかったのか，史料的には明らかではない．地理的にみて，香港は上海より大阪からはるかに遠く，また欧米向け輸出農産品として漢口のような物産がみつからなかったということもあるかもしれない．それはともかくとして，香港支店は三菱の石炭販売部門として存続したことに注意する必要がある．

第2節　香港支店の売炭事業

1．香港石炭市場概観

　香港石炭市場については，山下直登「日本帝国主義成立期の香港市場と三井物産－石炭市場を中心に－」(上)・(下)(『エネルギー史研究』No.10, No.11, 1979年,1981年)と題する詳細な研究がある．また，山下には第3章において紹介したように，「日本資本主義確立期における東アジア石炭市場と三井物産－上海市場を中心に－」(社会経済史学会編『エネルギーと経済発展』西日本文化協会, 1979年)と題する上海石炭市場の研究がある．山下は以上の一連の労作を通じて，日清戦争後における東アジア最大級の石炭市場である上海・香港両市場の構造的特徴と三井物産の石炭取引を丹念に明らかにされたのである．

　本節においても山下の研究を参照しつつ，三井とは競争関係にあった三菱香港支店の石炭販売を解明していくこととしたいが，そのためにここではまず香港石炭市場について『通商彙纂』に掲載される香港領事館報告を利用して概観しておくこととしたい[17]．

　表4-2は，香港輸入炭推移表である．

　同表によれば，香港の石炭輸入量は，日清戦争後において60万トン台であったが，その後急速に増加して1900年に100万トンを突破し，1900年代から1910年代初頭においてほぼ100万～120万トン台で推移していた．香港周辺には石炭産地がなかったので，当該輸入量を香港の石炭需要とみてよいが[18]，そのうちおよそ1～2割程度が広東に積送されたと推定されている[19]．いずれに

167

第4章　三菱合資会社香港支店の事業展開

表4-2　香港輸入炭推移表　単位：千トン

年	輸入量
1894	613
95	618
96	640
97	715
98	891 (818)
99	688
1900	1,045
01	917
02	1,041
03	1,187
04	1,161 (1,153)
05	1,093 (1,084)
06	971
07	1,143 (1,081)
08	1,028 (1,144)
09	1,222 (1,262)
1910	1,256
11	1,046

（注）（　）内は史料に別の数値がある場合，参考として表示．
（出典）『通商彙纂』第39巻，第58巻，第82巻，第100巻，第128巻，第145巻，第159巻，および第178巻，より作成．

せよ，当該期年間100万トンを需要する海外市場は，東アジアでは香港と上海だけであった．日本の石炭資本は，両市場に支えられて発展を遂げてきたのである．

表4-3は，香港輸入炭地域別一覧表である．

同表によれば，1894年から1910年に至る期間において，1897年，98年を除けば日本炭はほぼ75%以上を占めて圧倒的位置にあった．そして，ホンゲー炭（トンキン炭を含む），英国炭，豪州炭が続いた．豪州炭は日露戦争時のように，日本炭の輸入が困難になると増加した．中国炭は，1909年，10年に急増しているのが注目される．では，これら輸入炭の用途，特徴についてみておこう．

第2節　香港支店の売炭事業

表4-3　香港輸入炭地域別一覧表　　　　　　　　　　　　　　　　　　　　　単位：千トン

年	日本炭	中国炭	英国炭	豪州炭	ホンゲー炭	その他	合計
1894	469		41	10	89	4	613
95	486		63	11	42	16	618
96	491		29	31	88	1	640
97	498	18	47	30		122	715
98	617		121	28	120	4	891
99							688
1900							1,045
01	(819)		(54)	(14)	(99)		(986)
02							1,041
03	944	16	38	73	117		1,187
04	881		135	42	103		1,161
05	891	3	104	41	6	47	1,093
06							971
07	870		84	72	71	45	1,143
08	785	8	48	78	100	9	1,028
09	925	69	48	47	85	49	1,222
1910	936	136	40	11	111	23	1,256

(注)　1. 1901年は，消費高に占める地域別数量．
　　　2. ホンゲー炭にはトンキン炭を含む．
　　　3. 数値は四捨五入．合計は実数値の合計のため，若干不整合の場合がある．以下，同様．
(出典)　『通商彙纂』第35巻，14頁，第46巻，144頁，第105巻，137頁，第128巻，205頁，第140巻，442頁，第145巻，325頁，および第159巻，118頁，より作成．

　ホンゲー炭は，「品質下等ニシテ価格廉ナルモ其産出額少ク近年発達ノ跡ナク到底本邦三等炭ノ敵ニ非ラサルヘシ」[20]ときわめて低い評価であった．日本炭の価格が騰貴すると増加した．用途は，製糖業および広東地方の中小工場・石灰製造・煉瓦焼きなどに使用されたが，燃焼が悪く，日本炭等と混焼する必要があったといわれる．

　英国炭は，当該期においてはカーディフ塊炭であって，「英国海軍用及ビ各国軍艦用ニ供セラルルモノトス」[21]と記されるように，もっぱら軍艦用焚料炭であった．後述するように，突出した高価格であって，軍艦以外に販路はまずなかった．イギリス海軍が主要な需要先であったが，日本やロシアも購入した．なお，英国炭は日清戦争以前には各種形状の石炭が東アジアに輸入されていた

と思われるが，低価格の日本炭の進出に伴い駆逐され，当該期には軍艦用塊炭のみが継続して輸入されていたと想定される．

豪州炭は，「品質佳良ナレトモ距離遠隔ニシテ当地ニ於ケル価格高張リ需要従ツテ少シ」[22]とされ，また「船便ノ増加ニ連レ帰航船ノ船荷ヲ得サルモノ杯之ヲ齎シ来リタルモノ多ク」[23]と記されるように，船便に左右されるため供給に安定を欠いていた．香港における用途は，定期遠洋航路用の船舶焚料炭，および鉄道用炭であった．

以上みてきたように，日本炭以外の石炭には，用途，品質，供給量，価格などに制約が多かったのである．では，次に日本炭の評価をみておこう．

日本炭は，「上物ハ船舶焚料工場用及瓦斯製造用等ニ適シ下等品ハ広東方面小工場用幷ニ香港付近一般消費ニ用ヒラル」[24]と記されるように，上級品から下級品にいたるまで多くの用途に適する品種があった．そのうえ，「其過半ハ定期ノ約定」[25]として輸入されており，安定した販路を確保していたのである．この「定期ノ約定」は特筆されるべきものであって，1897年4月の香港領事館報告は次のように記している[26]．

「去明治廿六七年ノ頃豊筑雑種炭ノ小荷主競ヒテ石炭ヲ当港ニ輸送シ頻ニ売込ヲキテ其価格ヲ崩シ若クハ委託販売ニ附シ其商権ヲ委託引受人ニ奪ハルル等ノ事情ハ其当時当館ヨリノ報告ニ記述シアルコトナルガ多年ノ経験ト商況ノ変化トニヨリ漸ク進化シ小荷主ノ投機ノ輸送ハ漸ク漸次ニ減少シ少数ナル確実ノ筋ヨリ定期渡ノ約定品ヲ送ルモノ多キ勢ニ進ミタルハ此業ノ慶事ト謂フベシ」

香港ではかつて小荷主の激しい競争があったが，少数の確実な石炭商の「定期渡ノ約定」取引に進んできたとしている．具体的には，三井，三菱の圧倒的優位に進んできたのである．両資本は，傘下に多くの近代的巨大炭鉱を有しており，大量の産炭を計画的・安定的に捌いていくために「定期渡ノ約定」が不可欠であった．また，香港にはそのような約定方式を受け入れる大海運会社が拠点を置いていたことも重要である．大海運会社は多くの定期遠洋航路を有し，

第2節　香港支店の売炭事業

優良炭を大量かつ安定的に必要としていたのである．

ところで，日本炭の主力は，筑豊炭，三池炭，および唐津炭であって，英国炭，豪州炭のような他地域の石炭に比して距離的に近く，価格競争力があり，さらに品種も豊富であったので，香港・上海両市場において圧倒的なシェアを占めることができたのである．それだけに，むしろ日本炭相互の競争が熾烈になったといえよう．

表4-4は，香港輸入日本炭一覧表である．

同表によれば，筑豊炭は1890年代に合計に占める割合は50％前後の水準であったが，1903年以降70％前後の水準にまで上昇していた．一方で三池炭は，同じ期間に40％前後の水準から20％台に低下していた．筑豊炭と三池炭の合計は90％を大きく超えており，そのなかで筑豊炭の増加によって三池炭はその割合を低下させたのである．そして日本炭相互の競争は，しだいに筑豊炭相互の競争に移っていき，しかも1910年代に，そこに撫順炭や開平炭などの中国炭が加わってきたのである[27]．

なお，撫順炭は三井の取扱炭であって，三井にとっては撫順炭の増加が自己のシェア拡大に結び付く限り，むしろ好ましいものであった．撫順炭は，中国炭とはいえ，もともと日本資本により開発され，大規模な露天掘りと植民地的労働条件を利用した競争力の強い石炭であった．

表4-4　香港輸入日本炭一覧表　　　　単位：千トン，（ ）内は％

年	筑豊炭	三池炭	その他	合計
1894	269 (57.4)	174 (37.1)	26 (5.5)	469 (100)
95	249 (51.2)	214 (44.0)	24 (4.9)	486 (100)
96	238 (48.3)	236 (48.1)	16 (3.3)	491 (100)
1903	649 (68.8)	242 (25.6)	53 (5.6)	944 (100)
04	596 (67.7)	225 (25.5)	60 (6.8)	881 (100)
05	578 (64.9)	235 (26.4)	78 (8.7)	891 (100)
08	596 (75.9)	172 (21.9)	18 (2.3)	785 (100)

（出典）『通商彙纂』第35巻，14頁，第105巻，137頁，および第140巻，443頁，より作成．

第4章 三菱合資会社香港支店の事業展開

　以上，香港石炭市場の輸入高や輸入地域を概観してきたが，次に日露戦争後の同市場の状況について考えてみよう．ここでは，香港領事館報告の中から1906年5月「海外各地ニ於ケル石炭需要供給状況－香港」[28]（以下1906年「香港状況」と略），1908年2月「海外各地ニ於ケル石炭需給状況－香港」[29]（以下1908年「香港状況」と略），および1909年9月「香港ニ於ケル石炭ノ需要供給状況」[30]（以下1909年「香港状況」と略），以上3報告を手掛かりとして検討を進めることとしたいが，その前に1900年代初頭の香港の石炭需要について少しみておきたい．
　表4-5は，香港石炭需要高内訳表（1901年）である．
　同表によれば，1901年の香港需要高合計は98.6万トン，この需要先を5つに分類すると，外航汽船会社36.9万トン（37.4％），近海航路26.7万トン（27.1％），工場20.0万トン（20.3％），軍艦6.0万トン（6.1％），広東地方転送9.0万トン（9.1％），となる．香港の石炭需要では，軍艦も含めた船舶焚料炭の割合は70％を超えて圧倒的な地位に達していた．しかも，その内訳においても外航汽船会社が過半を占めて，香港の石炭需要を特徴あるものとしていた．香港と欧米，日本，東南アジアを結ぶ大海運会社が重要な需要先であった．また，軍艦需要の割合の高さも，中国の分割と利権をめぐる帝国主義諸列強の軍事的動向と反植民地抵抗運動を強く反映するものであった．日清戦争後において，ドイツの膠州湾租借，米西戦争，義和団運動が想起されよう．これに対して，工場需要はまだ大きなものではなく，それも精糖工場が過半を占めていたのである．これが，日露戦争前の香港における石炭需要のおよその内容であった．
　ところで，前述したように，石炭は一般に形状によって塊炭，粉炭，切込炭に大別され，品質に応じて等級付けされていた．繰り返しとなるが，遠洋航路向けには高価であっても高品質の塊炭や切込炭が，また近海航路＝沿岸航路向けには品質が劣っても廉価な切込炭や粉炭が使用され，これらは単独で，または併用されていた．工場向けには，通常廉価な粉炭が用いられた．しかし，高火力または高馬力の必要な工場では高品質の粉炭や切込炭，場合によっては塊炭も需要された．
　では，日露戦争後について，1908年「香港状況」によって窺うこととしたい．

第2節　香港支店の売炭事業

表4-5　香港石炭需要高内訳表（1901年）　　単位：千トン，（　）内は％

需要先	需要高	内　訳	数量
1.外航汽船会社	369 (37.4)	北独逸ロイド	85
		支那航海会社	40
		印度支那航海会社	35
		メサジュリーマリチム会社	25
		日本郵船会社	20
		漢堡亜米利加線	20
		東京航海会社	20
		P. & O.会社	20
		支那マニラ航海会社	20
		香港広東澳門汽船会社	15
		支那商船会社	12
		大洋汽船会社	12
		ドグラス会社	12
		シームセン会社	10
		澳太利ロイド	8
		大阪商船会社	7
		その他3社	8
2.近海航路	267 (27.1)		
3.工場	200 (20.3)	太古精糖会社	80
		支那精糖会社	50
		香港黄埔ドック会社	15
		グリインアイランドセメント会社	10
		その他	45
4.軍艦	60 (6.1)	英国	40
		各国	20
5.広東地方転送	90 (9.1)		
合　計	986 (100)		

（出典）『通商彙纂』第77巻，424〜426頁，より作成．

それは，次のように記している[31]．

「当港ハ東洋ニ入ルノ関門ニシテ欧州航路，豪州航路，米国航路，沿岸航路等汽船ノ出入頗ル頻繁ニシテ港内常ニ五六十艘ノ汽船ヲミサル日ナキカ如キ有様

173

第4章　三菱合資会社香港支店の事業展開

　　ナルヲ以テ之等船舶等ニ供給スル石炭ノミニテモ頗ル多額ニ上レルニ加フルニ
　　当港ヨリ広東地方へ供給スル石炭ノ数量モ亦タ少ナカラザルヲ以テ当港毎年ノ
　　石炭輸入額ハ常ニ百萬噸内外ニ達シ居レリ」

　この報告によれば，香港の石炭需要は年100万トンに達し，それは大きく船舶供給炭と広東供給炭に分かれる．そして，前者はさらに欧米航路のような遠洋航路向けと，沿岸航路向けに分かれる．この点について『記事月報（香港）』第1号は，同様の指摘を次のように記している[32]．

　　「元来当地ニ輸入セラルル石炭ハ直チニ当地ニテ消費セラルルモノト広東方面
　　ニ再輸送セラルルモノト二種アリ而シテ当地ニテ消費セラルルモノハ重ニ船舶
　　用ニシテ工場用ニ供セラルルモノ其数量比較的多カラズ反之広東方面ニ再輸
　　送セラルルモノハ工場用ニ供セラルルモノ寧ロ多キガ如シ」

　ここでは，香港における需要先は主に船舶用であって工場向けは多くなく，一方広東向けは工場用炭が多いと指摘されている．
　まず，香港需要の多くを占めた船舶焚料炭の内容をみておくことにしたい．
　表4-6は，香港入港船舶一覧表である．
　同表によれば，1909年，10年では，入港船舶トン数合計において外洋汽船44％台，河川汽船12％台，60トン以下汽船0.4％，港湾航行小蒸気船約30％，ジャンク船計12％台であった．蒸気船の割合が90％近くを占めていた．そのうち，外洋汽船，とりわけ遠洋航路では良質の塊炭または切込炭を必要とし，おそらく船舶焚料炭の過半を占めていたと推測される．河川汽船以下はできるだけ廉価な粉炭や切込炭を求めたのである．
　次に，広東需要の内容を1909年8月の広東領事館報告「広東ニ於ケル石炭需要供給最近状況」[33]（以下「広東状況」と略）によって，簡単に整理しておこう．
　「広東状況」は，1908年における香港・九龍よりの汽船積送炭は13万トンほどであるが，ジャンク船で送られてくる分がほかにあり，合わせると22万～

第2節　香港支店の売炭事業

表4-6　香港入港船舶一覧表　　　　　　　　　　　　　　　（　）内は％

内訳		1909年		1910年	
		隻数	千トン	隻数	千トン
外洋汽船	英国	4,076	7,736 (22.2)	4,262	8,112 (22.2)
	その他外国	4,318	7,858 (22.6)	4,312	8,104 (22.2)
	小計	8,394	15,594 (44.8)	8,574	16,216 (44.4)
河川汽船	英国	5,780	3,702 (10.6)	6,483	4,000 (10.9)
	その他外国	1,370	736 (2.1)	1,334	707 (1.9)
	小計	7,150	4,438 (12.7)	7,817	4,707 (12.9)
60トン以下汽船		3,160	140 (0.4)	3,153	137 (0.4)
外国貿易ジャンク船		25,090	2,243 (6.4)	21,170	2,101 (5.8)
外国貿易船合計		43,794	22,415 (64.4)	40,714	23,160 (63.4)
港湾航行小蒸気船		439,988	10,328 (29.7)	466,014	10,986 (30.1)
地方的航行ジャンク船		42,498	2,087 (6.0)	40,436	2,388 (6.5)
総計		526,280	34,831 (100)	547,164	36,534 (100)

（出典）『通商彙纂』第163巻，340頁，より作成．

23万トンに達するものと推測している．この推測によれば，香港での石炭需要高は，1908年の香港輸入高が103万トンであったから，広東積送高を差し引いて，80万〜81万トンとなる[34]．

広東需要炭の内訳は，小蒸気船11万〜12万トン，官場買入（砲艦，製紙廠，造錢所，造兵廠，火薬製造所）5万〜6万トン，製糸工場3万トン，鉄道1万トン，その他1万トンとされた．需要先に対応する炭種は，小蒸気船では「燃焼シ易キ粉炭」[35]であって，「価格低廉ナルモノヲ選フノ傾向」[36]があった．これに対して官場買入は，「全ク塊炭ノミヲ使用」[37]していた．製糸工場では，価格の低廉なホンゲー炭が使用されたが，「半無煙ノ性質ヲ帯ベルヲ以テ燃焼シ難ク他種ノ石炭ヲ混用」[38]する必要があった．鉄道用炭は，「全部豪州炭ヲ使用セシモ近来日本炭ニ改ムル傾向」[39]がみられた．豪州炭が高価格であり，供給が不安定であったのに対して，日本炭が相対的に低価格であって，供給が豊富であったからである．

第4章　三菱合資会社香港支店の事業展開

　以上のように，広東需要炭は22万〜23万トンであったが，「本邦ヨリ輸入スルモノ約十三,四万噸ニシテ少額ノ塊炭以外ハ重ニ粉炭」[40]であった．そして，その残りはほとんどホンゲー炭で占められることになった．

　ところで，広東に供給される石炭は，当初香港から広東に転送されており，まずは香港輸入炭として計上されていた．しかし，1910年代に入ると中国炭が香港市場に急速に進出するとともに，香港を経由せずに広東に直接積送されるようになった．このため，日本炭も香港市場での競合を避け，積替コスト削減のため，広東直送が増加していった．こうして，香港輸入炭の減退がみられるようになったのである．この点について，1912年7月の香港領事館の「香港貿易概況」は，1911年度の状況について次のように記している[41]．

　　「此減退ノ原因ハ香港ニ陸揚ゲセラレス直ニ広東ニ輸送セラレタルモノ従来ヨリモ増加シタルト（特ニ日本，北支那及ホンゲー炭ニ於テ）太洋航行船ノ減少ニアルモノノ如シ」

　ところで，香港石炭市場における日本炭の位置について，1906年「香港状況」は次のように記している[42]．

　　「今当市場ニ於ケル本邦炭将来ノ趨勢ヲ窺フニ，英炭ハ品質優等（略）ト雖価格高価ナル為メ到底商船用トシテ引合ハズ，豪州炭ハ本邦一等炭ト相匹敵シ品質佳良ナリト雖何分産地遠距離ナル為メ運賃ニ少カラザル費用ヲ要シ，随而自然高値ヲ唱ヘ且又船舶往復自由ナラザルヨリ充分ナル供給ヲ為ス能ハズ，又印度炭ハ（略）比較的品質劣等（略）何レモ本邦炭ト拮抗シ競争スルコト覚束ナカルベシ，サレバ本邦炭ガ当市場ニ於テ現位置ヲ維持スルハ敢テ難事ニアラザルベシ（略）尚ホ目下当港ニ於テ本邦炭中最モ多額ノ需要アルハ壱等炭ニアラズシテ，二等，三等ノ分類ナリト云フ」

　1906年「香港状況」が，日本炭の競合炭として取り上げたのは，英国炭，豪

第2節　香港支店の売炭事業

州炭，印度炭の三つであって，中国炭はこの段階では考慮されていない．そして，これら3炭種のなかで現状の日本炭の優位については楽観的な見通しを示したのである．1908年「香港状況」も，香港の石炭需要額については「甚シキ急速ノ増加ヲ来タスコトナカルヘシ」[43]としつつ，日本炭の地位について「日本炭ノ敵タルモノナカルヘク」[44]として，1906年「香港状況」と同様，楽観的見通しを示したのである．しかしながら，1909年「香港状況」は一転して，次のように記した[45]．

「外国炭ノ将来ハ到底当地ヘ多額ノ輸入ヲ見ルコト能ハサル可ク何レモ度外視シテ可ナリ只開平炭ト撫順炭トハ将来少シク注意スヘキモノアラン歟」

香港領事館報告は，はじめて開平炭と撫順炭に対して日本炭との競合炭として注意を払ったのである．
表4-7は，香港輸入中国炭内訳表である．
同表により中国炭のシェアをみておくと[46]，撫順炭は1909年の2.0％から11年10月～12年4月（6ヵ月，12月分欠如）には8.3％にシェアを高めていた．開平炭は同期間に4.4％から3.6％へと微減であったが，中国炭計では6.3％から11.9％に上昇していた．その分，日本炭計は同期間に74.7％から69.5％に低下

表4-7　香港輸入中国炭内訳表　　　　単位：千トン，（　）内は％

内訳	1909年	1910年	1911.10～12.4
撫順炭	25（　2.0）	85（　6.8）	51（　8.3）
開平炭	55（　4.4）	48（　3.8）	22（　3.6）
中国炭計	80（　6.3）	133（ 10.6）	73（ 11.9）
日本炭計	943（ 74.7）	936（ 74.5）	427（ 69.5）
輸入炭合計	1,262（100　）	1,256（100　）	614（100　）

（注）　　1911年10月～1912年4月では，1911年12月分欠如．6ヵ月分合計
（出典）　『通商彙纂』第145巻，326頁，第159巻，118頁，第169巻，123頁，第171巻，295頁，第173巻，198頁，第174巻，321頁，第175巻，206頁，および第176巻，213頁，より作成．

第4章 三菱合資会社香港支店の事業展開

したのである．撫順炭は，漢口，上海，香港において日本炭に対して強い競争力を示し[47]，第1次大戦後日本市場に進出していくこととなった．
　次に，香港における石炭商についてみていこう．
　表4-8は，香港輸入炭取扱店一覧表（1909年）である．
　同表の重要点を，次に整理しておこう．
　第1に，取扱数量126.2万トンのうち有力業者は，三井52.0万トン（41.2％），ブラッドレー商会（Bradley & Co.）12.4万トン（9.8％），三菱11.8万トン（9.4％），シュワン・トーマス商会（Shewan Tomes & Co.）9.5万トン（7.5％），安宅商会7.5万トン（5.9％），開平鉱務局（開平炭）（Chinese Mining Eng. Co.）5.5万トン（4.4％），の順で続いていた．上位6社で，香港の石炭輸入高の80％近くを占めており，なかでも三井は，ブラッドレー商会や三菱の4倍以上を取り扱っていたことに留意しておく必要がある．日本炭は定期渡しの約定炭を中心として輸入されていたのであるから，三井の約定炭価格が香港市場では指標の役割を果たしていたと想定しても大きな間違いはないであろう．以上のように，競争構造としては三井の圧倒的優位にあったが，三井と三菱の間には，競合の一方で協調関係もみられた．1909年12月の香港領事館報告は次のように記している[48]．

　「例年ニ比スレハ一体ニ不況タルヲ免レス相場モ来年度定期約定品ニ対シテハ本邦炭商間（三井，三菱間）ノ競争開始サレ口ニヨリ一噸一弗方ノ下値ヲ以テ売出シタルモ目下大競争ニヨリ本邦商ノ蒙ル莫大ナル損害ニ鑑ミ妥協談進行中ナル由」

　ここでは，1910年度の「定期約定品」について，三井と三菱の間に「妥協談進行中」と報じられていた．三井と三菱は，傘下に多くの近代的巨大炭鉱を擁し，出炭が大量であったため，さらに当該季節は次年度の売約交渉が集中する時期にあたり，とりわけ当該定期約定炭分野で競合が激化し，共倒れ防止のためいきおい協調関係も醸成されていったのである．三井と三菱の間には，多くの場面で，競争と協調がみられたことに注意する必要がある．

表4-8　香港輸入炭取扱店一覧表（1909年）　　　　　　単位：千トン，（　）内は%

取扱店	炭名	数量	取扱店	炭名	数量
三井	門司	210	Chinese Mining Eng. Co.	開平	55 (4.4)
	若松	59	英海軍	WClsh	39 (3.1)
	三池	222	Jardine Matheson & Co.	ホンゲー	23
	唐津	3		室蘭	4
	撫順	25		小計	27 (2.1)
	その他	1	宮崎商会	門司	23 (1.8)
	小計	520 (41.2)	Garrel & Borner	Pulo Laut	14
Bradley & Co.	門司	86		Australian	3
	若松	19		小計	18 (1.4)
	ホンゲー	17	Dodwell	門司	17 (1.3)
	Nabaan	3	U.S.Navy	Pocahontas	15 (1.2)
	小計	124 (9.8)	Butterfield & Swire	ホンゲー	11 (0.9)
三菱	門司	60	A. Karberg	Australian	6
	若松	58		ホンゲー	2
	小計	118 (9.4)		門司	2
Shewan Tomes & Co.	門司	44		小計	11 (0.9)
	唐津	23	Chinese	ホンゲー	50
	豪州	22		門司	9
	Cardiff	6		Kebno	8
	小計	95 (7.5)		Tourane	3
安宅商会	門司	51		Australian	1
	若松	2		小計	70 (5.5)
	唐津	22	その他5店		44 (3.5)
	小計	75 (5.9)	合　計		1,262 (100)

（注）　Chinese Mining Eng. Co.は開平鉱務局．またChineseは中国商人で，店数不詳．
（出典）　『通商彙纂』第145巻，328～330頁，より作成．

　第2に，三井は多くの品種の石炭を輸入していたことである．なかでも三池炭が三井取扱炭の43%近くを占めて，上海におけると同様，三井の主力炭をなしていた[49]．そこに，各種の筑豊炭や撫順炭などを品揃えしていたのである．
　第3に，ブラッドレー商会と三菱も多くの品種の石炭を輸入していたことである．ブラッドレー商会は各種筑豊炭に加えホンゲー炭，三菱は後述するように，筑豊炭のなかでは鯰田炭，新入炭，佐与炭，金田炭，さらに唐津炭も輸入していた．

第4章　三菱合資会社香港支店の事業展開

　第4に，注意すべきは安宅商会と開平鉱務局の立ち位置である．両者は，三井や三菱より安価な石炭を取り扱うことによって販路の確保を図っていたのである．三井や三菱にとって，常に競争関係にあったと想定される．
　第5に，英海軍やU.S.Navy（米国海軍）についていえば，前者はカーディフ炭，後者はポカホンタス炭を軍艦用に輸入しているものであって，販売に参加しているものではないことである．
　第6に，"Chinese"と記載されている中国商人は合計で7万トン（5.5％）を占めているが，これは多数の石炭取扱中国商人を意味していたことである．彼らの多くは，有力石炭輸入商から購入する立場にあった．
　第7に，取扱数量が2％未満の業者が「その他5店」あったが，これら中小業者はホンゲー炭を取り扱っている場合が多かったことである．おそらく，中小業者はホンゲー炭のような低価格炭を武器として，零細な需要先に販路を確保しようとしていたものと思われる．
　なお，筑豊炭が門司と若松に分かれて表記されていることについて，少し付言しておくこととしたい．ともに，筑豊炭であることに変わりはない．積出港が門司港か若松港かの相違である．若松港は，もともと水深が浅く，機帆船を中心とする小型船しか入港できなかった．そのため，国内市場向け積出港として発展を遂げてきた．これに対し，門司港は水深が深く，大型汽船の入港が可能なため，国際貿易港として，また石炭の積取港として発展していた．しかし，当該期若松港の改良工事が進み，しだいに大型汽船の入港が可能となり，若松港は国内向けだけではなく，門司に代わって石炭の海外向け積出港として台頭しつつあった．同表にはこれが反映されていたのである．
　最後に，香港輸入炭の価格を検討しておこう．
　表4-9は，香港石炭市場相場表（1897年）である．
　同表によれば，英国炭（カーディフ塊炭）は，三池塊炭よりも1.8倍ほど高価であって，日本炭と競合するものではなく，用途が軍艦用に限られていたことも頷けよう．豪州炭では，一等炭は三池塊炭よりもトン当たり0.5～1ドルほど高値であって，通常日本炭とは競合せず，特定の販路に限られていた．また，

第2節　香港支店の売炭事業

表4-9　香港石炭市場相場表（1897年）　　　　　　　　　　単位：トン当たりドル

地域	形状	炭名	7月	8月	9月	10月	11月	12月
英国炭	塊	カーディフ	16.00〜18.50	16.75〜18.75	17.50〜18.50	17.00	17.18〜17.50	18.00〜19.00
豪州炭	塊	一等	10.00	10.75	10.50〜10.75	11.00	11.00	11.50
		二等	8.00	8.00〜8.75	8.50〜8.75	8.75	9.00	9.00
中国炭	粉	開平	6.40〜7.00	7.00〜7.50	6.75〜7.00	6.50〜7.00	6.50〜7.00	6.50〜7.00
日本炭	塊	三池	9.00	10.00	10.00	10.50	11.00	11.00
		門司　上	8.50	8.75〜9.25	8.50〜9.25	10.00	10.00	10.00
		門司　次	7.00〜7.50	7.50〜8.25	7.25〜8.25	8.00	8.00	8.00
		唐津　上	8.05〜9.00	9.00〜9.25				
	切	三池	8.10	8.85〜9.10	9.10	9.60	10.10	10.25
仏印炭	塊	東京	7.25	7.65	8.50	8.00	8.00	9.00
	粉	東京	3.50	3.75	3.50〜3.75	3.50	3.50	3.50

（注）　1．塊は塊炭，粉は粉炭，切は切込炭．東京は無煙炭．
　　　　2．豪州炭は一等，二等，門司炭は上，次，の等級が記載されている．
　　　　3．船渡の建値．
（出典）　『通商彙纂』第39巻，329〜330頁，より作成．

　同二等炭は，門司塊炭の（上）と（次）の間にあって，筑豊炭と競合するが，豪州炭は運賃が高く，供給量が安定しなかったので，シェアは低かった．豪州炭の進出は，日露戦争時のような時期に限られていた．中国炭は，この時期では開平粉炭であり，門司塊炭（次）よりも低価格であったが，当該期においては品質と供給量に難点があった．仏印炭（東京炭）は，相場表では塊炭と粉炭が示されており，前者は門司塊炭の（上）と（次）の間にある．しかし，品質上の問題より，日本炭がターゲットとしていた船舶焚料炭の販路では競合しなかった．また，後者は開平粉炭の半値に近く，広東向けと想定してよい．広東では，廉価な工場用炭の需要が多かったからである．
　表4-10は，香港石炭契約価格表（1911年2〜6月）である．
　同表は，銘柄別の売約価格を示しているところに大きな特徴があるが，次に同表の重要点を整理しておこう．
　まず，塊炭の事例を取り上げて検討しておこう．同表には12の契約価格が

第4章 三菱合資会社香港支店の事業展開

表4-10 香港石炭契約価格表（1911年2〜6月）

単位：トン当たりドル

形状	炭名	取扱店	炭価	契約月
塊　　炭	三池	三井	9.00	2
	大浦	三井	8.25	2
	鯰田	三菱	8.15	6
	撫順	三井	8.00	5
	新手	シュワン・トーマス商会	7.85	4
	奈良	三井	7.85	2
	赤池	ブラッドレー商会	7.75	3
	新手	安宅商会	7.75	3
	大辻	三井	7.10	2
	芳雄	三井	7.10	2
	伊田	三井	6.70	2
	岩崎	安宅商会	6.50	2
粉　　炭	金田	三菱	6.00	6
	撫順	三井	6.00	5
	赤池	ブラッドレー商会	6.00	3
	新手	シュワン・トーマス商会	5.85	4
	三池	三井	5.75	2
	新手	安宅商会	5.75	3
切込炭	大浦	三井	7.00	2
	撫順	三井	7.00	2
	芳雄	三井	6.30	2
	金谷	安宅商会	6.10	3
ピラー切	三池	三井	8.50	2
	鯰田	三菱	7.00	6
	芳雄	三井	5.75	2
二等切	新入	三菱	6.00	6
小塊炭	鯰田	三菱	7.10	6

（注）1. ピラー切は，ピラー切込炭，二等切は二等切込炭．
　　　2. 船側価格．
（出典）『記事月報（香港）』第1号，86〜90頁，より作成．

記載されている．新手炭のみがシュワン・トーマス商会と安宅商会によって販売されているが，他は1石炭商のみの扱いとなっている．これは粉炭・切込炭などについてもいえるので，多くの場合石炭商が炭鉱との間で一手販売権を設

第2節　香港支店の売炭事業

定しているか，あるいは三菱のように傘下炭鉱の販売部門であったことを示すものであろう．価格は，塊炭の場合で最高値の三池炭トン当たり9ドルから最安値の岩崎炭6.5ドルまで2.5ドルの大きな値開きがあった．また，伊田・岩崎の塊炭は，大浦・撫順の切込炭よりも安値であった．以上のことからは，一口に塊炭といっても品質には大きな格差があり，それに応じて価格差も大きかったことを物語っている．そして，近接する価格水準の銘柄炭において最も競争が激しくなったのである．三井は塊炭については，上級炭から下級炭まで幅広く扱っていた．これに対して，三菱とブラッドレー商会はそれぞれ1銘柄であった．したがって，例えば三菱の鯰田塊炭に対して三井がそれより廉価な撫順塊炭や伊田塊炭を提示することによって，より有利に販売を進めることができたと想定されよう．

　次に，三菱の場合を取り上げよう．三菱は，鯰田塊炭，金田粉炭，鯰田ピラー切込炭，新入二等切込炭，鯰田小塊炭と，5品種を揃えていた．これによって，鯰田塊炭を価格的に敬遠する需要家には鯰田小塊炭を，鯰田ピラー切込炭を価格的に敬遠する顧客には新入二等切込炭を売り込むことが可能であって，他の有力炭に対しても競争力を強めることができた．三菱は，多くの品種を取り揃えることで，購入者の価格要求に対して，同一店舗内で代替品をもって対応することが可能な体制を築こうとしていたのである．

　なお，同表において付言すべきことは，安宅商会の取扱炭である．安宅商会は，塊炭，粉炭，切込炭の3炭種において，いずれも最安値炭を売り込んでいたことである．1910年2月の香港領事館報告は，安宅商会について「昨年ハ(1909年…筆者注) 三井取扱伊田塊炭ノ高値ナリシニ乗シ岩崎塊炭ノ販路ヲ拡張」[50]と伝えている．安宅商会は，低価格の岩崎炭を武器に三井の伊田炭の販路に割り込んでいたのである．日露戦後に香港石炭市場に参入した安宅商会は，このような戦略でシェア確保を図っていたと思われる．三井や三菱は，三池炭や鯰田炭のような優良炭を主力炭としていたので，安宅商会のような資本に対抗するために，どうしても低価格の品種にまで手を広げる必要があったといえよう．

183

第4章　三菱合資会社香港支店の事業展開

2．香港支店の石炭販売

　三菱合資の売約の基本方針は，長期・大口約定の獲得を中心として進められた．そして，その約定は香港支店においては1年を上半期(1～6月)と下半期(7～12月)とに分け，上半期分は前年12月から当該1月にかけ，下半期分は当該6月から7月にかけて集中的に締結する方針がとられていた[51]．この点については，『年報（香港）』(1907年度)の記述をみておこう．

　同『年報』は,「而シテ我社ハ依然六ヶ月毎ニ改約スルノ方針」[52]を取っており，1907年度上半期の約定は前年12月から1月にかけて，下半期は6月から7月にかけて行われた．そして，上半期の状況については「次期ノ約定即チ本年一月ヨリ六月迄ノ約定ヲ為スベキ時期トナリ旧臘末ヨリ必死力ヲ尽セシ」[53]と述べ，下半期については「本年下半期ノ約定即チ七月ヨリ十二月迄ノ約定ハ六月下旬頃ヨリ始メ七月中旬迄ニ其大体ヲ終ハレリ」[54]と記されていた．そのため，前年度下半期の約定交渉の中間期について「昨年十月ヨリ十二月半バ頃迄ノ間ハ主トシテ在来ノ約定ニ対シ運炭供給ノ事務ヲ為スニ止マリタリ」[55]とされた．このように，各半期の期初前後に集中的に長期・大口の約定＝「定期ノ約定」を締結する方針のもとでは，期中に空き時間が生じることとなった．このような一種の空費時間＝閑散期の発生が，三菱の漢口や上海の支店においては，新規事業＝雑貨取引に進出する事情の1つになったのである[56]．

　ところで，香港支店の売炭契約には2つのタイプがあった．『記事月報(香港)』第1号には，この点について次のように記されている[57]．

　　「当店ハ目下専ラ石炭ノ供給販売ニ関スル業務ヲ営ミ給炭契約ニハ本社並ニ元扱店ノ締結ニ係ルモノト当店直接ノ締結ニ係ルモノト二種アリ前者ニ属スルモノハ主トシテ彼阿会社，郵船会社，グラスゴー諸汽船会社及ビ渣旬商会（Jardine Matheson&Co.…筆者注）等ノ契約ニシテ後者ニ属スルモノハ重ニ清商トノ契約ナリ」

184

第2節　香港支店の売炭事業

　すなわち，ここでは約定締結店別による分類が行われており，第1のタイプは本社あるいは元扱店の約定である[58]．売約先は，彼阿会社（P.＆O.汽船会社）や郵船会社（日本郵船）などのようなグローバルな大海運会社であって，三菱の内外の支店や代理店で石炭を積み取っていた．三菱としては，窓口を1つにして，交渉を有利に進めようとしたのではなかろうか．その多くは本社による約定であった．

　第2のタイプは香港支店直接の約定であり，「重ニ清商トノ契約」であった．「地方売約定」[59]とも表記されていた．このタイプには，「時ニ外国汽船会社其他ニ対シ臨時ノ売炭ヲ為スコトナキニ非ルモ其数量多カラズ」[60]と記されるように「臨時売炭」も含まれていた．

　以上の三菱の売炭の基本的特徴は，第3章において述べたように[61]，まず長期・大口の売炭契約を結び（約定売炭），これに基づいて月々一定量の引渡しを行うことにあった（定期渡し）．そして，契約期限が近づくと更新を重ねていったのである．香港支店の『年報』によれば，基本的に売約期間を上半期と下半期に分けて，期初前後に集中的に売約交渉を行っていたことが知られるのである．上海支店では，需要期である秋から冬，とりわけ9〜11月に集中的に「年度更新」の形で売約を行っており，香港とは異なっていた．香港が大海運会社の船舶焚料炭向け，一方上海が工場用炭向けという需要構造の違いが反映していたのである．

　また，引合があれば，前記「臨時売炭」と称される取引が行われていた．この取引では，基本的に現物としてただちに引き渡されるが，翌月に引き渡される場合もみられた．おそらく，単発的取引を「臨時売炭」として特に区別したものであろう．『年報』や『月報』においても，他の売炭と区別して記録されている．臨時売炭を契機として，約定売炭に進むことが期待されていたのかもしれない．

　ところで，以上のような約定の2つのタイプの記録方法は，『記事月報（香港）』第4号（1911年9月）から変更される．記録方法に沿って述べれば，本社・元扱店の約定は第4号から記載されなくなり，香港支店直接の約定高，すなわち「地

第4章 三菱合資会社香港支店の事業展開

方売」約定のみの記載となる．その表記方法は，当初必ずしも一定しないが，同第12号以降「新規地方売約定炭」として記載されるようになった．

一方で，香港支店の売捌高（引渡高）は，第1～3号では，本社・元扱店の約定，香港支店直接の約定，そして臨時売炭と3つに分けて記載されている．そして第4号以降，「汽船供給炭」，「汽船以外供給炭」，および「臨時売炭」の3つのタイプで記載されるようになる．しかし，この記録方法の変更は実質上大きな問題ではない．なぜなら，本社・元扱店の約定のうち1社のみ汽船以外供給炭であり，また香港支店直接の約定のうち1社のみ汽船供給炭であったから，簡単な操作で，第1号以降，汽船供給炭，汽船以外供給炭，臨時売炭別の売捌高の統計表を作成できるからである（後掲表4-14参照）．

では，以下三菱香港支店の売炭状況について，『年報（香港）』を利用して1907年度，そして『記事月報（香港）』を利用して1911年6月～12年5月の事例をやや具体的にみていくこととしたい．

(1) 1907年度

『年報（香港）』(1907年度)を利用して，同年度の約定状況について，上半期(1～6月)と下半期(7～12月)に分けてみていくこととしたい．

まず上半期では，1906年12月には「折柄市況ハ弱気ノ最中」[62]のため，同月は新入ピラー切込炭4,200トンの売約が成立しただけであった．翌07年に入っても炭況に変化なく，3ヵ月を要して合計27,200トンの約定を得たのである．同『年報』は，この間の事情を次のように記している[63]．

「斯クテ新年ニ入リテモ炭況ハ別段ノ変化ナク其中ブラドレー商会ハ全然買主ノ要求ヲ容レ赤池塊炭船側七弗七十五仙テフ廉価ヲ以テ一ケ年約五万屯ノ契約ヲ取結ベリ清商ガ一般狡知ニ富ミ同業者ヲシテ盛ニ競争ヲ行ハシメ其間ニ利益ヲ博セントスルコト殆ント其慣用手段ナルニ手数料取リノ商店ガ直段ハ少々安クトモ可成多量売捌クヲ以テ自己ニ利アリト考フルヨリシテ其腰甚タ弱ク何時モ其手段ニ乗セラルルノ傾向アルハ甚ダ嘆クベキコトナリ大勢既ニ崩ルルニ及ンデハ独力ノ能ク支フル所ニアラズ徒ラニ之ニ反抗スルモ却ツテ商機ヲ逸スル

第2節　香港支店の売炭事業

ノ虞アルヲ以テ我社モ亦相当ノ直引ヲ為シテ估客ノ誘引ニ勉メタリ」

　同『年報』は当時の状況を生々しく描写していて興味深いものがある．三菱も，最後にはブラッドレー商会のような大手石炭商の廉価販売攻勢に抗しきれず，「相当ノ直引」を行って，前記約定の成立をみたのである．ブラッドレー商会は生産部門をもたない石炭商であり，販売期間の短縮と販売量の増加に，より利益を見出していた．これに対して，三菱香港支店は三菱傘下炭坑の販売部門であって，生産部門の利害関係と生産状況に制約を受けていた．三菱とブラッドレー商会は必ずしも協調できるとは限らなかったといえよう．それどころか，三菱門司支店は当該期において香港支店に販売制限を行ったのである．同『年報』は，次のように記している[64]．

　「元地ニ於ケル炭況一層活発ニシテ当地ニ輸送スルノ用ヲ見サリシ故ニヤ門司支店ヨリ売約数量ノ制限ヲ受ケシヲ以テ一先手ヲ引クコトトセリ爾来三カ月ノ間（略）元地ノ市況ニ伴フガ如キ好価格ヲ得ル能ハサリシヲ以テ空シク其間ヲ経過セリ」

　門司支店は三菱筑豊炭の元扱店として，国内と海外の炭況を比較勘案しつつ，より有利な市場で販売を拡大しようとしていたのである．そのため，「元地」＝国内で販売するために香港支店の販売に制限を加えたのである．
　さて，次に1907年度下半期に移ろう．
　下半期は，前述したように「六月下旬頃ヨリ始メ七月中旬頃迠ニ其大体ヲ終ワレリ」とされるが，炭価は「尚弱気配」[65]であって，「結約意ノ如クナラズ（略）誠ニ遺憾」[66]と報告された．同『年報』は，「塊炭ハ門司支店ノ求ムルガ如キ好価格ヲ得ル能ハザリシ為メ又粉炭ハ余剰ナキ為メ屢々売約ヲ謝絶セリ」[67]と記している．上半期同様，国内の炭価が香港を上回っていたのである．結局，約定合計は24,350トンとなり，上半期を3,000トン近く下回ることとなった．
　なお，ここでさらに留意しておくべきことがある．日露戦争後から第1次世

界大戦に至る時期は、石炭の国内需要が漸増していき、しだいに石炭産業は内需産業化していく過渡期にあたっていたことである。一方で、同じ時期に中国炭の産出高が増加していた。そのため、香港支店において「門司支店ノ求ムルガ如キ好価格」での販売は困難な場合が多くなっていったのである。

以上、1907年度の売約状況をみてきたが、さらに同『年報』における注目すべき報告をとりまとめておきたい。

第1点は、「前年度ノ末新入切込炭ヲ新ニ當市場ニ輸入」[68]と記されているように、取扱品種を増加させていたことである。新入炭は鯰田炭に比し価格が安く、しかも幅広い用途があって、船舶焚料用、鉄道用、陶磁窯業用、煉瓦窯業用などに適していた[69]。新たな販路の開拓を図ったものである。

第2点は、佐与炭（鯰田炭坑産のやや品質の劣る石炭）の品質改善が進められたことである。佐与炭は「昨年品質ニ関スル苦情続出」[70]して1907年度上半期は販売不振であったが、下半期には「品質ノ改良ヲ認メラレ」[71]約定高を倍増させたのである。このように迅速に対応できた背景として、前述したように鯰田炭坑が筑豊炭田における選炭機械化のパイオニアであったことを想起してよい[72]。

表4-11は、三菱香港支店取扱炭各月一覧表（1907年度）である。

取扱炭とは売捌高＝引渡高と解することができるが、1907年度の合計は116,164トン、月平均9,680トンである。同表より、重要点を整理しておくこととしたい。

第1点として、取扱高が平均以下の月は順に、1906年10月、1907年2月、3月、4月、6月、7月、9月であったことである。石炭は、通常秋から冬にかけて需要が増加し、逆に春から夏にかけて需要が減少する。そのような観点からみれば、10月、2月、9月については説明が必要となる。2月は中国の旧正月にあたり、取引は「一般ニ休業ノ姿」[73]となるからであった。10月および9月については、三菱上海支店の事例から類推すれば[74]、通常夏季に海上運賃が下落するので、これを利用して安くなった石炭を買い溜めておく石炭商や需要家があった。そのため、その反動で9月、10月は荷動きが停滞しやすくなるのである。

第2点として、平均を上回った月は、1906年11月、12月、1907年1月、5月、

第2節　香港支店の売炭事業

表4-11　三菱香港支店取扱炭各月一覧表
（1907年度）

年・月	数量（トン）
1906.10	5,821
11	14,913
12	11,283
1907.1	11,021
2	7,722
3	8,492
4	8,429
5	10,814
6	5,176
7	9,521
8	14,097
9	8,875
合計	116,164
平均	9,680

（出典）『年報（香港）』(1907年度)，統計表第1，より作成．

8月であった．11月は同年度のピークをなすが，最小月の6月の3倍近くに達していた．需要季節を迎えて活発な引渡しが行われたのである．12月，1月も1万トンを超えている．1月は，旧正月を前にして2月分も引き渡されている．8月に第2のピークがきている．これは，先に述べたように夏季の海上運賃下落時に買い溜めておこうとする動きがあったためである．前後の7月，9月も平均以下とはいえ，比較的引渡量が多いのは同じ事情のためである．5月の事情は不詳である．石炭取引には，運賃や為替の変動，中国の景気，国際情勢，そして門司石炭市場の動向などがからみ，季節的要因だけでは説明できない場合が多々あった．

　表4-12は，三菱香港支店取扱炭一覧表(1907年度)である．
　同表は，引渡先内訳と銘柄別内訳・形状別内訳を一表に合わせたものであり，それぞれの合計は本来一致するはずであるが，若干の不整合がある．それはともかくとして，次にそれぞれの重要点を順に整理しておくこととする．

第4章　三菱合資会社香港支店の事業展開

表4-12　三菱香港支店取扱炭一覧表（1907年度） 単位：トン，（ ）内は%

引渡先内訳		
彼阿会社	鯰田塊	9,840（8.5）
	鯰田粉	9,058（7.8）
	小計	18,898（16.3）
日本郵船	鯰田切	29,896（25.7）
外国諸汽船	不詳	890（0.8）
汽船計		49,684（42.8）
地方売	鯰田炭	27,118（23.3）
	新入炭	20,779（17.9）
	佐与炭	10,202（8.8）
地方売計		58,099（50.0）
臨時売炭	不詳	8,381（7.2）
合　計		116,164（100）
銘柄別内訳		
鯰田炭	塊炭	24,262（20.9）
	粉炭	15,033（12.9）
	切込炭	45,248（39.0）
	小計	84,543（72.8）
新入炭	切込炭	21,048（18.1）
佐与炭	切込炭	10,441（9.0）
宮尾炭	塊炭	50（0.0）
	切込炭	78（0.1）
	小計	128（0.1）
合　計		116,160（100）
形状別内訳	塊炭計	24,312（20.9）
	粉炭計	15,033（12.9）
	切込炭計	76,815（66.1）

(注)　1. 彼阿会社・日本郵船は本社約定.
　　　2. 外国汽船は本社・門司支店約定.
　　　3. 地方売炭・臨時売炭は香港支店約定.
　　　4. 臨時売炭＝合計－（汽船計＋地方売計）.
　　　5. 宮尾炭は社外炭.
　　　6. 引渡先内訳合計と銘柄別内訳合計は不一致.

(出典)　『年報（香港）』(1907年度)，6～8頁，および23～25頁，より作成.

第2節　香港支店の売炭事業

　まず引渡先内訳をみておこう．

　第1に合計116,164トン，そのうち汽船計42.8%，地方売50.0%，臨時売炭7.2%の順となることである．地方売は主に香港の中国商人向け販売であって，さらに工場，小海運会社，一般都市需要，そして広東向けとして販売された．臨時売炭は，汽船，石炭商向けが中心であった．かつて香港といえば船舶焚料炭向けが圧倒的割合を占めていたが，1907年度香港支店の引渡先では汽船向けは50%を大きく割り込んでいた．ただし，臨時売炭には汽船向けが含まれており，また中国商人は近海航路向け汽船にも販売していたと思われる．したがって，実際の汽船向けはここで示される割合よりも高くなるはずである．

　第2に，P.&O.と日本郵船を取り上げると，香港支店取扱炭の42.0%を占め，ともに鯰田炭のみ購入していること，両社は本社約定であったことである．P.&O.は，香港支店取扱炭合計に対して鯰田塊炭8.5%，鯰田粉炭7.8%，計16.3%，日本郵船は鯰田切込炭25.7%を占めた．鯰田炭は，香港支店が取り扱う最上位炭であったが，定期遠洋航路に就航している両社は優良炭の最良の顧客であった．

　第3に，地方売では鯰田炭に加えて，新入炭と佐与炭が取り扱われていることである．地方売では工場用が多くなり，より低価格を要求されたのである．新入・佐与の両炭を合計すると26.7%となり，鯰田炭の23.3%を上回っていた．

　次に，銘柄別内訳に移ろう．

　香港支店が取り扱った石炭の割合は，鯰田炭72.8%，新入炭18.1%，佐与炭9.0%，宮尾炭0.1%の順となっている．高価格の鯰田炭が圧倒的割合を占めており，やはり香港は三菱にとってかけがえのない特別な優良市場といえよう．しかし，工場用炭の販路を開拓するためには新入炭や佐与炭が必要とされたのである．

　形状別内訳では，塊炭20.9%，粉炭12.9%，切込炭66.1%となっている．塊炭が粉炭の1.6倍もの割合を占めており，遠洋航路の船舶焚料炭需要の多い香港石炭市場の特徴がここにも映し出されていたのである．粉炭の割合は12.9%であったが，これは工場用炭の需要が少なかったからである．なお，切込炭が

66.1％と圧倒的割合を占めるが，その用途は工場用炭と船舶焚料炭であった．

(2) 1911年6月〜12年5月

表4-13は，三菱香港支店地方売約定一覧表である．

地方売は香港支店直接の約定によるものであったが，三菱の約定方針では，前述したように1年を上半期（1〜6月）と下半期（7〜12月）に分けて，それぞれの期初前後に集中的に長期・大口の約定を締結することとなっていた．同表によれば，1911年6月に61,250トン（合計の22.7％），翌1912年1月に50,900トン（同18.9％），5月に98,650トン（同36.6％）の約定を取り結んでおり，3ヵ月合計は78.2％に達していた．同表によれば，3月にも40,600トン（同15.1％）のまとまった約定があり，これら4ヵ月合計では93.3％となり，集中約定方針は貫徹されていたことが知られる．

以下，各月の約定について月を追ってみていこう．

1911年6月について，『記事月報（香港）』第1号は，次のように記している[75]．

「五月迄ノ地方売約定ハ昨年十二月中ノ締結ニ係リ（略）今ヤ其大数ヲ受渡シ余ス処幾バクモナク且ツ満洲ペスト以後暫ラク当地ニ跡ヲ絶チタリシ撫順炭再来ノ報アリタルヲ以テ急遽新契約ノ締結ニ取掛リ（略）一カ月ノ約定高九千四百六十五噸ニ達シ本期ヨリ約定数量ヲ増加セントノ希望ハ半バ達セラレタリ」

前記6月の集中的約定の事情についてふれられており，それが順調に進み，約定増加の希望もほぼ達成されたのである．また，三菱が撫順炭の動向に注意を払っていたことも知られる．同月の約定炭種を取り上げると，塊炭（鯰田，唐津），粉炭（金田，唐津），切込炭（鯰田，新入），小塊炭（鯰田）と，多くの形状と品質の石炭を扱っていた．また，それに応じて価格差があった．例えば，鯰田塊炭は高品質・高価格であり，トン当たり8.15ドル，これに対して鯰田小塊炭は同7.15ドル，トン当たり1ドルの価格差があった．小塊炭は粉炭より選別されたので，比較的廉価であった．かくて，鯰田塊炭に手の届かない需要家に対しては鯰田小塊炭によって販路を確保したのである．多くの品種を取り揃

表4-13　三菱香港支店地方売約定一覧表（1911年6月〜12年5月）

月	炭種	毎月数量(トン)	引渡期間	炭価	数量合計(トン)
6	鯰田塊	1,575	1911.6〜12（7ヵ月）	8.15	9,450
	鯰田小塊	700	1911.6〜12（7ヵ月）	7.15	4,200
	鯰田ピラー切	200	1911.6〜12（7ヵ月）	7.00	1,200
	新入二等切	4,500	1911.6〜12（7ヵ月）	6.00	31,500
	金田粉	1,000	1911.7〜12（6ヵ月）	6.00	6,000
	唐津塊	270	1911.6〜12（7ヵ月）	−	1,600
	唐津粉	1,220	1911.6〜12（7ヵ月）	−	7,300
	小計	9,465			61,250
7	鯰田小塊			−	100
8	鯰田塊			−	250
	鯰田小塊			−	280
	小計				530
9	佐与切	300	1911.9〜12（4ヵ月）	−	1,200
	新入ピラー切	500	1911.10〜11（2ヵ月）	−	1,000
	小計	800			2,200
10	新入二等切	平均333	1911.10〜12（3ヵ月）		1,000
	佐与切	平均1,708	1911.11〜1912.4（6ヵ月）		10,250
	小計	2,041			11,250
12	鯰田塊	−	1912.1〜12（12ヵ月）	−	−
	鯰田粉	−		−	−
1	鯰田塊	1,775	1912.1〜12（12ヵ月）	8.00	21,300
	鯰田塊	300	1912.1〜10（10ヵ月）	8.00	3,000
	鯰田小塊	450	1912.1〜12（12ヵ月）	7.20	5,400
	鯰田ピラー切	200	1912.1〜10（10ヵ月）	6.90	2,000
	鯰田ピラー切	200	1912.1〜6（6ヵ月）	6.90	1,200
	新入二等切	3,000	1912.1〜6（6ヵ月）	6.00	18,000
	鯰田切	−		−	−
	小計	5,925			50,900
2	岸岳塊	200		8.00	200
	佐与塊	600		6.50	600
	相知粉	200		6.00	200
	唐津粉	1,000		5.10	1,000
	小計	2,000			2,000

第4章　三菱合資会社香港支店の事業展開

表4-13つづき

3	新入ピラー切	600	1912.4～12（9ヵ月）	−	5,400
	新入ピラー切	2,650	1912.6～12（7ヵ月）	−	18,500
	鯰田ピラー切	1,500	1912.5～7（3ヵ月）	−	4,500
	金田粉	1,350	1912.4～12（9ヵ月）	−	12,150
	小計	6,100			40,600
4	鯰田塊	125	1912.5～12（8ヵ月）	8.00	1,000
	金田粉	125	1912.4～12（8ヵ月）	5.65	1,000
	小計	250			2,000
5	鯰田粉	800	1912.5～12（8ヵ月）	−	6,400
	鯰田小塊	700	1912.6～12（7ヵ月）	−	4,900
	鯰田切	800	1912.4～12（9ヵ月）	−	6,400
	新入ピラー切	2,000	1912.4～12（9ヵ月）	−	16,000
	新入ピラー切	1,750	1912.6～12（7ヵ月）	−	12,250
	佐与切	3,600	1912.5～12（8ヵ月）	−	28,800
	佐与切	2,500	1912.6～12（7ヵ月）	−	17,500
	金田粉	800	1912.5～12（8ヵ月）	−	6,400
	小計	12,950			98,650
合計					269,480

（出典）『記事月報（香港）』第1～12号，より作成．

えることで，競争条件を有利にしていたことが知られる．

　翌7月は，鯰田小塊炭100トンの約定であったが，同月には取扱品種の増加努力がみられたことが注目される．『記事月報（香港）』第2号は，次のように記している[76]．

　「一度市場ヲ退キタル佐与切込炭ヲ再ビ売込マントノ希望ヲ以テ見本炭ヲ取寄セ目下売約交渉中」

　佐与炭が一度市場を退いた事情は不詳であるが，前述したように，佐与炭には品質に難点があり，それが問題とされたのではないかと推測される．価格は鯰田炭より安く，品質の改善の程度によって十分販路の開拓が可能と判断され

第2節　香港支店の売炭事業

たのであろう.

　8月は計530トンの売約しかなく不振で,「専ラ既約炭ノ受渡ニ従事シタリ」[77]と記されている. 10月は,「荷捌甚ダ良好ナリキ」[78]と記されるように, 需要期に向かっており, 約定は11,250トンに上った. 11月は地方売約定の記録はなく, 辛亥革命の影響が現れた. 12月は「来年度約定」[79]の時期にあたるが, 2件の約定が成立しただけであった. 1つは, スタンダード石油会社とのもので, 従来と同一の条件とされた (鯰田塊, 数量不詳). もう1つは, 香港のランドリー会社との新約定であった (鯰田粉, 数量不詳). 香港支店にとって, 地方売約定は危機的な状況にあったが, 『記事月報 (香港)』第7号は, 1911年12月について次のように記している[80].

　「即チ重ニ対支那人契約ハ本月ヲ以テ契約期間満了ヲ告グルモノ多キヲ以テ先般来改約方百方尽力中ナレド今回清国ニ於ケル革命運動ノ影響ハ需要家並ニ石炭商ノ購買力ヲ減少セシメタルト本年度製糸業不成績ノ結果トニ因リ商談思ヒノ外ニ困難ナリ, 且ツ鯰田塊炭ノ需要者タル広東製糸業家ガ目下大部分操業ヲ中止シ居ル為メ予期ノ数量ヲ得ルコト能ハズ目下必死交渉中ナリ」

　香港支店は, 辛亥革命と製糸業の不振のために, 予期の約定を結ぶことができなかった. しかし, 一方で汕頭ブラッドレー商会との間に2,874トンの「臨時売炭約定」が成立した. これは, 後述するように翌1月引き渡された. 通常, 臨時売炭は時間をおかず引き渡されるが, この売炭は珍しい事例であった. なお, 当該売炭では「右送炭船トシテハ大冶丸ヲ回航ノ事ト為シタリ」[81]と記されている. 大冶丸は, 元来八幡製鉄所向け大冶鉄鉱石の運搬船として三菱長崎造船所において建造されたものであり, 往航便に石炭, 帰航便に大冶鉄鉱石を積載していた. しかし, 冬季の長江減水期には大型汽船が遡航できなくなり, 冬季は鉄鉱石の積み出しはできなかった[82]. そのため, もっぱら運炭船として利用されていたのである.

　1912年1月も約定時期・改約月にあたり計50,900トンの約定を得たが, 前年

195

第4章　三菱合資会社香港支店の事業展開

6月のそれを下回った．『記事月報（香港）』第8号は，その事情について「清国事変ノ為メ金融逼迫ノ折柄旧節季ニ近ヅキタルヲ以テ予期ノ如キ取引ヲ見ズ」[83]と伝えている．翌2月は中国の旧正月にあたり，同第9号は，「二月ニ入リテハ支那節季ニ押迫リ金融逼迫荷捌不活発」[84]と記しており，約定は2,000トンと低調であった．

しかし，3月は「幾分カ好気配」[85]とされ，40,600トンもの大量約定となった．3月の約定は，4件のうち引渡期間9ヵ月2件，7ヵ月1件，3ヵ月1件となっており，改約期の約定と基本的に同じ性格であった．ここからは，上半期・下半期の改約期以外に，3月もそれに準ずる時期であったとの想定が可能であろう．そして，5月は下半期の改約期にあたり，8件合計98,650トンという未曾有の約定高となった．引渡期間は，8ヵ月5件，7ヵ月3件となっており，いずれも長期約定であった．香港支店は，3月と5月の約定によって，後述するように，香港輸入炭総額におけるシェアを大きく高めたのである．

表4-14は，三菱香港支店石炭売捌高一覧表（1911年6月～12年5月）である．

同表によれば，香港支店売捌高合計の内訳は，汽船29.4％，汽船以外62.3％，そして臨時売炭8.3％となっている．基本的に汽船供給炭は本社・元扱店の約定炭であり，汽船以外供給炭および臨時売炭は香港支店直接の約定炭であった．以下，順に各売渡高について掘り下げて検討したい．

まず，汽船用である．香港といえば国際自由貿易港として発展を遂げてきたことで知られ，かつて香港の石炭需要は汽船用が大宗をなした．しかしながら，当該期には三菱では汽船供給炭は30％程度の水準に低下していた．三菱の傘下には，汽船用優良炭を産出する炭坑が多かったので，三菱にとっては汽船用高級炭市場が相対的に狭まりつつあることを意味した．ところで，汽船用売捌高の月平均は約3,800トン，最大月8月4,416トンは，最小月10月2,999トンの1.5倍であった．月々の供給高は比較的安定したものとなっていた．売約高が改約月に集中する傾向があったのに対して，売捌高（引渡高）は平均化する傾向があった．

表4-15は，三菱香港支店汽船供給炭一覧表（1911年6月～12年5月）である．

同表の重要点を整理しておきたい．

第2節　香港支店の売炭事業

表4-14　三菱香港支店石炭売捌高一覧表（1911年6月～12年5月）　単位：トン，（　）内は%

年・月	汽船	汽船以外	臨時売炭	合計	シュワン・トーマス商会
1911.6	4,084	6,215		10,299	
7	3,112	5,396	1,280	9,788	
8	4,416	6,765	1,076	12,257	
9	3,311	10,673		13,984	2,220
10	2,999	10,089		13,088	2,900
11	3,354	9,221		12,575	1,700
12	4,347	8,244		12,591	
1912.1	4,375	3,691	2,874	10,940	4,100
2	4,303	7,225	1,890	13,448	
3	4,393	4,282	1,839	10,514	4,039
4	3,502	10,598	3,000	17,100	
5	3,598	14,469	935	19,002	
合計	45,794 (29.4)	96,898 (62.3)	12,894 (8.3)	155,586 (100)	14,959

(注)　シュワン・トーマス商会は独自に三菱炭を輸入しており，三菱香港支店売捌高として計算されないが，三菱炭の香港輸入高として考えられるものである．
(出典)　『記事月報（香港）』第1～12号，より作成．

　まず第1に，供給先割合では彼阿会社（P.＆O.）57.2％，日本郵船28.6％，以上わずか2社で85.8％を占めていたことである．表4-12と比較すれば，2社の割合は低下したとはいえ，2社依存体制に変わりはなかった．しかも，2社はすべて鮎田炭を使用しており，鮎田炭供給高合計の90％を占めた．2社依存体制とは，香港支店においては，量の面でも，質の面でもあてはまったのである．なお，P.＆O.は塊炭と粉炭を半々で使用していたのに対し，日本郵船はほぼ切込炭を使用しており，両海運会社の航路の違いがここに反映していた．

　第2に，同表銘柄別内訳によれば，鮎田炭だけで合計の95.1％を占めて他炭を圧していたことである．金田炭や相知炭も汽船焚料炭として定評があったが，香港において鮎田炭に対する信頼感はきわめて高いものがあった．そして，鮎田炭の形状別内訳を同表より計算すると，塊炭15,852トン（36.4％），切込炭15,017トン（34.5％），粉炭12,660トン（29.1％）の順となっていた．価格が高くとも，汽船用には鮎田塊炭・切込炭を中心に選好されていたことが知られる．

第4章 三菱合資会社香港支店の事業展開

表 4-15　三菱香港支店汽船供給炭一覧表（1911年6月～12年5月）

単位：トン，（　）内は％

供給先	炭種	合計
彼阿会社	鯰田塊	13,524 (29.5)
	鯰田粉	12,660 (27.6)
	小計	26,184 (57.2)
日本郵船	鯰田塊	13 (0.0)
	鯰田切	13,102 (28.6)
	小計	13,115 (28.6)
グラスゴー契約汽船	金田塊	1,170 (2.6)
	鯰田塊	935 (2.0)
	相知塊	625 (1.4)
	鯰田切	1,685 (3.7)
	小計	4,415 (9.6)
スタンダード石油会社	鯰田塊	1,380 (3.0)
コッケルライン汽船	鯰田切	230 (0.5)
Etablessment du Tongon	門司普通切	140 (0.3)
諾国汽船	焚料炭	240 (0.5)
暹羅駆逐艦	金田塊	90 (0.2)
合　計		45,794 (100)
銘柄別内訳		
鯰　田　炭		43,529 (95.1)
金　田　炭		1,260 (2.8)
相　知　炭		625 (1.4)
不　　　明		380 (0.8)
形状別内訳		
塊　　　炭		17,737 (38.7)
粉　　　炭		12,660 (27.6)
切　込　炭		15,157 (33.1)
不　　　明		240 (0.5)

（注）　1．諾国はノルウェー．
　　　　2．暹羅はシャム（タイの旧称）．
（出典）　表4-14に同じ．

第2節　香港支店の売炭事業

　第3に，形状別内訳によれば，塊炭38.7％，切込炭33.1％，粉炭27.6％，の順となっていたことである．定期遠洋航路の汽船は，形状でみても塊炭，切込炭を中心に購入していたのである．
　なお，三菱炭の汽船供給先が主としてP.＆O.と日本郵船であったため，以上のような構成となったことに注意しておく必要がある．汽船といっても，沿岸航路，河川汽船，小蒸気船では，なによりも低価格炭を需要していた．したがって，そこにおいては購入炭の銘柄も，形状構成も大きく異なっていたと考えられる．具体的には，低廉な粉炭，切込炭が需要の中心であった．
　次に，汽船以外供給炭に移ろう．これは基本的に地方売約定であって，主として工場用，鉄道用，一般都市需要が想定されるが，小海運会社向けもあったと思われる．この直接の販売先は，ほとんど中国人の石炭商であった．そして，このうちの一部が広東に積送された．汽船以外売捌高の月平均は8,075トン，最大月5月14,469トンは最小月1月3,691トンの3.9倍であった．また，秋，および4月，5月に売捌高が高まった．汽船用とは異なる動きがあった．
　表4-16は，三菱香港支店汽船以外供給炭内訳表（1911年6月～12年5月）である．同表の重要点をまとめておきたい．
　まず第1に，銘柄別割合では鯰田炭41.1％，新入炭37.0％，佐与炭13.9％，以上で92％を占めていたことである．汽船向けとは異なり，鯰田炭の割合は大きく低下し，代わって新入炭や佐与炭が重要な割合を占めるようになった．工場用では，一般的に品質より価格が重視されたからである．
　第2に，形状別内訳では切込炭66.9％，塊炭14.9％，粉炭7.8％，小塊炭5.4％，二等切込炭4.9％，の順となったことである．ここでも汽船向けとは大きく異なり，切込炭が他を圧倒しており，高価な塊炭は敬遠されたのである．さらに，粉炭や小塊炭，二等切込炭のように塊炭より廉価な形状が需要されていた．多くの品種が必要となるのである．ただし，通常工場用炭といえば粉炭が主流をなしたが，香港支店では切込炭が選好されたところに大きな特徴があった．
　表4-17は，三菱香港支店地方売約定炭価表である．
　地方売約定は，基本的に汽船以外供給炭であるが，同表によれば，同じ塊炭

表4-16 三菱香港支店汽船以外供給炭内訳表
(1911年6月～12年5月) 単位：トン, ( ) 内は%

銘柄	形状	数量
鯰田	塊	11,280 (11.6)
	粉	640 (0.7)
	切	22,684 (23.4)
	小塊	5,233 (5.4)
	計	39,837 (41.1)
新入	塊	90 (0.1)
	粉	265 (0.3)
	切	30,780 (31.8)
	二等切	4,720 (4.9)
	小塊	42 (0.0)
	計	35,897 (37.0)
佐与	塊	2,089 (2.2)
	切	11,361 (11.7)
	計	13,450 (13.9)
金田	粉	4,862 (5.0)
	切	48 (0.0)
	計	4,910 (5.1)
唐津	塊	973 (1.0)
	粉	1,432 (1.5)
	計	2,405 (2.5)
高島	粉	330 (0.3)
拾得炭・雑炭	不明	77 (0.1)
合計		96,906 (100)
形状別内訳	塊	14,432 (14.9)
	粉	7,529 (7.8)
	切	64,873 (66.9)
	二等切	4,720 (4.9)
	小塊	5,275 (5.4)
	不明	77 (0.1)

(注) 1. 臨時売炭を含まない．
　　 2. 合計は表4-14と若干不整合．
(出典) 表4-14に同じ．

表4-17　三菱香港支店地方売約定炭価表（1912年1〜2月）

炭価：トン当たりドル

形状	銘柄	炭価	約定月
塊	鯰田	8.0	1月
	岸岳	8.0	2月
	佐与	6.5	2月
粉	相知	6.0	2月
	唐津	5.1	2月
切	鯰田	6.9	1月
二等切	新入	6.0	1月
小塊	鯰田	7.2	1月

（出典）『記事月報（香港）』第8, 9号, より作成.

であっても, 鯰田炭と佐与炭では, トン当たり1.5ドルの価格差があった. また, 粉炭においても相知炭と唐津炭, 切込炭でも鯰田切込炭と新入二等切込炭では同0.9ドルの価格差がみられた. さらに, 鯰田小塊炭は同切込炭よりも同0.3ドル高かった. 小塊炭は粉炭から選別されたので, 販売する側においても粉炭で売るよりメリットがあったことがわかる. 以上のように, 品種の相違は価格差に結び付いており, 地方売約定において多くの品種を揃えることは, それだけ需要家獲得に有利であった.

次に, 臨時売炭を取り上げておきたい. 臨時売炭では, 1912年1月以降の売渡先が一部判明する. 1月汕頭ブラッドレー商会2,874トン（前記12月臨時売炭約定分）, 2月ジャーディン・マテソン商会（Jardine Matheson & Co.）1,890トン, 3月香港船渠会社405トン, 4月汕頭ブラッドレー商会3,000トン, 5月シュワン・トーマス商会325トン, 汽船用170トンであった. ブラッドレー商会は有力石炭商であり, 不足分を三菱香港支店から補充していたのであろう. また, ジャーディン・マテソン商会やシュワン・トーマス商会も, 前掲第4-8表に示したように, 香港の石炭商であった. 臨時売炭の売渡先は, 大部分が非中国系石炭商であった.

第4章　三菱合資会社香港支店の事業展開

第3節　香港支店の経営収支

1．貸借対照表の構成

　表4-18は,三菱香港支店貸借対照表貸方(負債義務ニ属スル分)一覧表である.主要な勘定について,整理しつつ順にみていくこととする.

　「本社」,「本社鉱業部」,「固定資金」の3勘定は,名称は変化しているが,前述したように基本的に同じ性格の勘定であり,固定資産残高合計を示す勘定である(以下「本社勘定」と略).計上金額は,1908年度の29.9万ドルをピークとして10年度の29.6万ドルまで漸減し,11年度に29.7万ドルとわずかに増加した.減少は基本的に消却によるものであって,滅失や譲渡の可能性もあるが,ほとんどの場合審らかではない.

　「本社当座」,「本社鉱業部当座」,「本社営業部取引」の3勘定は,名称は変化

表4-18　三菱香港支店貸借対照表貸方(負債義務ニ属スル分)一覧表　単位:ドル

勘定科目	1908年度	1909年度	1910年度	1911年度
本社	298,668			
本社当座	61,587			
本社鉱業部		297,252	296,456	
本社鉱業部当座		6,783	24,449	
固定資金				297,069
本社営業部取引				120,073
傭使人退隠基金		87	104	
傭使人疾病共済基金		0.4	0.4	
仮預金	14,714	3,955	8,748	3,652
勤倹預金		367		
純利益		2,569		
合計	374,968	311,014	329,758	420,794

(注)　三菱香港支店の事業年度は以下のとおりである.1908年度:1908年4月1日〜9月30日(6ヵ月).1909年度,10年度:前年10月1日〜当該年9月30日.1911年度:1910年10月1日〜11年12月31日(15ヵ月).
(出典)　『支店勘定書』Ⅳ,より作成.

しているが，前述したように基本的に同じ性格の勘定である（以下「本社当座勘定」と略）．当該勘定は相殺勘定であって純額表示であるため，貸方に計上されている場合には香港支店の本社当座借越残高を示すことになる．同表では，1908〜11年度にわたってすべて貸方計上である．したがって，漢口・上海・香港の3支店では，すべて本社当座借越が続いたのである．計上金額は1908年度6.2万ドルであったものが，09年度0.7万ドルに激減し，10年度2.4万ドルに増加，そして翌11年度12.0万ドルと前年度比9.6万ドルもの激増となった．この増加については，次に貸借対照表借方の勘定を検討する際に，あらためてふれることとしたい．

「仮預金」勘定については，前述したように上海支店の1911年度「財産目録」に「売炭契約ニ係ル手附金外」[86]との注記がある．したがって，当該勘定は基本的に売炭契約に伴う保証金と理解してよい．計上金額が大きく変動しているが，保証金の多寡は売約に影響するので，景況や相手の信用などに応じて，ある程度まで柔軟に対応していたものと思われる．

以上，貸借対照表貸方の主要勘定をみてきたが，合計に対して本社勘定と本社当座勘定の割合がほとんど全部を占めていた．なお，本社勘定は1908年度では合計の79.7％，11年度においても70.6％ときわめて高い水準にあった．これは，香港支店の営業が売炭活動にとどまっていたことを反映するものであろう．新規業務に進出すれば，営業活動が増加し，本社当座勘定の割合が高まることが予想されるからである．

表4-19は，三菱香港支店貸借対照表借方（財産権利ニ属スル分）一覧表である．
主要な勘定について，整理しつつ順にみていくこととする．

「地所」，「小蒸気船」，「器具機械」，「備品」の4勘定は，固定資産勘定に属している．以上4勘定合計は同表において固定資産小計として示しているが，これは前掲表4-18の本社勘定の金額に一致している．したがって，本社勘定が固定資産を賄っていたことはここからも確認することができる．

まず，地所勘定からみておこう．香港支店はすでに述べたように借家住まいであったが，貯炭場については開設後まもなく地所を購入して建設に着手した．

第4章 三菱合資会社香港支店の事業展開

表4-19 三菱香港支店貸借対照表借方（財産権利ニ属スル分）一覧表

単位：ドル

勘定科目	1908年度	1909年度	1910年度	1911年度
地所	284,504	284,504	284,504	286,013
小蒸気船	14,164	12,747	11,473	10,660
器具機械				396
備品		561	479	
固定資産小計	298,668	297,252	296,456	297,069
石炭掛代金	5,783	6,001	7,508	
売掛代金				48,933
仮払金	552	1,026	2,007	1,540
正金	825	140	149	198
香上銀行当座	2,288	1,141	3,685	6,434
正金銀行当座	41,587	1,224	2,315	29,903
台湾銀行当座	17,262	3,670	16,817	36,718
純損失	8,004		820	
合計	374,968	311,014	329,758	420,794

（出典）表4-18に同じ．

　香港支店の1908年度「地所勘定明細表」によれば，地所勘定284,504ドルの内訳は，「地所買入代並ニ登記料其他」263,355ドル，および「九龍地所工事監督料」21,149ドル（「九龍貯炭場出張所建築費」585ドルを含む）であった[87]．三菱合資としては，貯炭場に大きな投資を行ったので，支店用の社有建物は我慢したのかもしれない．

　小蒸気船は三菱門司支店より譲渡されたもので，三菱合資本社として新たな資金負担を必要としたものではない．譲渡原価は15,250ドル，1908年1月14日から同年9月30日まで消却率年10％を控除して14,164ドルが計上された[88]．以後も，消却率年10％であった．小蒸気船の消却率についていえば，前述したように三菱の東アジア海外3支店はともに規定どおりの標準消却率を適用したのである．

　器具機械の内容は不詳である．三菱香港支店の1911年度「貸借対照表」によれば，同器具機械は前年度561ドルで取得し，前年度・本年度消却計164ド

第3節　香港支店の経営収支

を控除して残高396ドルを計上したものである[89]．消却率は2年度分で29.2%であった．機械の規定上の標準消却率は10%であったので，消却を急いだものと思われる．香港支店は石炭営業に専念していたので，石炭の揚げ降ろしあるいは計量用の機械を設置したのではなかろうか．

　備品は1909年度561ドル，翌10年度479ドルが計上されている．香港支店の「貸借対照表」によれば，09年度備品原価は858ドル，消却297ドル，10年度備品原価は561ドル，消却81ドルであって，消却額を控除して各年度残高が算出されている[90]．消却率は，順に34.6%，14.4%であった．ただし，11年度に残高が計上されていないが，消却や譲渡の記録は記載されていない．処理方法は不詳であるが，残高全額を消却したのであれば，消却率は100%となる．備付品の規定上の標準消却率は15%であったので，10年度を除いて，高率の消却が実施されたと考えられる．

　以上，固定資産4勘定をみてきたのであるが，香港支店会計独立は1908年4月のことであったから，それは門司支店からみれば香港支店の貯炭場を完成し，小蒸気船を引き渡して後に会計独立を認めたことになる．上海支店では会計独立後支店の固定資産投資が始まっており[91]，支店によって異なる対応がみられたのである．支店会計独立の意味については今後の課題である．また，消却率についていえば，小蒸気船は三菱合資の標準消却率に従っていたが，器具機械や1909年度，11年度備品はそれを上回る消却率が適用されていたと想定される．三菱の堅実経営が看取されよう．

　次に，流動資産勘定に移ろう．

　「石炭掛代金」勘定は，1911年度に「売掛代金」勘定と変更された（以下「石炭掛代金」勘定と表記）．他の東アジア支店では雑貨取引に進出しており，一般的な名称である売掛代金勘定の開設が必要となっていた．しかし香港支店は売炭専業を続けたので，この時期において変更は不要であったが，全社的必要から変更されたものである．石炭掛代金は，1908～10年度において5,000～7,000ドル台で推移していたのが，11年度に突然4.9万ドルに跳ね上がった．しかし，これは急に売上が増加したのではなく，同年度は決算期日が同年9月末から12

第4章　三菱合資会社香港支店の事業展開

月末に変更されており，その間10月に辛亥革命が勃発し，販売代金の回収が滞ったためではないかと推測される．

次に，「銀行当座」勘定をみておくこととしたい．香港支店の取引銀行には，香上銀行（香港上海銀行…筆者注），正金銀行，および台湾銀行があった．香港支店では当座残高からみれば，正金銀行と台湾銀行が主として利用されていたと考えられる．3銀行の当座残高合計は，1910年度に2.3万ドルであったのが，翌11年度に7.3万ドルと3倍に急増していた．銀行当座残高は，本来大部分が石炭販売代金であって，門司支店に送金すべきものであったと思われる．ただし，時期によっては本社当座借越高に対して，その返済に充当される資金でもあった．

1911年度は前述したように，本社当座勘定が前年度比9.6万ドル増加していた．これは前年度比石炭掛代金勘定4.1万ドル増，3銀行当座勘定5.0万ドル増，計9.1万ドルの増加に対応していたことが知られる．香港支店において石炭掛代金と銀行当座残高が急増するなかで，同支店は本社当座借越高を増加させて事態を乗り切ろうとしていたと解することが可能であろう．

ところで，断片的な史料であるが，1908年4月から同年8月までの5ヵ月分の『香港支店貸借試算表』が残されている．同支店の会計独立後の初年度の事業年度が1908年4〜9月であるから，『香港支店貸借試算表』は9月を除いてカバーしていたことになる．そこで，ここで参考として，同『貸借試算表』の貸方，借方を順にみておくこととしたい．

表4-20は，三菱香港支店貸借試算表貸方一覧表である．

同表の重要点をまとめておきたい．

第1に，本社勘定が1908年7月より計上されていることである．会計独立と同時に香港支店に本社勘定が設定されたものではなかった．このタイム・ラグの意味は判然としないが，本社勘定は固定資産に充当されていたので，一定の準備期間が必要であったものと思われる．

第2に，本社当座勘定は4月から設定されていたことである．当該勘定は，毎月必要とする現金を供給しており，4月から必要であった．毎月の変動には

第3節　香港支店の経営収支

表4-20　三菱香港支店貸借試算表貸方一覧表（1908年）　　　　　単位：ドル

勘定科目	4月	5月	6月	7月	8月
本社				299,754	299,754
本社当座	116,683	215,231	69,151	89,336	122,290
備使人扶助	2	80	83		
仮預金勘定	3,000	3,016	6,830	22,498	3,638
営業利益	1,566	5,101	6,811	9,157	10,798
合計	121,251	223,428	82,876	420,746	436,480

（注）帳簿元帳には，門司支店勘定が，毎月貸方，借方に同額が計上されており，相殺勘定のために，貸方，借方の残高はゼロとなり，本表には計上がなくなっている．金額は4月109,222ドル，5月233,456ドル，6月278,320ドル，7月335,083ドル，8月374,486ドルとなっている．

（出典）『自明治41年4月至同年8月　香港支店貸借試算表』，より作成．

驚くべきものがある．

　第3に，営業利益が毎月計上されており，当該期間は表面的には順調であったようにみえることである．

　第4に，同表の（注）に記したように，元帳の貸方，借方に毎月門司支店勘定の記載があり，同額が計上されて相殺され，残高がゼロとなっていることの意味である．門司支店勘定は，貸方では石炭の販売代金を示し，借方は門司支店送金額を示していると考えることが可能である．

　表4-21は，三菱香港支店貸借試算表借方一覧表である．

　同表の重要点を次にまとめておきたい．

　第1に，1908年7月より地所勘定と小蒸気船勘定が計上されており，両勘定の合計は本社勘定に一致していることである．固定資産勘定計上の時期は，本社勘定計上の時期と一致している．

　第2に，備品勘定が5月以降毎月計上されていることである．しかし，この金額は本社勘定には含まれていず，固定資産扱いではなかった．

　第3に，銀行当座勘定には香上銀行，台湾銀行，および正金銀行の3行が計上されているが，台湾銀行は6月以降計上され，4.1万ドルから8月に8.4万ドルに倍増していることである．しかし，前掲表4-19では9月には1.7万ドルに

207

第4章　三菱合資会社香港支店の事業展開

表4-21　三菱香港支店貸借試算表借方一覧表（1908年）　　　　　　　　単位：ドル

勘定科目	4月	5月	6月	7月	8月
地所				284,504	284,504
小蒸気船				15,250	15,250
備品		50	50	230	239
現金	151	371	791	156	82
香上銀行当座	24,768	45,485	12,426	12,288	12,288
台湾銀行当座			41,488	75,359	84,212
正金銀行当座	89,667	112,667	25,390	17,727	20,290
石炭掛代金	6,410	63,234	2,491	1,285	4,796
仮払金	254	1,621	240	116	988
滞金				13,832	13,832
合計	121,251	223,428	82,876	420,746	436,480

（出典）　表4-20に同じ．

激減しており，台湾銀行との巨額の取引は短期間であったようである．

　第4に，7月，8月に滞金勘定13,832ドルが突然計上されていることである．実は当該滞金は，後掲表4-26三菱香港支店損益勘定表一覧表において示すように，1908年度（同年9月末）に損金処理されてしまったのである．当該滞金の内容は史料的には不詳という他ないが，計上された前月の6月にはそれを示唆するような勘定を見出すことができないことである．同表に貸金勘定はなく，石炭掛代金勘定は6月において2,491ドルにすぎなかった．そうだとすると，7月中の石炭販売先において倒産のような不測の事件が生じ，ただちに滞金勘定に計上したか，あるいは表に出せない貸付金があって，回収の見込みがなくなったので計上した可能性もあろう．7月は固定資産勘定が計上された月にあたり，不良債権も同時に計上したものと思われる．同月は本社当座勘定が6月に比べ2万ドル増加しており，滞金計上という事態に対する対応であったとの解釈も成り立つであろう．

2．営業勘定表

　三菱合資会社傘下各場所の損益計算の決算過程は，営業勘定表段階と損益勘

第3節　香港支店の経営収支

定表段階の2段階から構成されており[92]，それは香港支店においても同様であった．ここでは，まず営業勘定表をみておくこととしたいが，香港支店は開設後1908年4月会計独立となる．そのため，営業勘定表は会計門司支店所属期のものと，会計独立後のものとに分かれる．前者においては，門司支店の決算勘定書の一部を構成しており，香港支店の独立した決算勘定書は作成されていない．これに対して，会計独立後は香港支店の独立した決算勘定書が作成され，営業勘定表と損益勘定表が作成されている．営業勘定表は，門司支店所属期としては1907年度（1906年9月〜07年8月），および08年度（1907年9月〜08年3月）の2年度分が残っている．そして，会計独立後では1908年度（1908年4月〜同年9月），09年度，10年度，11年度（1910年10月〜11年12月）の4年度分が作成されている．なお，門司支店所属期では貨幣単位は円であるが，会計独立後は香港ドルの表示に変化することに注意する必要がある．

　表4-22は，三菱香港支店営業勘定表貸方一覧表（会計門司支店所属期）である．同表にみられる重要点を整理しておきたい．

　香港支店の貸方勘定（収益勘定）は7勘定からなるが，その2ヵ年度合計は

表4-22　三菱香港支店営業勘定表貸方一覧表
（会計門司支店所属期）　　　　単位：円，（　）内は％

勘定科目	1907年度	1908年度	合計
石炭取扱手数料	22,047	13,186	35,233 (58.0)
敷引及秤量賃	2,695	14,951	17,646 (29.0)
倉敷料	3,169		3,169 (5.2)
利子	2,058		2,058 (3.4)
雑収入	51	1,205	1,256 (2.1)
バスケット代	582		582 (1.0)
交換利益	809		809 (1.3)
収益合計	31,411	29,342	60,753 (100)

（注）　事業年度は以下のとおりである．1907年度：1906年9月〜07年8月，1908年度：1907年9月〜08年3月（7ヵ月）．表4-23の期間も同様．
（出典）　『支店勘定書』Ⅲ，Ⅳ，より作成．

第4章　三菱合資会社香港支店の事業展開

60,753円となる．その内訳は石炭取扱手数料35,233円（58.0％），数引及秤量賃・倉敷料計20,815円（34.3％），利子2,058円（3.4％），雑収入1,256円（2.1％），交換利益809円（1.3％），バスケット代582円（1.0％），の順となる．

　石炭取扱手数料，数引及秤量賃，および倉敷料の3勘定は合わせると92.3％に達する．香港支店が売炭代理店の営業の継承を目的として開設されたものであり，売炭専業であったことを考慮すると，以上3勘定は最も重要な収益であったことが明白である．しかし，1908年度には倉敷料勘定が廃され，2勘定に整理されている．「数引及秤量賃」の具体的内容が判然としないが，会計独立後の営業勘定表では「石炭諸掛」と表記されており，石炭の揚げ降ろしや秤量に伴う手数料のような付加的収入と想像される．また，倉敷料は受け入れ石炭に対して貯炭場利用料として徴収していたものと推測される．

　利子は香港支店の貸借対照表借方に貸金勘定の計上がなかったので，銀行当座の利子と思われる．

　交換利益は為替利益である．

　以上のように，売炭専業の香港支店の営業勘定表貸方は，きわめて簡単な構成であったことが知られる．

　表4-23は，三菱香港支店営業費一覧表（会計門司支店所属期）である．

　同表にみられる重要点を整理しておきたい．

　営業費勘定の2ヵ年度合計は70,512円となり，主要な勘定を取り上げると，雇人費を含む給料及手当26,908円（38.2％），社宅費10,585円（15.0％），旅費6,324円（8.8％），家賃3,503円（5.0％），通信費3,173円（4.5％），交際費3,099円（4.4％），諸税金3,044円（4.3％），備品2,775円（3.9％），の順となる．売炭専業の三菱香港支店においては，人件費・旅費・通信費・交際費合計が55.9％を占めることとなった．旅費，通信費，交際費の割合は，上海支店と比較するとやや低めとなっており，石炭専業のメリットと解することができるかもしれない．家賃は支店用の社有建物がなく，オフィスを借りていたために発生していた．また，社宅費も同様であって，2勘定合計では20％を占め，支店経費としては重い負担となっていた．なお，備品勘定が営業費に計上されているが，三菱合資傘下

第3節　香港支店の経営収支

表4-23　三菱香港支店営業費一覧表（会計門司支店所属期）

単位：円，（　）内は％

勘定科目	1907年度	1908年度	合計
給与及手当	14,460	8,496	22,956 (32.6)
雇人費	1,064	2,888	3,952 (5.6)
旅費	2,738	3,586	6,324 (8.8)
家賃	2,239	1,264	3,503 (5.0)
社宅費	7,766	2,819	10,585 (15.0)
小蒸気船		916	916 (1.3)
自営取扱炭用バスケット代	1,834	491	2,325 (3.3)
交際費	1,747	1,352	3,099 (4.4)
通信費	2,012	1,161	3,173 (4.5)
備品	2,655	120	2,775 (3.9)
電燈費	182		182 (0.3)
消耗品・文具	366	127	493 (0.7)
新聞雑誌費	445	208	653 (0.9)
諸税金	1,682	1,362	3,044 (4.3)
雑費	4,980	1,515	6,495 (9.2)
その他勘定	36		36 (0.1)
営業費合計	44,207	26,305	70,512 (100)
営業損益	△12,797	3,037	△9,760

（注）　営業損益＝営業利益合計－営業費．
（出典）　表4-22に同じ．

支店では通常貸借対照表借方勘定に計上して消却を行って費用化する処理がとられていた．当該勘定の内容は不詳であるが，消耗品に近い物品をこのように処理したものであろう．

ところで，営業損益をみておくと，1907年度に大きな損失を計上したため，翌08年度は黒字であったが，両年度合計では1万円弱の赤字であった．支店創業期の経営は，かならずしも順調ではなかったといえよう．なお，門司支店所属期には支店独自の損益勘定表は作成されず，門司支店の損益勘定表の中に吸収されていた．

次に，会計独立後をみていくこととしたいが，1911年度に決算方法が大きく変更されたため，1908〜10年度と11年度では質的に接続しないことに注意

第4章 三菱合資会社香港支店の事業展開

表4-24 三菱香港支店営業勘定表貸方一覧表（会計独立後）　　　単位：ドル，（ ）内は%

勘定科目	1908年度	1909年度	1910年度	1911年度	合計
売炭手数料	16,525	28,871	23,630		69,026 (45.7)
倉敷料及石炭諸掛	10,212	15,952	17,853		44,017 (29.1)
囲炭料				22,687	22,687 (15.0)
石炭取扱費				6,273	6,273 (4.2)
利子	1,713	3,083	1,821		6,617 (4.4)
雑収入	721	414	103		1,238 (0.8)
交換利益			1,203		1,203 (0.8)
収益合計	29,172	48,320	44,610	28,960	151,062 (100)

（注）　事業年度は表4-18，参照．表4-25，表4-26も同様．
（出典）　表4-22に同じ．

を払う必要がある．

　表4-24は，三菱香港支店営業勘定表貸方一覧表（会計独立後）である．

　同表の構成は，先に指摘したように1911年度に大きく変更されていることである．要点をまとめておくと次のようになる．第1点として，売炭手数料勘定，利子勘定，交換利益勘定，および雑収入勘定が消えているが，以上4勘定は後掲表4-26の損益勘定表貸方に移されたことである．そして，そこにおいて売炭手数料勘定は単に手数料勘定と表記されている（以下「売炭手数料勘定」と表記）．第2点として，倉敷料及石炭諸掛勘定は，囲炭料勘定と石炭取扱費勘定に分けて計上されていることである．

　以上2点を指摘しておいて，同表にみられる重要点を整理することとしたい．

　1908〜11年度の香港支店の貸方勘定（収益勘定）の合計は151,062ドルとなり，そのうち主要な勘定は売炭手数料69,026ドル（45.7%），倉敷料及石炭諸掛（1911年度囲炭料と石炭取扱費を含む）72,977ドル（48.3%），利子6,617ドル（4.4%），交換利益1,203ドル（0.8%）の順となる．香港支店の収益は，石炭収入（売炭手数料・倉敷料及石炭諸掛）で合計94%を占め，依然としてシンプルな構成であった．

　表4-25は，三菱香港支店営業費一覧表（会計独立後）である．

　同表の重要点を，次に整理しておこう．

第3節　香港支店の経営収支

表4-25　三菱香港支店営業費一覧表（会計独立後）　　　　　単位：ドル，（　）内は%

勘定科目	1908年度	1909年度	1910年度	1911年度	合計
給与及手当	5,484	15,834	14,848	19,755	55,921 (32.4)
雇人費				2,073	2,073 (1.2)
旅費	1,500	2,466	1,368	3,477	8,811 (5.1)
社宅費	2,704	6,545	6,875		16,124 (9.4)
備使人退隠基金		12			12 (0.0)
備使人疾病基金	4	0.2			4 (0.0)
小蒸気船	17	1,028	740	2,042	3,827 (2.2)
地所	1,488	3,639	3,088	12,660	20,875 (12.1)
事務所費	2,321	5,845	6,868		15,034 (8.7)
交際費	893	3,455	5,625	7,834	17,807 (10.3)
通信費	874	2,705	2,271	3,706	9,556 (5.5)
備品	121	111		1,522	1,754 (1.0)
通船費及車賃	275	591	929		1,795 (1.0)
消耗品・文具	287	436	321	453	1,497 (0.9)
新聞雑誌費	121	580	497	567	1,765 (1.0)
諸税金				4,231	4,231 (2.5)
雑費	360		501	1,603	2,464 (1.4)
交換損失	5,571	790			6,361 (3.7)
その他勘定			140	2,379	2,519 (1.5)
営業費合計	22,020	44,037	44,071	62,302	172,430 (100)
営業損益	7,152	4,283	538	△33,342	△21,369

(注)　1.　営業損益＝営業利益合計－営業費．
　　　2.　地所勘定は，1911年度「地所建物費」勘定と改称．事務所家賃，社宅費を合算したと考えられる．
(出典)　表4-22に同じ．

　まず，1908〜11年度の合計は172,430ドル，そのうち主要な勘定は，雇人費を含む給料及手当57,994ドル（33.6%），地所20,875ドル（12.1%），交際費17,807ドル（10.3%），社宅費16,124ドル（9.4%），事務所費15,034ドル（8.7%），通信費9,556ドル（5.5%），旅費7,311ドル（4.2%），交換損失6,361ドル（3.7%），以上のような順となる．前掲表4-23と同じく，人件費，交際費，旅費，通信費の割合が高く，合計すると53.6%にも達する．特に交際費の割合が高くなっている．販売競争が激しくなっていたことを反映するものであろう．また，オフィス家

第4章 三菱合資会社香港支店の事業展開

賃を含むと思われる事務所費,社宅費,地所の合計も30.2％となる.地所の用途は不詳であるが,貯炭場を借り入れたのではなかろうか.なお,地所勘定は11年度に「地所建物費」勘定と改称されている.これと同時に,社宅費と事務所費の勘定が計上されなくなっており,「地所建物費」勘定に合算されたものであろう.

交換損失は,1908年度（1908年4～9月）5,571ドル,翌09年度790ドルを計上したが,08年度は営業費合計の25.3％を占め,人件費の24.9％を超えていた.この点については,すでに前述したように,1907年10～12月における短期間の未曾有の銀貨下落・変動に続いて,翌08年4～9月にも銀貨の下落・変動が繰り返されたために生じたものと推測される[93].1908年度三菱の海外支店の交換損益は,3支店ともに巨額の交換損失を計上したのである.なお,門司支店の1908年度交換損失は1.4万円を計上しており[94],ここには1907年10月～08年3月に至る香港支店の交換損失が含まれていた可能性がある.

最後に,営業損益の推移をみておくと,1908～1910年度では営業黒字であったが,11年度には33,342ドルの赤字となった.ただし,これは前述したように同年度において収益勘定の柱であった売炭手数料をはじめとして,利子,雑収入,交換利益の4勘定を営業勘定表から損益勘定表に移行したために生じたものである.交換利益の移行には意味があるとしても,売炭手数料まで移行することは,それを営業収益として扱わないことを意味し,営業勘定表を無内容化するものといわざるをえないであろう.

3. 損益勘定表

表4-26は,三菱香港支店損益勘定表一覧表である.

同表は,前述したように1911年度に大きな変更があるので,1908～10年度と11年度に分けてみていくこととしたい.

まず,1908～10年度において貸方には当期営業利益が計上されているだけである.一方,借方には消却高計が計上され,08年度に滞金勘定,11年度に当期営業損失が計上されている.三菱の損益勘定表では通常,消却,営業利益

第3節　香港支店の経営収支

表4-26　三菱香港支店損益勘定表一覧表（会計独立後）　　　単位：ドル，（　）内は％

	勘定科目	1908年度	1909年度	1910年度	1911年度	合計
借方	消却高計	1,325	1,713	1,359	1,613	6,010 (0.6)
	当期営業損失				33,342	33,342 (58.8)
	滞金	13,832				13,832 (24.4)
	純益金		2,569		965	3,534 (6.2)
	借方合計	15,156	4,283	1,359	35,920	56,718 (100)
貸方	当期営業利益	7,152	4,283	538		11,973 (21.1)
	手数料				30,173	30,173 (53.2)
	利子				1,309	1,309 (2.3)
	交換利益				3,796	3,796 (6.7)
	雑収入				641	641 (1.1)
	純損失	8,004		820		8,824 (15.6)
	貸方合計	15,156	4,283	1,359	35,920	56,718 (100)

（出典）　表4-18に同じ．

または営業損失，営業外損益勘定，そして集計勘定を計上して最終の純損益が算出されるという構成となっている．08年度は8,004ドルの大きな純損失であったが，翌09年度は2,569ドルの純益金となり，10年度は再び820ドルの純損失であった．経営的には不安定という印象を免れないが，とりわけ08年度については大きな純損失が問題となろう．

　1908年度損益勘定表は会計独立後はじめて作成されたものであって，「香港支店第壱回損益勘定表」[95]と表記されている．そこにおいて，前掲表4-21でふれた「滞金勘定」13,832ドルが損金処理されたのである．これがなければ，同年度は5,827ドルの黒字決算となるところであった．滞金の内容については前述したように，史料的に一切不詳である．堅実経営の三菱としては珍しい事例である．

　次に，1911年度に移る．前述したように，同年度には売炭手数料，利子，交換利益，および雑収入の4勘定を営業勘定表から損益勘定表に移したのであるが，このため貸方に突然これら4勘定が計上されることとなった．売炭手数料は香港支店の営業活動による収益であるので，本表に移した場合，同年度「純

第4章 三菱合資会社香港支店の事業展開

益金」の金額は変わらないとしても,営業勘定表と損益勘定表の性格ならびに連続性を歪めるものであった.それはともかくとして,同年度965ドルの純益金を計上したのであるが,1908～11年度の4ヵ年度の純損益合計では純損失5,290ドルとなり,会計独立後の経営は滞金損金処理の負担もあってあまり良好と評価できるものでなかった.ただし,11年度において上海や漢口の支店においては社外品雑貨取引に関連して巨額の損失を計上していたことを考慮すれば,石炭専業の香港支店は大きなリスク要因もなかったといえよう[96].

(注)
1) 海外支店の各支店長の在任期間については,本書,第2章第1節,第3章第1節,参照.
2) 『三菱社誌』(20),649頁.
3) 同 (21),873頁.
4) 5) 畠山秀樹「三菱合資会社漢口店舗の事業展開」(『三菱史料館論集』第12号,2011年) 66頁,および同頁,(注) 12,参照.
6) 『三菱社誌』(21),882頁.
7) 香港支店1908年度「地所勘定明細表」(『支店勘定書』Ⅳ),47頁.
8) 『支店勘定書』Ⅳ,44頁.
9) 10) 11) 12) 13) 14) 15)『年報(香港)』(1907年度).
16) 『三菱社誌』(21),1066頁.なお,同頁には次のように記されている.
「香港支店従来Jardine商会ヨリ賃借中ノ事務所借期満了セントスルヲ機トシ,同建物内ニ三室ヲ借入レ新事務所ニ移転ス,賃借期間向二ヶ年家賃壱百七拾五弗トス」
17) 『通商彙纂』.同史料については,本書,第2章の(注) 12,参照.
18) 『通商彙纂』第128巻,244頁.
19) 広東における石炭需要について,1909年3月広東領事館報告「広東需要石炭商況」(『通商彙纂』第134巻)は1907年頃約20万トン(472頁),1909年8月同「広東ニ於ケル石炭需要供給最近状況」(『通商彙纂』第139巻)は1908年頃約22万～23万トン(390頁)と推定している.香港輸入炭合計は約100万～120万トンであったから,広東積送炭はその1～2割程度と想定される.
20) 『通商彙纂』第128巻,245頁.
21) 同,第105巻,136頁.
22) 同,第140巻,443頁.
23) 同,第35巻,12～13頁.
24) 同,第140巻,443頁.
25) 26) 1897年4月香港領事館報告「二十九年中香港ヘ輸入シタル石炭ノ景況」(『通商彙纂』

第3節　香港支店の経営収支

　　　第35巻)，13頁．
27) 中国の表記については，本書，第2章の(注)10，参照．．
28) 1906年5月香港領事館報告「海外各地ニ於ケル石炭需要供給状況－香港」(以下1906年「香港状況」と略)(『通商彙纂』第105巻)．
29) 1908年2月香港領事館報告「海外各地ニ於ケル石炭需給状況－香港」(以下1908年「香港状況」と略)(『通商彙纂』第128巻)．
30) 1909年9月香港領事報告「香港ニ於ケル石炭ノ需要供給状況」(以下1909年「香港状況」と略)(『通商彙纂』第140巻)．
31) 『通商彙纂』第128巻，244頁．
32) 『記事月報(香港)』第1号，87頁．
33) 1909年8月広東領事館報告「広東ニ於ケル石炭需要供給最近状況」(以下「広東状況」と略)(『通商彙纂』第139巻)．以下の数値は同報告による．
34) 1909年「香港状況」は1908年について，香港石炭輸入高103万トン，そのうち香港需要高約93万トン(約90％)，広東輸送高約10万トン(約10％)と推定している．しかし，本書では地元である広東領事館報告の数値をより信頼できるものと考えて，後者の数値を用いた．
35) 36) 「広東状況」，391頁．
37) 同，392頁．
38) 同，390頁．「広東状況」は，ホンゲー炭については「単ニ価額ノ低廉ナル点ニ於テ各工場ニ於テ使用スルモノ」(392頁)と記している．
39) 同，392頁．
40) 同，390頁．
41) 『通商彙纂』第178巻，67頁．
42) 1906年「香港状況」，136〜137頁．
43) 44) 1908年「香港状況」，246頁．
45) 1909年「香港状況」，444頁．
46) 撫順炭鉱，開平炭鉱については，高野江基太郎『増訂再版　日本炭礦誌』1911年，第3編，51〜111頁，に詳しい．
47) この点については，本書，第2章第2節第1項，および本書，第3章第2節第1項，参照．
48) 1909年香港領事館報告「香港ニ於ケル石炭並ニ硫黄近況」(『通商彙纂』第143巻)，19頁．
49) この点については，本書，第3章第2節第1項，参照．
50) 『通商彙纂』第145巻，327〜328頁．
51) 香港領事館報告「香港石炭市況」の多くの記事から，香港では三井，三菱を中心とする石炭商大手の売約は，長期・大口・定期渡しを基本としていた姿が浮かびあがってくる．そして，その約定時期は当該年前半が前年11月，12月，および当該年1月，そして後半が当該年5月，6月にほぼ集中していた．そのため，石炭商大手間の競争が激しくなっていた．

第4章　三菱合資会社香港支店の事業展開

三菱の売炭の基本方針は三井と同じであったと想定される．以下，『通商彙纂』より香港石炭市況につき若干の事例を示しておきたい．
　　1909年10月「地売リ景気ハ漸次回復シ来リタルモ大口約定ハ本邦炭商間ニ激甚ナル競争起リタル為メ却ツテ余程安値ヲ以テ行ハレ居レリ」（第142巻，23頁）
　　1909年11月「来年度大口定期約定ノ注文ニ対スル石炭商間ノ競争ヲ除キ地売リ品ハ相応ノ景気ヲ維持」（第142巻，354頁）
　　1910年2，3月「大口約定続々成立シタリ」（第146巻，447頁）
　　1912年1月「旧正月前ノ市況トテ捗々シキ取引ナク又各社長期契約ノ時期ナルモ清国事変及ヵ替相場激変ノ為未タ新規商談出来ス」（第173巻，198頁）
　　1912年2月「前月来各社長期契約更改ノ時期ナリシモ支那事変，為替相場等ノ関係ヨリ新規商談成立スルニ至ラサルコトハ前報所報ノ如クナル」（第174巻，320頁）

52) 『年報（香港）』（1907年度），8頁．
53) 同，8～9頁．
54) 同，13頁．
55) 同，8頁．
56) 三菱漢口支店における新規事業＝雑貨取引進出の事情として，冬季の閑散期対策が挙げられていた．売炭中心の上海や香港支店では，「定期ノ約定」の時期の中間期が閑散期にあたる．
57) 『記事月報（香港）』第1号，85～86頁．
58) 元扱店制度については，本書，2頁および序章（注）1，参照．
59) 60) 『記事月報（香港）』第1号，86頁．
61) この点については，本書，第3章，113頁，参照．
62) 『年報（香港）』（1907年度），8～9頁．
63) 同，9～10頁．
64) 同，12～13頁．
65) 同，13頁．
66) 同，14頁．
67) 同，15頁．
68) 同，11頁．
69) 新入炭，鯰田炭など，三菱炭の特徴と用途，販路については前掲『近代日本の巨大鉱業経営』，203～205頁，参照．
70) 同，12頁．
71) 同，15頁．
72) 畠山秀樹「三菱合資会社設立後の鯰田炭坑」（『三菱史料館論集』第9号，2008年），204～210頁，参照．
73) 『記事月報（香港）』第9号，58頁．

第3節　香港支店の経営収支

74) 本書，第3章，106頁，参照．
75) 『記事月報（香港）』第1号，66〜67頁．
76) 同，第2号，91頁．
77) 同，第3号，76頁．
78) 同，第5号，77頁．
79) 80) 81) 同，第7号，69頁．
82) 三菱の大冶鉄鉱石運搬については，畠山秀樹「三菱合資会社門司支店の経営発展」（九州大学『エネルギー史研究』第26号，2011年）第5節，および本書，第2章第2節，参照．
83) 『記事月報（香港）』第8号，60頁．
84) 同，第9号，61頁．
85) 同，第10号，63頁．
86) 『支店勘定書』Ⅳ，194頁．
87) 同，47頁．
88) 同，44頁．
89) 同，196頁．
90) 同，94頁，135頁．
91) 本書，第3章第1節，および第4節，参照．
92) 三菱の2段階の損益決算過程については，畠山秀樹「三菱合資会社設立後の高島炭坑」（『三菱史料館論集』第7号，2006年），203〜206頁，参照．
93) 1907年の銀貨下落については，本書，第2章第4節，および第3章第4節，参照．1908年4〜9月については，『通商彙纂』第124巻，250〜251頁，第125巻，98頁，第128巻，399〜401頁，495〜496頁，第129巻，59〜62頁，参照．
94) 前掲「三菱合資会社門司支店の経営発展」，33頁．
95) 『支店勘定書』Ⅳ，45頁．
96) 上海，漢口両支店の雑貨取引に関する損失問題については，本書，第2章第5節，および第3章第5節，参照．

あとがき

本書の各章は，以下に掲げる論文に大幅な加筆・修正を行ったものである．

1. 「三菱合資会社漢口店舗の事業展開」(『三菱史料館論集』第12号，2011年)
2. 「三菱合資会社上海支店の事業展開」(『追手門経済論集』第47巻第1号，2012年)
3. 「三菱合資会社香港支店の事業展開」(『エネルギー史研究』第28号，2013年)

　上記3つの論文は，筆者が史料に目を通したとき，実は興味を強く持った順序でもあった．かつて筆者が『住友財閥成立史の研究』(同文舘，1988年)を上梓したとき，その最終校正をほぼ終えた頃，三井，三菱，貝島，麻生，安川の石炭史料の調査，収集を再開した．以上のうち，三菱と貝島は，史料所蔵先において純粋な研究には好意的配慮があって，史料の閲覧，筆写，マイクロ撮影が順調に進んでいった．書き溜めたノートやハード・コピーはとりあえずレバー・ファイルに整理・保存したため，それらは私の家も大学の研究室も足を踏み入れるのが困難なほど大量に増加した．
　そのようなとき，1995年1月17日の大震災は私にとって忘れられない日となった．収集・整理を終えた史料の半ば以上を大学の研究室の本棚に保管していたのであるが，この大震災でその本棚がすべて倒壊し，多くのハード・コピーが塵となっただけではなく，それから数年間は散乱した史料の修復に充てざるを得なかった．そして，その過程は私事ながら父親の介護の過程と重なり，経済的にも時間的にも余裕を全く喪失した時期となってしまった．震災の惨状をみるとき，政府の災害緊急救助隊の整備すらないことに寒心したものである．そして，その後2011年3月11日にも同じ思いを繰り返したのである．3.11では，原発災害がよりいっそう惨状を過酷なものとしていた．
　ところで，三菱についての史料は優先的に修復と整理，そして調査・収集・

あとがき

　保存を進めた結果，ある程度史料が利用できるようになり，少しずつ研究発表も行えるようになった．そして，2008年頃より東アジア支店の史料についても本格的な分析に着手した．はじめて史料に接したときから，すでに20年が経過していた．海外支店の分析を後回しにしていたのは，炭鉱により興味があったからだけではなかった．当時『通商彙纂』を簡単に閲覧できる研究環境にはなかったので，コピーを取るのに少なからざる時間を割く必要があったからであった．

　本書作成前において，読み込みを重ねたのは山下直登の一連の内容の濃い研究であった．山下の研究は大学院時代から読み直し続けてきたものであって，私の炭鉱史研究に大きな刺激となっていた．その本人から突然の電話があったのは1994年の1月のことであった．彼は私に，「三菱鉱業史を始めたのだったら，三菱の石炭輸出にまで手を伸ばしませんか」，財閥の石炭輸出というようなテーマを共同で研究しませんかというような話であった．私は大賛成であったが，当時私にとって『通商彙纂』は京都の大学に出かけて，他の史料とともに少しずつコピーを取っていた段階であった．そのため時間はかかるけれども，将来着手したいという返事をした．彼には現在考えているプランがあり，もう少しまとまったら話をしたいとのことでその時は電話を終えた．訃報が届いたのは，それから数ヵ月後のことであった．彼がどのようなプランを描いていたのか知りえないが，また共同研究とすることもできなかったが，私の心の片隅にいつも残っている重い課題となった．遅ればせながらではあるが，本書はそのときの約束を少しばかり果たすことができたのではと思っている．

　本書の執筆過程において，多くの機関，個人にお世話になった．

　　三菱史料館，三菱総合研究所，三菱経済研究所，三菱マテリアル株式会社（旧三菱鉱業セメント株式会社・旧三菱金属鉱業株式会社），三菱重工業株式会社，三菱商事株式会社，大分大学，九州大学，九州工業大学，愛媛大学，大阪大学，京都大学，龍谷大学，東京大学，国立国会図書館，横浜市立中央図書館，横浜開港資料館，宮田町石炭記念館，三井文庫，大牟田市立図書館，福岡県立図書館，北九州市立中央図書館，田川市立図書館，田川市石炭・歴史博物館，長崎

県立図書館

　それぞれの機関利用に際し，三菱関係では曽我部健氏，坂本豊氏，また貝島関係では内野健男氏に，長きにわたってたいへんお世話になった．厚く謝意を表したい．

　また，研究上多くの方々から長年にわたってご教示，情報を賜ってきた．

　麻島照一，石川健次郎，市原博，今野孝，今津健治，上川芳実，宇田正，宇田川勝，植村正治，上村雅洋，岡本幸雄，荻野喜弘，小林正彬，坂本悠一，佐藤英達，塩路洋，下谷政弘，柴孝夫，瀬岡誠，高西照彦，武田晴人，長島修，藤田貞一郎，藤田誠久，堀和生，宮本又郎，三上敦史，水原正亨，嶺勝敏，三輪宗弘，村上安正，渡辺純子，渡哲郎

　礼を失するとは思いつつ，この場を借りてお礼申し上げたい．また私が炭鉱史研究を続けることができたのは，秀村選三九州大学名誉教授・田中直樹日本大学名誉教授のおかげである．財閥史研究では，安岡重明同志社大学名誉教授から絶えずご教示をいただいた．さらに東アジア史に全く興味をもっていなかった私に，東アジア史に関心をもつようにご教示をいただいたのは中村哲京都大学名誉教授である．

　故人となられたが，大学院の恩師である作道洋太郎先生，また弟子のように接してくださった三島康雄先生，さらに橋本寿朗，長沢康昭，山下直登の方々からも多くのご指導・ご教示を賜った．

　本書の対象とする研究テーマについては，1991年度，95年度，96年度科学研究費一般研究 (c) の交付を受けており，その研究成果の一部は99年度科学研究費研究成果公開促進費を受けて『近代日本の巨大鉱業経営』（多賀出版，2000年）として出版した．本書は同書の続編をなすものである．

　なお，本書出版に際して丸善プラネット㈱の小西孝幸氏にたいへんお世話になった．厚くお礼申し上げる．

2013年12月3日

畠　山　秀　樹

索　　引

A to Z

Butterfield and Swire
　→　バターフィールドアンドスワイヤー
Jardine Matheson & Co.
　→　ジャーディン・マテソン商会
Jeffries, H.U.S.　→　ゼフリース
P. & O. 汽船会社（彼阿汽船）　116, 120,
　185, 191, 197, 199
Tripp, J.H.　→　トリップ

あ

旭硝子　　　39, 48, 49
安宅商会　　　178, 180, 182, 183
荒川銅　　　124, 125

岩崎小彌太　　　1, 20
岩崎俊彌　　　49
岩崎久彌　　　1, 15
岩崎彌太郎　　　1
岩崎彌之助　　　1, 49
岩田商店　　　46, 48, 50, 82
岩田保太郎商店　　　134
印度炭　　　104, 177

英国炭　　　11, 96, 102, 103, 104, 109, 168,
　169, 171, 176, 180
栄泰号　　　109, 115, 116

大石廣吉　　　163
大阪支店　　　2, 9, 139

か

塊炭　　　3, 26～28, 97, 99, 102, 109, 117,
　172, 174, 181, 183, 191, 192, 197, 199
開平鉱務局　　　106, 122, 178, 180

開平炭　　　96, 104, 108, 115, 171, 177
貸長屋　　　21
貸家　　　41, 68
加藤知道　　　63
河南銅元局　　　38
唐津支店　　　2, 9
唐津炭　　　9, 27, 108, 171
唐津炭田　　　9
官営八幡製鉄所　　　36
漢口地所　　　40
漢口支店　　　12, 15, 20, 22, 23, 31, 35, 38
　～40, 43, 44, 47, 48, 54～56, 58～60, 62
　～66, 68, 69, 71～73, 75, 77, 82, 94,
　134, 139, 142, 155
漢口出張所　　　13, 14, 19, 36, 37, 40, 46,
　127, 150, 163
漢口菱華公司　　　4, 14, 39, 42～55, 58, 60,
　62, 68, 72, 77, 78, 81, 129～131, 133, 134,
　138, 155
漢陽鋼薬廠　　　31
漢陽鉄政局　　　31
漢陽兵工廠　　　31

九江　　　33
切込炭　　　3, 26～28, 97, 99, 101, 110, 117,
　172, 174, 182, 183, 191, 192, 197, 199
麒麟麦酒　　　39, 45, 48, 49, 60, 129

交換損失　　　68, 69, 71, 148, 150, 213, 214
豪州炭　　　11, 103, 104, 109, 168, 170, 171,
　175, 176, 181
豪州銅　　　38
江商　　　51～53, 134, 137, 138
香上銀行（香港上海銀行）　　　145, 206, 207
神戸在庫　　　136, 138
神戸支店　　　2, 9, 12, 124, 126

225

索　引

古河　14, 38, 106, 107
湖北水泥廠　→　大冶セメント会社
胡麻　56, 57

さ

査帳員　42
雑穀　47
蚕豆　56, 57
山東炭　104, 105
澁谷米太郎　163
ジャーディン・マテソン商会
　（Jardine Matheson & Co.）　99, 201
社外品雑貨取引　3, 4, 44, 45, 47, 60,
　75, 142, 216
社汽船　123, 147
社汽船取扱手数料　147, 148
上海支店　14, 16, 20, 39, 44, 47, 53, 60,
　62, 69, 72, 74, 93～95, 108, 113, 117,
　119, 124, 125, 127～129, 131, 134, 137,
　139, 141, 142, 146～148, 151, 156, 188,
　203, 210
上海石炭市場　96
上海日本人協会　62
上海菱華公司　4, 14, 44, 46, 47, 94, 95,
　129～131, 133～135, 137, 138, 145, 150,
　152, 154, 155
シュワン・トーマス商会　178, 182, 201
小塊炭　192
正金銀行（横浜正金銀行）　145, 206, 207
招商局　99, 115, 116
織布　156
辛亥革命　35, 42, 43, 51, 54, 62, 72, 121,
　133, 135, 145, 153
新入炭坑　9, 113

鈴木馬左也　4
ストックトン商会　124, 126
住友　38

盛宣懐　30, 31
石炭元扱店　2, 3
ゼフリース（H.U.S.Jeffries）　11, 12
船舶取扱手数料　147, 148

た

滞金　208, 215
大冶セメント会社（湖北水泥廠）　33, 34,
　42, 43, 53, 54, 62, 67, 68, 144, 147
大冶鉄鉱石　13, 30, 36, 66, 195
台湾銀行　145, 206～208
高島炭　9, 108, 115
高島炭坑　9, 113
田原豊　93

筑豊炭　3, 12, 27, 171, 179～181, 187
筑豊炭田　188
長江　26, 27, 30, 46, 121, 129, 195

鉄鉱石　129

銅　123
東亜製粉会社　58
東肥洋行　11～13, 40
銅元扱店　2, 12, 124
桐油　47, 55, 57, 76, 78, 79
トリップ（J.H.Tripp）　11, 12, 93

な

長崎支店　2, 3, 9, 108, 117
鯰田炭　27
鯰田炭坑　9, 113, 188
南京駐在員　15

西澤公雄　42
日清汽船　31, 99, 106
日本棉花　53
日本郵船　11, 48, 185, 191, 197, 199
ニューヨーク出張所　2

は

買弁　22, 23, 62, 72, 146, 150, 151
「買弁炭代融通」事件　142, 144
白豌豆　56
バターフィールドアンドスワイヤー
　（Butterfield and Swire）　99
半植民地的工業化　102
半田棉行　50～52, 77, 79, 137, 138

索　引

肥前炭　3
標準消却率　64, 65, 143, 204, 205
萍郷炭（ピンシャン炭）　24, 25, 27～34, 36, 66, 101, 121

ファルガーソン商会　11
撫順炭　36, 104, 105, 171, 177, 192
武昌銅元局　38, 39
武昌紡紗局　31
ブラッドレー商会　178, 179, 183, 187, 195, 201
粉炭　3, 26～28, 97, 101, 110, 117, 172, 174, 182, 183, 191, 192, 197, 199

米国銅　38
北京出張所　15, 63, 64

ホンゲー炭　11, 103, 104, 168, 169, 176, 179, 180
香港支店　14, 16, 20, 69, 163, 165, 185～188, 191, 195, 196, 203, 205, 206, 209, 210, 212, 214
香港上海銀行　→　香上銀行
本山・支山関係　15
ポンツーン　21, 22, 33, 65, 71

ま

松浦炭　110
松木鼎三郎　93, 163

三池炭　9, 27, 107, 171, 179, 183
三重雑貨商会　134, 135
三谷一二　93, 151, 164
三井　1, 2, 4, 6, 9, 14, 25, 27～29, 31, 32, 35, 36, 53, 106, 107, 111, 122, 170, 171, 178～180, 183

三菱鉱業　2
三菱商事　2, 3, 5, 6, 19, 73, 163
三菱製紙会社　44, 127
三菱製紙所　19, 39, 67, 127
三菱造船所　36
三菱長崎造船所　195
三宅川百太郎　19, 23, 39, 42, 45, 72, 93, 127, 151, 164
三好炭　110
明治屋　48
明治屋神戸支店　45, 48, 60, 76
棉花　46～48, 51～53, 55, 75, 77, 78, 82, 129, 130, 133, 135, 137, 139, 153, 156
棉花口銭　79
棉花取扱業務代弁契約　50
綿糸　130, 134, 137, 139, 153, 156
綿布　130
門司港　180
門司支店　2, 3, 9, 12, 13, 15, 20, 69, 73, 142, 147, 163, 187, 211, 214
持越棉　134
元扱店制度　3

や・ら・わ

八幡製鉄所　13, 195

横浜正金銀行　→　正金銀行
芳谷炭坑　113

ロンドン支店　2, 57

若松港　180
若松支店　2, 9

227

著者紹介

畠山 秀樹（はたけやま　ひでき）

追手門学院大学経済学部 教授
1971 年　　大阪大学経済学部卒業，民間企業を経て
1979 年　　大阪大学大学院経済学研究科博士課程修了
1989 年　　経済学博士（大阪大学）
主な著作に，
『住友財閥成立史の研究』単著，同文舘出版，1988 年
『新しい大阪の歴史像を求めて』共編，嵯峨野書院，1999 年
『近代日本の巨大鉱業経営』単著，多賀出版，2000 年
『歴史都市圏大阪への新接近』共編，嵯峨野書院，2001 年
『福岡県史　通史編　近代　産業経済（一）』共著（第 7 章・第 8 章執筆），
西日本文化協会，2003 年
『日本鉄道史像の多面的考察』共編，日本経済評論社，2013 年
など多数．

三菱合資会社の東アジア海外支店
―― 漢口・上海・香港 ――

2014 年 2 月 10 日初版発行

著作者　　畠　山　秀　樹

発行所　　追手門学院大学出版会
　　　　　〒 567-8502
　　　　　大阪府茨木市西安威 2-1-15
　　　　　電話（072）641-7749
　　　　　http://www.otemon.ac.jp/

発売所　　丸善出版株式会社
　　　　　〒 101-0051
　　　　　東京都千代田区神田神保町 2-17
　　　　　電話（03）3512-3256
　　　　　http://pub.maruzen.co.jp/

編集・制作協力　丸善株式会社

©Hideki HATAKEYAMA, 2014　　　　Printed in Japan
組版／月明組版
印刷・製本／大日本印刷株式会社
ISBN978-4-907574-00-0 C3034